講談社選書メチエ
754

銭躍る東シナ海

貨幣と贅沢の一五～一六世紀

大田由紀夫

MÉTIER

ては東京）が日本の政治・文化の中心になることなどなく、そうなれば日本の近世史像はいまのわたしたちが知っているものとは相当に異なっていたはずである。もちろん、歌麿・写楽の「浮世絵」や数々の「江戸」文学の名作が誕生することもないので、近世の芸術史や文芸史もさぞ様変わりしたものとなったに違いない。そして、家康が長生きするか否かは、どうみても歴史の必然ではなく、たんなる偶然の産物である。よって、偶然という要素は歴史の展開に決定的な影響を与えていたといわざるを得ない。

しかし他方、戦国の世を終わらせた「天下人」である織田信長、つづく豊臣秀吉、徳川家康の三人（いわゆる「三英傑」）は、みな尾張・三河地方（現愛知県）の出身であり、このことは必ずしも偶然とばかりはいえない。なぜなら、尾張・三河は戦国時代において東・西の境界地帯に位置しており、かの「三英傑」は、非人格的・官僚制的で強力な統治システムを敷く東の戦国大名群と、人格的・個別的でゆるやかな統治システムをもつ西の戦国大名群との狭間で台頭してきた人々だからである［山室恭子 一九九一］。つまり、彼らは東の強力な統治システムを導入してみずからの領国を強化し（そうしなければ東の戦国大名に飲み込まれてしまう！）、その成果でもって「侵略しやすい」畿内をはじめとする西方を征服して急速な勢力の拡大がのぞみ得る、つまり戦国の覇者へと駆けあがるのには好適な環境に恵まれた武将たちだった。その意味では、彼らの出生地である尾張・三河は統一政権の揺籃地（「天下人」の産出地）と評することもできる。こうした文脈を踏まえるなら、家康のような人物が東西の境域から登場して戦国の世を終わらせたのは、いわば起こるべくして起こった出来事（歴史的「趨勢」の帰結）のようにも感じられる。

いま述べたのとよく似たことは、よりスケールの大きな歴史事象でも見出せる。アメリカの歴史家J・ダイアモンドは、なぜユーラシア大陸では高度に発達した諸文明が形成され、そのなかから世界制覇をするような文明（西欧）も生まれたのか、という問題を提起して、この問いに対するつぎのような回答を提示した［ダイアモンド 二〇〇〇］。すなわち、ユーラシア大陸はヨコにながい形状をもち、対してアメリカ大陸やアフリカ大陸はタテにながい形状であること、これがそれぞれの歴史の歩みを決定づけた。東西にながいユーラシア大陸は、気候・植生などの類似した生態環境をもつ同緯度地帯が東西にながく広がっているため、この地帯に属する各地は生態環境の類似にもとづいて植物・技術・知識・文化の移転・適用が比較的容易であり、その結果として東西交通・交流が促進されていった。この活発な東西交流によって、ユーラシア大陸の東西では高度な諸文明が発達し、やがて海を越え他の大陸へと進出して世界制覇を成し遂げる西欧文明もそこから出現したのだ、と。

ユーラシア大陸の東西にながい形状（→東西間の交流を促進する環境）が他の大陸とその後の歴史を分ける大きな要因だった、とするダイアモンドの見解はかなり説得力をもっている（この方面のより精緻・包括的な議論としては、妹尾達彦 二〇一八がある）。彼の議論を踏まえるなら、活発な東西交流に支えられたユーラシア大陸諸文明の成長の歴史は、一種の不可逆的な過程としてとらえられる。とはいえ、ユーラシア大陸がヨコにながい形状をしているのは、あらかじめ定められた必然性や「神の摂理」によってそうなったわけではない。もろもろの複雑な地殻変動の結果、たまたまそのような形状の大陸が生成されたまでのことであって、これはまさに偶然のなせる業というしかない。ユーラシア大陸における諸文明の繁栄（ひいては西欧による世界制覇）の歴史にも、さきの徳川家による天下統一まな出来事が介在して実現されたものなのである。

このような認識のもと、本書では、日本銀の登場がより広域(少なくとも日中二国レベルではない東アジアレベル)での多様な要因・出来事の絡まりあいのなかから生じた出来事だったことを、その具体的な様相の再構成を通して明らかにしていく。中国経済の強力な銀需要の所産であるかのように映る(またそう語られてきた)、一六世紀中葉以降の東アジアにおける銀の奔流も、見方を変えると通説的理解とはやや異なる様相が立ち現れてくる。また、従来さまざまに議論されてきた一五〜一六世紀東アジアにおける銭貨流通の動揺現象(「撰銭」)なども、そのような一連の歴史動向と密接に関わって生起したものとして位置づけられる。

総じて、およそなんの関りもないように思われてきた東アジア各地の個々の事象が互いに関連しあい、やがてひとつの大状況(東アジア大での経済成長、「倭銀」登場、倭寇的状況など)を創出し、さらにその大状況が多数の出来事を新たに派生させるとともに、これらの出来事によって変容する、そのような歴史過程を描き出すことが本書の目的である。いままで意識されなかった歴史の「流れ」を見出し、その生成・展開を跡づけることによって、この時期の中国史・日本史そして東アジア史をめぐる既存の認識とは多少なりとも違ったストーリーを提示できればと考えている。

目次

15～16世紀の東アジア・東南アジア図

第一章 贅沢は連鎖する——明・朝・日の経済成長

に記されているが、（それは）おおむね宋・元時代のことについて述べている。明朝に入ると、（風気は）一変して純朴になった。景泰・天順年間（一四五〇～六四）以前、男は幅のせまい袖・丈の短い服で、上着の袖もかなり短く、士人も同様だった。婦女は平滑な髪形でゆったりした服を着、その様式はとても質朴で古風なものであった。……成化年間（一四六五～八七）以来、贅沢風潮が徐々にはびこり、近年ますますひどくなっている。

〈正徳『松江府志』巻四、風俗〉

松江では、宋・元時代にひとたび高揚して明朝建国当初には鳴りを潜めていた奢侈風潮が一五世紀後半の成化年間を境にふたたび台頭し、男女の身なりの華美・贅沢化が時とともにエスカレートしていたという。

このほか、中世日本とも関りが深く、唐・宋代以来、浙東《せっとう》（現中国浙江省南部）の中心都市として繁栄した港町・寧波《ニンポー》一帯の状況についても一瞥しておこう。[1] 明初の寧波では、質素・純朴な気風のなか、民は粗末な衣服を身に着け、大金持ちでも華美な錦《にしき》（複数の彩糸で文様や地色を織成した絹織物）の服を着用することもなく、また宴席や結婚式でも派手な浪費を行わず、士人たちは質素な生活に甘んじ、粗末な身なりにも恥じることがなかった。ところが近来（一六世紀中葉）、昔日の美風はすたれ、奢侈の風がはびこり、人々は派手な衣裳や宝飾品を競って身にまとい、簡素な服装には見向きもしなくなる。そして、宴会や冠婚葬祭では家財を傾けて贅を尽くし、士人たちも粗末な身なりを恥じ、贅沢な衣裳への出費のためにひもじい思いをすることも意に介さないありさまだった、という。

寧波府下の諸県の風俗に関する記述にも、「成化・弘治（一四六五～一五〇五）以前は質素を旨とした」（慈渓県）とか、「弘治以降（旧風が）徐々に変わった」（象山県）と記されていることから判断すると、寧波一帯の奢侈現象の始まりは、やはり一五世紀後半であったとみられる。

広まる贅沢風潮

北京や江南などの沿海諸地域でおもに盛行した浪費行為は、財力・センス・社会的地位などでの自己の優越性を周囲に対して誇示し、その社会的威信を獲得・増大するために行われた「顕示的消費」であり、こうした消費行動はまず衣服の奢侈化として顕著にあらわれた。明朝では創建当初から社会秩序を安定させる方策の一環として、四民（士農工商）の服飾に対しても厳格な規制を設けていた。たとえば、庶民は錦や金襴などの色彩・文様が華やかな高級絹織物の着用を禁じられた（『万暦大明会典』巻六一、士庶巾服など）。ところが、この時期にはそうした王朝の規制を無視するかのように、人々は競って華美な衣裳を身にまとうようになる。

近年、天下の風俗は贅沢になり、身分を越えた（華美な服装に対する）需要は以前の百倍にもなっている（と古老たちは述べる）。……蘇州・杭州などの繁華な土地では、富豪のみならず、下賤な市井の者・村里で賤業に従事する輩・婚男嫁女・役者・歌妓までも、夏はうす絹をまとい、冬は緞子《どんす》を着用し、金襴・刺繍・模様・色彩などは新奇・精緻なものを競って好み、まったく遠慮するところがない。

〈『皇明条法事類纂』巻二二「軍民之家服飾不許違禁例」（成化二〇年〈一四八四〉）〉

贅沢風潮の高まりは、高級絹織物（「紗《さ》羅綾緞《らりょうだん》」[2]）の消費拡大をもたらし、南京・蘇州・杭州などを中心とする江南地方の都市部やその周辺農村において絹製品関連の産業（桑栽培・製糸・織布・染織・刺繍など）が活況を呈した。江南で生産された各種の絹製品は、中国全土に人気商品として広い販路をほこる遠隔地交易品であった。[3] それゆえ、江南産の華麗な絹製品を受容することを通じて、中国各地にも贅沢の風潮（享楽的浪費）は広まっていく。

遼東ではもともと（民間に）十分な穀物が蓄えられていたが、このごろ南方から来た商人（「南方商人」）が高級絹織物（「羅段」）を大量に持ち込んで（当地の）穀物を買い漁り、（その穀物を）官府に軍用食糧として上納し、専売品である）塩の販売権を獲得するため、（遼東の）民が贅沢の風に染まり、お金や穀物を浪費するようになっている。

〈『明実録』成化二一年（一四八五）二月壬申条〉

一四八〇年代の遼東地方（現遼寧省南東部）では、「南方商人」との交易を通じて江南あたりで生産されたと思われる高級絹織物（「羅段」）が流入し、当地の奢侈化が進展した。南の商人たちがもたらす贅沢品の購入によって、民間で備蓄されていた穀物も乏しくなるほど、奢侈化の勢いは凄まじいものだった。このような贅沢風潮は、為政者たちからは既存の社会・身分秩序を乱す、好ましからざるものとして非難・禁止の対象になりながらも、そうした政府の意向に逆らって、あたかも伝染病が周囲に拡散するかのように中国各地へ伝播していったのである。

もちろん、一五世紀後半に活発となる奢侈的消費は、服飾の分野だけに限られない。ほかにも飲食・宴会時における豪遊、各地の観光名所への行楽の盛行、凝りに凝った庭園の造成、豪壮な邸宅の建築、高価な骨董・工芸品や調度品の蒐集などなど、さまざまな方面に人々は惜しみなく金銭を注ぎ込み、享楽的な消費生活を追い求めた。この時以来、中国における奢侈的消費はますます盛んになり、明朝の末期にいたるまでその勢いは止まることはなかった。[4]

明朝の空白期

中国内の奢侈的消費の高まりは海外交易の動向にも少なからぬ影響を与えた。もともと明朝成立当初の洪武年間（一三六八～九八）以来、沿海部での倭寇の跳梁（いわゆる「前期倭寇」[5]）などの理由から、政府は民間人の海外渡航や国外での交易を禁じ、また海外からの民間商人の私的来航を拒絶する「海禁」政策を実施していた。みずからが承認する政権の公的使節だけの来航を容認することで、明朝は海外との通交・交易を朝貢のみに一元化する体制（「朝貢一元体制」）を敷いた。[6]

このため、一五世紀中葉になると、東南アジア地域からの来航船が極端に少なくなり[7]、それとともに南海方面への中国製陶磁器の流入も激減していった。その結果、この時期に比定される東南アジアにおける遺跡や沈没船の発掘・引揚品から中国陶磁が姿を消してしまう（欧米の研究者たちは、これを“Ming Gap〈明朝の空白期〉”と呼ぶ）。この事象に関してもっとも明瞭な様相を教えてくれるのが、南シナ海域で発見された沈没船からの引揚品に関する調査結果である［Brown 2009・2010］。
これによると、一四世紀前半までは積載陶磁器のほとんどを占めた中国陶磁（浙江龍泉窯の青磁や江西景徳鎮の青白磁、福建産の白磁・青磁など）は、一三六八〜一四三〇年頃の沈没船でその占有率が三〇〜四〇％に落ち込み、一四三〇〜八七年頃のものは約五％まで減少する。この中国陶磁の空白を埋めるため、かわってタイやベトナムで焼かれた青磁や青花《せいか》（染付《そめつけ》）などが東南アジア各地に輸出され、沈没船から多数引き揚げられるようになる。

また、ジャワ島東部のトロウランや西部のバンテン、マレー半島南端のシンガポールなどの陸の遺跡でも、やはり明代初期〜中期の陶磁器の出土は少なく、逆にタイ・ベトナム産陶磁が中国のものを数量的に上まわって出土する状況[8]で、沈没船の引揚品とおおむね同一の傾向が認められる。九世紀以来アジア海域で活発に取引された中国の代表的交易品である陶磁器の出土状況が端的に表しているとおり、中国と東南アジアとの交易関係は明朝の海禁によって希薄になったのである。

ところが、倭寇の跳梁が終息して明の海禁も弛緩する一四七〇年代前後から中国沿海部において禁令を犯し、東南アジア方面へ渡航して密貿易（南海貿易）を行う動きが活発となる。当時の南海貿易の興隆について語る史料をつぎに示そう。

○成化・弘治の頃、豪門・巨室には、時に大船に乗って海外で貿易する者がいた。

〈張燮『東西洋考』巻七「餉税考」〉

沈船引揚の明朝青花盤（15世紀末）

○（杭州西興駅の役人・顧壁、曰く）……我が国の蘇州・杭州および福建・広東の民間貿易船は、占城国や回回国の地に行き、紅木・胡椒・番香を買い付け、船（の往来）が絶えない。

〈崔溥『漂海録』巻二、弘治元年（一四八八）二月一〇日条〉

引用した史料の内容をまとめると、つぎのようである。成化・弘治年間（一四六五～一五〇五）頃から中国沿海の寧波・福建・広東などが南海に向かう交易船の出航する主要港市となり、ベトナム中部の占城《チャンパ》（良質な香料の集散地）や「回回国」（イスラム系港市のマラッカあたりを指すか？）などの東南アジアの交易拠点に渡航して活発な交易が行われていた、と。

当時の南海貿易は、沈香《じんこう》・胡椒《こしょう》などの香木・香辛料などに代表される「南蛮物」（東南・南アジア方面の物産）と、絹製品・陶磁器などを中心とする「唐《から》物《もの》」（中国物産）との取引が中心であった。一五世紀以来、東南アジア産の香料はユーラシア大陸の東西でその需要を伸ばすが、なかでも中国は最大の需要者であった［リード 二〇〇二］。中国において胡椒は薬剤あるいは肉料理の調味料として高い需要をもち、また沈香・伽羅などの香木類も祭事・儀式・修養などの場面で芳香剤（お香）として重宝されていた。このため、舶来の香料は富裕層の日常生活にとって欠くことができない必需品だった［張維屏 二〇〇三など］。中国沿海諸都市における贅沢風潮の高まりは、東南アジア物産に対する需要を拡大させるが、他方で南海貿易を通じた南蛮物の流入増大も中国での享楽的浪費をさらに刺激し、消費需要の規模をいっそう拡大していったのである。

このような奢侈的消費の拡大・南海貿易の勃興と連動するように、江西の磁都・景徳鎮では、コバルト顔料によって模様を描いた青花の大量生産も始まった［弓場紀知 二〇〇八など］。これより以前、元末明初の動乱や海禁による西アジア産コバルト（「回青」）の輸入途絶などの影響もあって、景徳鎮の民窯（民間経営の窯）における青花生産は、王朝の庇護を受けて永楽～宣徳年間（一四〇三～三五）に活発だった官窯（宮廷直属の御用窯）とは対照的に極度に沈滞した［戴柔星 二〇一二］。"Ming Gap"という中国陶磁の海外輸出減少期は、景徳鎮民窯の青花生産にとってもおなじく「空白期」であった。

ところが、一四三〇年代以降、国産の青色顔料（「土青」）の利用が可能になったこともあって、民窯の青花生産は徐々に回復し、時とともに生産量が増大していく。一五世紀後半までには、「中国では片田舎の宿屋（「窮村茅店」）でも、みな青花（「画器」）を使用している」（成俔《せいけん》『慵斎叢話《ようさいそうわ》』巻一〇）と一四七〇～八〇年代にしばしば中国を訪れた朝鮮の士人が述べているとおり、青花は中国の隅々にまで行き渡ると同時に、一五世紀末頃には海外へも盛んに輸出されていった。

興隆する南海貿易における唐物と南蛮物の取引を通じて、明・青花の「洪水」が東南アジア各地を襲った。南シナ海域の沈没船からの引揚陶磁器における中国陶磁の占有率は、一五世紀中葉の五％前後から同世紀末頃の約七五％へと一挙に跳ね上がり、このうち青花が四分の三を占めた。[9] それまでこの地域で流通していたタイ・ベトナム産陶磁を駆逐し、中国製陶磁がふたたび広範に流通する。かくて明初以来の“Ming Gap”も終息していくのであった。

2. 半島の奢侈化と唐物交易の展開

「異土之物」

つづいて中国と隣接する朝鮮半島の動向をみていこう。はじめに触れておかなければならないのは、一五世紀の朝鮮社会の消費動向に多大な影響を与えた、朝鮮王朝（一三九二～一九一〇）の対外政策である。

先行する高麗王朝（九一八～一三九二）の時代、とりわけ一三世紀後半～一四世紀後半における高麗のモンゴル服属期は、陸路を通じた中国との対外貿易が事実上「自由」化され、王侯・権門から民間商人にいたる人々が元－高麗間の通商を活発に展開し、半島の商業活動も活性化していった。[10] このため、中国から絹製品や陶磁器・金銀・珠玉などの「唐物」が流入して高麗社会において奢侈の風潮が蔓延し、分不相応な贅沢が身分秩序の混乱を招いた［朴平植 二〇〇四］。こうした消費活動の高まりからは、元朝中国との交易の拡大により活況をみせていた朝鮮半島の経済状況がうかがえる。

ところが、一四世紀末になると事態は一変した。明朝が閉鎖的な対外政策（海禁など）を強力に推進していた影響もあり、高麗最末期の恭譲《きょうじょう》王三年（一三九一）には、私人による中国との貿易を全面禁止する方針が打ち出される。また、高麗にかわって誕生した朝鮮王朝もこの方針をさらに徹底して推し進めたため、朝鮮の対中国貿易は急速に縮小していった［須川英徳 二〇〇〇］。

このようにいちどは沈静化した半島の贅沢風潮であったが、成宗期（一四七〇〜九四）に入ると、都城のソウル（漢城）を中心にして享楽的な浪費がふたたび活発になる。成宗初年の様相を伝える『朝鮮王朝実録』（以下『朝鮮実録』と表記）の一節には、

（成宗の命令）「たびたび倹約の命令を出しても、人々は依然として質素に振舞おうとはせず、競って異国の物産（「異土之物」）を求めている。北京に赴いた（朝鮮の）使節たちは、好き勝手に絹織物や（青花などの）器物を買いあさり、（これらを）車に積み込んで（朝鮮に）運び込もうとするため、その通行路の一帯（で使節に奉仕する民たち）は疲弊している。テン（「貂鼠《ちょうそ》」）の毛皮は朝鮮の物産であるとはいえ、北の平安道・咸鏡道（「両界」）だけで入手できるものである。いま商人たちは（北部辺境に）群がり集まって利益を追い求め、地方官（「守令」）や地方軍の指揮官（「鎮将」）も民を搾取し、ひどい場合は商人と交易さえしている……」と。（臣下たちが）議論して言うには、「世宗王の時代（一四一九〜五〇）、政府の大臣・高官（「堂上官」）でも「紗羅綾緞」を着る者は少なかったが、近年では「紗羅綾緞」の衣服がとても盛行しており、ま

ことに由々しきことです。……」と。

〈『朝鮮実録』成宗六年（一四七五）七月甲子条〉

とあり、朝鮮の奢侈化は唐物（中国製の青花や「紗羅綾緞」など）を中心とする「異土之物」の消費拡大という形で進展していった。また、王族・官僚およびその家族といった支配階層にとどまらず、市井の商人・婦女子などの間でも、貂皮や中国製高級絹織物がひろく受容・需要された。[11]

朝鮮の奢侈的消費がおもに唐物の享受であった以上、この種の消費の拡大は明朝中国との交易拡大を必然的にともなった。この時に拡大した対明交易は、年三回ほど（正旦＝元旦、聖節＝皇帝の誕生日、千秋節＝皇太子の誕生日）の定期的なものに加え、さまざまな名目の臨時使節を明の国都・北京へ「燕行使」として派遣した際、その使者や随行者たち（官員・通訳官・医官・従者などおよそ三〇～三五名程度の規模だった）[12]がみずからの携帯した財貨（布・金銀など）で唐物を入手するという形態でおもに展開された。朝鮮半島においては、唐物の流入増大（＝対明交易の活発化）により贅沢風潮も高揚する構図が一五世紀後半から出来上がっていく。[13]

以上に述べた経緯から、朝鮮の奢侈的消費は、中国（とりわけ北京）のそれとよく似た様相を帯びた。中国産の高級絹製品の愛用や青花磁器の愛玩、そして貂皮着用の流行などが代表的なものである。このうち唐物である青花や絹製品は、中国から伝来して朝鮮の人々に愛好されるようになった。とりわけ建国初期には一部の高官（民政と軍政の最高機関だった議政府・中枢院の官員）以外は着用を厳しく禁じられた「紗羅綾緞」は、この頃になるとなし崩し的に士大夫やその婦女たちにも普及し、

耳覆の上に冠を被った朝鮮官僚

困窮している家でも体面上資財を尽くして入手につとめるほどであった[14]。また商人（「市人」）たちも、婚礼の際には「紗羅綾緞」の衣服を着用する風潮が広まったおかげで、その調達がままならぬ貧民はなかなか式を挙げられないケースも多発した[15]。

明から流入したのは織物だけではなく、生糸も多数輸入され、これに染色を施した上で絹布を織成することが盛んに行われ、「窮寒の朝士（朝廷の官僚）も亦たみな唐絲の衣を著《き》る」ありさまであった[16]。前引史料（一八頁）にもあったとおり、ちょうどこの頃朝鮮に隣り合う遼東地方でも江南産の高級絹織物（「羅段」）が流入し、当地の人々の贅沢風潮を高揚させていたが、こうした隣接地での動向も半島の人々になにがしかの影響を与えたであろう。

さらに、現在でも「黒いダイヤ」・「王侯貴族の毛皮」と称せられるクロテンをはじめとしたテンの毛皮（貂皮）は、東北の黒龍江（アムール川）流域やその北部の森林地帯などを原産地とし、中国同様、防寒帽（暖帽・耳覆）や肩掛け・上衣などに好んで用いられた。士大夫層の若い婦女はみな「価《あたい》高」き「貂裘《ちょうきゅう》（テンの毛皮を裏打ちした上衣）」を着るようになり、これがないと宴会に出席することも恥じ、「数十の婦女の会、一も服せざる者無し」といわれるほど[17]、上流階層にその着用が浸透していた。貂皮の愛好は、中国北京で流行が始まった時期が一四六〇年代頃なのに対して、朝鮮での流行はこれにやや遅れる一四七〇年代頃であった。この点から判断すると、朝鮮における貂皮愛好の流行も、やはり明との通交を通じて中国から伝播してきたことがわかる［河内良弘　一九七二］。

殺到する倭人

　ところで、贅沢風潮の蔓延とともに、半島南隣の日本との交易が過熱したことも、この時期の注目すべき事象である。日朝間の貿易は、朝鮮王朝による倭寇懐柔策の一環として一五世紀前半に開始され、時とともに拡大の一途をたどった。当時の貿易は日本側（おもに対馬）から派遣された使節船（使船・使送船）を通じておもに展開されたが、朝鮮による対明貿易とは異なって、これらは外交活動に付随したものというより、朝鮮との貿易そのものが使節派遣の動機となっていた。

　こうして同世紀中葉以降、次第に増加する使節への接待経費や交易品の買い取りなどによって王朝側の支出が財政を圧迫し、朝鮮政府は日本の使節派遣を抑制するため、使船の年間派遣数に上限を設ける（「歳遣船数」）。ただし、朝鮮への渡航数の上限が設定されたのは、対馬島主（守護の宗氏）・対馬島内諸氏・深処倭（対馬以外の倭人）などの使船に対してであり、島主特送船（対馬守護による臨時派遣の使船）や「日本国王使」（室町将軍の使節）、「巨酋使」（幕府重臣や守護などの有力者の使節）については、とくに渡航数の制限を設定しなかった。このような事情もあって、一四六〇年代になると、使船派遣数を制限されていた対馬宗氏が中心となり、渡航数に制限がなかった国内有力者の使節（「巨酋使」）を騙った偽使派遣の急増現象が新たに起こり、以後、多数の倭人（≒対馬島民）が朝鮮半島に殺到した。[18]

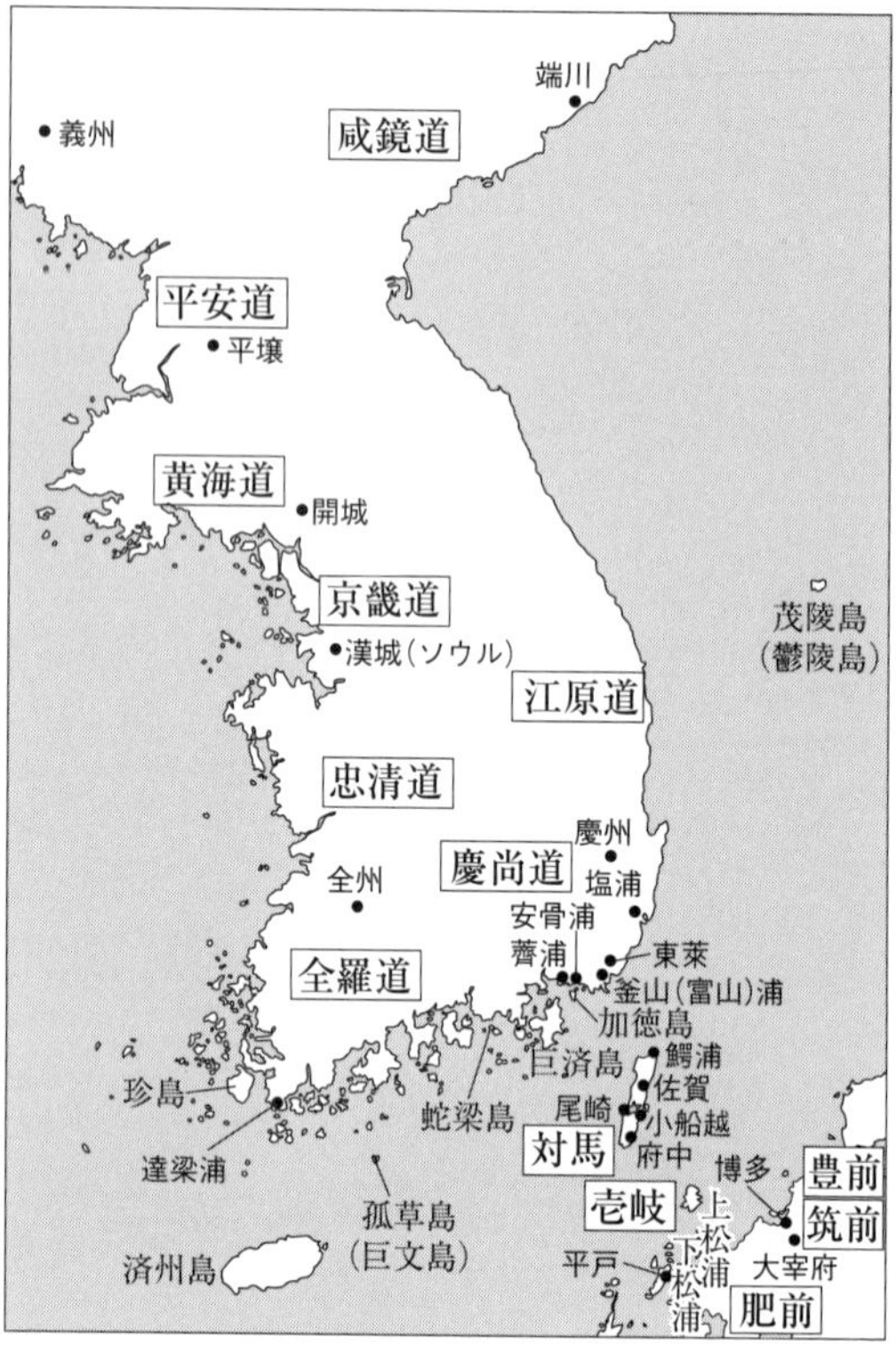

朝鮮・対島・九州関係地図

これにともない、倭人の受け入れ港（「浦所」）である半島南岸の三浦《サンポ》（薺浦《チェポ》・塩浦《ヨンポ》・釜山《プサン》〈富山〉浦《ポ》）には倭人居留地が次第に形成され、その人口も急速に膨張する。世宗一八年（一四三六）に二六六人と定められた三浦居住倭人（「恒居倭」）の数は、世祖一二年（一四六六）になると一六五〇余を数え、成宗六年（一四七五）では二二〇〇余、一四九四年には三一〇〇余まで膨れ上がった。[19] その結果、一四七〇年代には三浦のなかで恒居倭がもっとも多かった薺浦一所（三四七戸）だけで、対馬の守護・宗氏の居所（守護館）が置かれていた府内（現長崎県対馬市厳原町《いづはらまち》）の戸数（二五〇戸余）を凌駕するほどだった。[20] 倭人の朝鮮半島への通交・流入が急増すると同時に、日朝間の活発な交易活動が繰り広げられていったのである。

当時の朝鮮－日本間の交易は、倭人の進上品とそれに対する朝鮮王の回賜品給付、政府との公貿易、商人との私貿易、密貿易という四つの形態でおもに行われ（このほかに、魚・塩などの生活物資を朝鮮に売って米穀等と交換する「興利倭船」〈倭人商船〉も存在した）、朝鮮側が提供する綿布や綿紬《めんちゅう》[21]などへの見返りとして、倭銅・硫黄・金や琉球経由で東南アジアから入手した胡椒・蘇木《そぼく》（蘇芳《すおう》）といった南蛮物が日本から持ち込まれ、日朝間で活発な取引が展開されていった。朝鮮において銅は各種銅器や真鍮製食器類の原料として安定した需要があり、蘇木は貴重な赤色染料として重宝されていた。また、胡椒は薬剤・香辛料としての需要があり、時に朝鮮による対明交易の決済手段としても使われた。日本から流入した舶来物産の多くは半島内で消費されたが、その主たる享受者こそソウルに在住する王族・官僚・富商たちであった［韓相権　一九八三］。以上の事実を踏まえるなら、一五世紀後半の対日貿易の拡大も、都城における奢侈的消費の高揚と密接不可分な現象であったといえる。

3．列島における唐物消費の拡大

唐物荘厳

贅沢風潮の高まりは、同時代の日本でもやはり類似した現象がみられた。その代表的なものとして唐物消費の拡大があげられる。そもそも列島での唐物受容は奈良・平安の世から行われていたが、その流入が本格化するのは、日宋・日元貿易が活発になり、中国新来の仏教宗派である禅宗とその文化

唐物の床飾り（『文阿弥花伝書』巻一〈室町期〉）

が伝来した鎌倉時代のことであった。[22]

禅宗が武士たちの帰依を受けるようになると、渡来僧や入宋・入元僧たちによってもたらされた喫茶文化や唐物愛好が武家の間に流行し、唐物尊重の風潮が武家層にも広まる。さらに禅宗が公家社会にも受容された結果、南北朝〜室町初・中期には、絵画（「唐絵《からえ》」）、漆器・茶器・花器・文具などの多様な工芸品、各種織物といった中国文物を一種の〝お宝〟として珍重・蒐集し、室内をさまざまな唐物で飾り立てること（「唐物荘厳《しょうごん》」）が武家・公家・寺社を通じて流行していく。

たとえば、応永一五年（一四〇八）三月、室町幕府三代将軍だった足利義満が北山殿《きたやまどの》（現在の鹿苑寺《ろくおんじ》＝金閣寺）に後小松天皇の行幸を迎えた際、殿内の会所（「天鏡閣」）に設けられた座敷飾りは、つぎのような唐物中心のものであった。

西と東の二つの部屋に座敷を設け、さまざまな宝物があらん限りに飾り立てられた。唐絵・花瓶・香炉・屏風などの飾りはもちろんのこと、中国（「から〈唐〉国」）でも滅多にない文物（＝唐物）をここぞとばかりに集めたさまは、目にもまばゆく、心に想像することも言葉に表現することもできないほどであった。

〈一条経嗣《つねつぐ》『北山殿行幸記』〉

歴代の室町将軍は、宋元期の中国絵画をはじめとする唐物の蒐集に熱意を傾け、引用文にもあるように、自らの邸内に設けた寄合・遊興の場所である会所の座敷をさまざまな唐物により飾り立てた。義満のあと、四代義持《よしもち》・六代義教《よしのり》をへて、八代義政までその蒐集は連綿と継続し、「東山御物《ごもつ》」とのちに呼ばれる室町将軍家の唐物を中心とする一大コレクションが形成される（コレクションは義政以降の幕府衰退により散逸してしまうが）。室町将軍家の唐物蒐集に象徴されるように、列島の唐物需要は時を追って高揚する一方であった。

このような唐物賞玩の隆盛を歴史的な前提として、一五世紀後半に入ると、唐物の流入はさらに拡大する。まずこの時期には、良質で安価な唐糸《からいと》（中国産生糸）が明朝中国の江南地方から大量に輸入され、これを用いた国産高級絹織物の織造が盛んになる。とりわけ、応仁の乱（一四六七～七七）以降、京都の西陣が錦《にしき》・綾などの高級絹織物の生産地として急速に台頭し、全国機業の中心地へと成長を遂げる（「西陣織」の登場）。このような趨勢のもと、列島では一種の「唐糸ブーム」が巻き起こった〔佐々木銀弥　一九七七〕。

ちなみに、中国製生糸は一五世紀中葉の段階で日本において高い需要をすでにもっていた。永享四年度（一四三二）と宝徳度（一四五一〜五四）の遣明船《けんみんせん》で中国に渡航した貿易商・楠葉《くすば》西忍《さいにん》の談話には、

（明の）都北京において銭一貫と交換して得た銀一両を、南京で売れば銭二貫となり、寧波（「明州」）では三貫になる。この銭三貫で生糸を買って日本で売れば儲けになる。

〈『大乗院寺社雑事記』永正二年（一五〇五）五月四日条〉

とあり、遣明船貿易の際、大量の生糸が盛んに買われて日本へ持ち帰られた。その理由は「唐船の理（＝利）は生糸に過ぐべから」ず[23]といわれるように、遣明船が将来した唐物のなかで、生糸がもっとも儲けの大きな商品だったからである（約五〜一〇倍の純利益）。さきの引用史料が述べるとおり、日本船の入港地である寧波は、日本にとって生糸をはじめとする唐物の重要な入手地であり、列島での唐物の消費拡大にも一役買っていた。

琉球ルート

もっとも、この時、唐物が日本に流入する主要な経路は、日本の遣明船がおもに利用していた東シナ海を横断して寧波―博多を結ぶ「大洋路」ではなく、おそらく福建から琉球を経由して日本にいた

る、いわゆる「南島路」の方であった。なぜなら、一五世紀中葉以降、およそ一〇年に一度の頻度でしか派遣されなかった遣明船による対明貿易は、恒常的安定的な唐物入手を保障しえないほど小規模なものだったからである。また、この時期に日明間を直接につなぐ密貿易が展開されていた形跡も、現在のところ知られてはいない。

これに対して琉球は、

○(琉球は）土地が狭くて人口が多く、海船による貿易を生業とし、西は南蛮・中国と通交し、東は日本・我国（朝鮮）と通じる。日本や南蛮の商船がその国都の港（「海浦」）に集い、当地の人々はこのため湾岸（「浦辺」）に店舗を設けて取引している。

〈申叔舟『海東諸国紀』琉球国紀・国俗（一四七一）〉

○中国人（「唐人」）が来て交易し、それで（琉球に）居住するようになった者がいる。

〈『朝鮮実録』成宗一〇年（一四七九）六月乙未条〉

○(琉球国には、中国の）江南の人および南蛮国の人などがこぞって集まって交易し、その往来が絶えない。

〈同前書〉

とあるように、一五世紀後半には日本や中国などから来航した商人との交易が活発に行われていたことが史料的に確認できる。琉球王国の都である那覇の港は「江南・南蛮・日本の商舶の泊《と》まる所」(『海東諸国紀』琉球国之図・湾口)とも記されており、このうち「江南」の「商舶」とは「福建海商などの民間商船」であろうと推測されている。[24]

また、近年の考古学の成果によれば、一五世紀後半〜一六世紀前半に比定される中国陶磁器がそれ以前の時期にも増して琉球列島より夥《おびただ》しい数で出土している。沖縄における一六世紀初頭までの中国陶磁の出土状況は、およそつぎのような推移である。[25]

一一世紀後半〜一二世紀前半(一期)に中国陶磁の出土が確認できるようになり、これらはおもに九州方面より流入したと考えられ、この様相は一二世紀後半〜一三世紀前半頃(二期)まで継続する。つづく一三世紀後半〜一四世紀前半(三期)、本州では出土しない福建産粗製白磁の出土がみられるようになり、中国沿海部との直接的交易がこの頃に始まったと推測されるものの、出土量はまだ小規模に止まる。やがて明朝との朝貢関係が樹立される一四世紀後半〜一五世紀中葉になると(四〜五期)、出土量は格段に増加し、沖縄本島の首里《しゅり》・今帰仁《なきじん》・浦添《うらそえ》・勝連《かつれん》などの各グスク(城)跡から青磁を中心とした大量・多様な陶磁器の出土がみられ、とりわけ一五世紀中葉には首里城跡と那覇港遺跡(渡地村跡《わたんぢ》・東村跡《あがりむら》)の出土量が群を抜くようになる。そして、一五世紀後半〜一六世紀前半の時期(六期)には、那覇における青磁碗の出土量が四〜五期と比べて一・五倍に増え、出土分布は琉球列島全域に広がって遺跡数も最多となり、さらに従来の青磁に加えて青花の出土も本格化する。

総じて、一五世紀後半〜一六世紀前半は、他の時期と比較してもっとも豊富な中国陶磁の出土量を誇った時期だった。この事実はとりも直さず一五世紀後半に中国陶磁の流入が増加すること、それゆえ中国との交易規模も拡大していたことを示唆する。ただし、第六節でも触れるように、この時期は明朝への朝貢使節派遣の間隔（「貢期」）が成化一一年（一四七五）に二年一貢に変更されるなど、一五世紀中葉に最盛期を迎えた琉球の進貢貿易が斜陽へと向かう時期と指摘されている。[26]このことも併せて考えれば、一五世紀後半における琉球の対中国貿易は、中国－琉球を結ぶ華人海商による密貿易の拡大が進貢貿易の縮小を補いつつ、全体として交易規模を拡大させたと推定される。

興味深いことに、一五世紀中葉までとは異なり、当該期に比定される中国産青磁は、粗製品が多数を占め、その逆に優品や大型品は少なくなる、という質的変化がみられる。[27]四～五期の優品・大型品の多くが首里城や大型グスクなどの支配拠点から出土し、これらは王府派遣の進貢貿易船によっておもに将来されたとみられるのに対して、六期の粗製青磁の多くが渡地村跡・東村跡といった那覇港遺跡から出土し、これらは華商（福建商人）らの密貿易船によっておもに流入したと考えられる。出土陶磁の変化は、この時期に進貢貿易が縮小する一方で、それとは異なる交易活動（華人海商との密貿易取引）が拡大したことを反映している。[28]

応仁の乱の直前までは、琉球船が毎年のように室町将軍のもとへ派遣され、琉球と畿内との通交が行われた。つづく乱後～永正年間（一五〇四～一二）には、細川氏の印判制《いんばん》（渡航許可証である「印判」を発給された船舶だけに琉球への渡航を許可する渡航管理制度）のもとで、「南海路」（堺－土佐沖－種子島－琉球を結ぶ航路）を利用して堺商人たちが商船を頻繁に派遣し、「唐荷」（琉球経由の中国物産）をせっせと畿内に輸入していた［黒嶋敏　二〇〇〇］。以上のことを踏まえると、琉－明間における密貿易の拡大によって、琉球を経由した唐物の日本流入は一五世紀後半から増大した可能性が高い。

木綿の流入

さて、一五世紀後半以降、安価・良質な唐糸が日本市場を席巻して高級織物の原料として選好された結果、一世紀のちの安土・桃山時代には、絢爛豪華な小袖《こそで》や道服《どうふく》（羽織の原型）などの生地となる高級絹織物の製作において唐糸が独占的に使用されるようになった［佐々木銀弥 一九七七］。西陣織などの国産高級絹織物の登場と表裏して、一五世紀後半頃から大量受容が始まる唐糸は、武士・僧侶・富豪・芸能者らの着用した直垂《ひたたれ》（当時の武家の礼装）・打掛《うちかけ》（豪華な小袖形の上衣）・袈裟《けさ》（僧侶が身に着けた布状の衣装）・小袖・能装束などの生地となる高級絹織物の織造に使用された[29]。これらは列島での服飾の奢侈化を象徴しており、同時代の明や朝鮮における贅沢風潮の高揚とも一脈通じるものと評価できる。さらに唐糸のみならず、中国製高級絹織物（錦や緞子など）も依然として列島内で高い人気をほこり、引きつづき中国から流入していた。

なお、当時の日本経済・生活文化を語るうえで欠かせないのが、朝鮮半島からの綿布の流入と列島におけるその流通である。朝鮮の木綿は一四世紀中葉に中国から移植され、世宗期（一四一九〜五〇）に半島南部でその栽培が急速に拡大した。つづく成宗期（一四七〇〜九四）になると、北部をのぞく全土に綿花栽培が普及し、大衆衣料としての地位を確立した。半島での綿布生産の拡大・普及を受け、一五世紀後半に拡大する日朝交易において朝鮮王朝からの支給などを通じた綿布輸入が急増し、列島での需要が急速に拡大する[30]。綿花はこの頃日本ではほとんど栽培されておらず、それゆえに貴重な綿布を求め、倭人たちは真偽さまざまな名目の使節を仕立てて半島へ殺到し、一五世紀末にはこれら使節たちの年間渡航数が一〇〇～一五〇回を数える空前の盛況が出現した[31]。

当時の日本において綿布は、保温性に優れるゆえに小袖などの生地としての衣料需要はもちろんのこと、兵衣・船の帆などの巨大な軍事的需要があったという。また、綿布は肌ざわりがよいだけでなく、染色が容易な織物であった。それまで多く用いられていたのは苧布《ちょふ》・麻布などの素朴な布で、鮮明で濃い色合いが出せない衣料素材だった。これとは異なって新たにやってきた綿布は、各人の好み次第でどんな派手な色模様にでも染めることのできる、カラフルな布地として人気を博した。また、麻の時代には自給材料によりその多くが賄われていた染料も、木綿の時代に入るとその商品化が進む［永原慶二　一九九〇］。したがって、この時期に急速に拡大した朝鮮綿布に対する需要も、中世日本にとっては奢侈現象の一例とみなすことが可能だろう。

唐物と和物

このほか陶磁器の需要・消費方面でも、この時期には興味深い動向がみられる[32]。一四世紀前半以前のものが大量に出土するのとは対照的に、一四世紀後半～一五世紀中葉に比定される中国陶磁の日本における出土量は、先行する時代に比べると極端に減少し、瀬戸焼などの国産品のほうが中国陶磁よりも目立つようになる。これは、明朝による海禁のために中国陶磁の流入が大幅に減ったからであり、さきに触れた同時代の東南アジアにおける“Ming Gap”と同様の事態が列島でも生じていたことを示すなによりの証拠である。

だが、一五世紀後半に入ると、中国陶磁の出土数はふたたび増加に転じる。この時、一一世紀以来流入していた龍泉窯の青磁に加え、同時代の中国・景徳鎮において量産化の始まった青花の碗・皿類が列島各地へ流入し、次第に凋落する龍泉窯青磁にかわって、一六世紀には輸入中国陶磁の主流を占めていく。その流通量の多さと価格の安さゆえ、中国陶磁は中世日本における生活消費財の分野で市場をリードする重要な役割を担った。つぎつぎと新たなデザインを更新して供給される青花などの大量流入は、人々の陶磁器購買の意欲を刺激することで各地の窯業地に対して大きな影響を与えた。

一五世紀後半以降、瀬戸・美濃焼では、中国陶磁を模倣した茶碗や灰釉《かいゆう》皿などの新商品が開発されるとともに、この時期に起こった消費需要の増大に対応するため、焼成窯の大型化による大量生産(いわゆる「大窯《おおがま》化」)が進行した。また瀬戸・美濃のみならず、備前や越前などの主要窯業地でも、おなじ頃に量産化の時代が始まる。[33] こうした動向をうけ、唐物とともに、「国焼《くにやき》」(和物の茶陶)が都市生活文化のなかで一定の評価を獲得して受容・需要され、それまでの唐物一辺倒の価値観を脱却して、唐物・和物双方を評価する「わび茶」の美意識もやがて形成されていく。

服飾・陶磁器の奢侈的・大衆的両面における消費需要拡大の背景としては、応仁の乱以降、京都・奈良・堺などの畿内主要都市のほか、列島各地で城下町・寺内町《じないまち》といった「新しい都市」が急増し、これによって生じた都市消費の拡大があげられる。[34] また、乱の後それまで在京していた守護大名の多くは、都を離れて自らの本拠に戻って領国経営に専念するようになる(戦国時代への突入)。このことをひとつの契機として消費都市が各地で勃興し、多数の貴族や武士も地方に下っていった。この過程で室町将軍家の主導のもと武家・公家・禅宗の各文化を融合させ、唐物愛好に象徴される濃厚な中国趣味を基調とした「室町の文化」（＝京の文化）は、唐物の絶対視から唐物・和物双方の尊重への美意識の一定の変容をともないつつ地方に伝播する。その結果として列島各地に都の文化を模倣した多数の「小京都」が生まれ、茶の湯や立花《りっか》（いけばな）などに代表される都市生活文化が開花していくのであった［末柄豊 二〇〇三］。

国境を越える贅沢の連鎖

明朝中国における奢侈的消費の拡大は、都城・北京が起点となり、やがて沿海部各地に伝播するという経過で進展した。さらに、同時代の朝鮮半島の贅沢風潮の盛行も考慮に入れるなら、北京を震源地とする贅沢現象は、明の版図内だけに止まらず、国境を越えて伝播していったといえる。

繰り返しになるが、一四七〇年代前後の北京における贅沢風潮の高揚にともない、さまざまな物産が中国各地より都城へ大量に流入し、都城の市場でそれら物産を安価・多量に入手するのが比較的容易となる状況が生じた。かねてから唐物に対する潜在的需要の高かった朝鮮の人々にとって、この状況の発生は唐物入手機会の増大を意味する。中国沿海部の諸都市で奢侈的消費が活発になると、これに歩調を合わせて明－朝鮮間の唐物交易も活発となり、その結果として朝鮮での享楽的消費も急速に拡大する、といった因果連関が浮かび上がる。明朝中国と朝鮮半島の消費パターンの同一性は、両地域の贅沢現象が一種の伝播関係にあったことを物語る。半島における贅沢風潮の高まりは、朝鮮内の経済動向（農業生産力の発展や商品経済の発展など）から説明されることも多かったが、さきの国際的契機もその重要な要因になっていたと考えるべきである。

こうした経緯を踏まえると、同時代の日本における消費動向を孤立的に捉えることはもはや難しい。一五世紀後半以降の列島で熱烈に希求され、都市消費の拡大を牽引したのが中国から渡来した唐糸や青花などの唐物であり、また朝鮮から流入した綿布だった事実に鑑みても、そのように考えることが許されるだろう。明朝中国での奢侈的消費の高揚に対応して巻き起こる各種唐物の量産化・多様化は、琉球をおもな仲介者として列島の奢侈化（＝唐物消費の拡大）を促進していったのである。

とはいえ、中国経済のみが日本や朝鮮の消費動向に一方的な影響を与えていたわけではない。事態はもう少し込み入っている。たとえば、日本と朝鮮の間では、一五世紀後半以降、日本側の倭銅・硫黄・南蛮物と朝鮮側の木綿・綿紬との取引を基調とする交易が急速に拡大し、それが両地域の贅沢風潮の高揚に一役買っていた。また日本の場合、唐物や南蛮物を安定供給した琉球による中継貿易の活況も、唐物消費の拡大にとって必要不可欠な要素だった。要するに、各地域間の相互交流が全体として深化することによって、東アジアの広範な地域での贅沢風潮の高揚という共時的現象の出現が可能になったのである。よって、この時期における中国・朝鮮・日本の贅沢現象は、たまたまおなじ時期に発生した偶然の一致とはみなせないだろう。それは東アジアレベルで展開したひとつの連動現象、言い換えれば、東アジア各地を巻き込んで進展した「贅沢の連鎖」の所産として、広い文脈から理解されるべきである。

では、東アジアで突如巻き起こった「奢侈の連鎖」は、そもそもなぜこの時期に発生するのか。つづいてその歴史的背景について論じていこう。

4．連鎖の背景――経済復興する大陸

明代中国の経済史において一五世紀後半、年号でいえば成化・弘治年間（一四六五～一五〇五）がひとつの画期であったことは、明代の人々もしばしば語るところである。その典型例として、一五世紀末に王錡《おうき》という知識人が明初以来の蘇州の変遷を回顧した文章（『寓圃《ぐうほ》雑記』巻五「呉中近年之盛」）がある。その内容は、だいたいつぎのように要約できる。

沈滞から復調へ

蘇州（「呉中」）は繁華な都市であることを誇っていたが、元末の動乱期における張士誠の割拠や明軍の占領、住民たちの三都（南京・中都・北京）への強制移住や軍卒としての遠方派遣などが次々に重なり、町はさびれて、経済活動は沈滞し（「生計鮮薄」）、（当地を）通る者は（そのあり様をみて今昔の相違に）感慨を深くした。正統・天順年間（一四三六～六四）、私（王錡）が蘇州城にいった際、みなが町は往時の状態をいくらか取り戻したと言っていたものの、いまだ盛んとはいえなかった。ところが、成化年間（一四六五～八七）に入り、私が三、四年に一度城内を訪れるたび、以前とはすっかり様変わりして別天地となり、いま町はますます繁盛し、家屋は軒をつらねて無数の甍《いらか》の波をなし、城内の片隅でさえ豪邸がびっしり建ちならび、ほとんど空地がない。美しい絹織物・文房四宝（筆・墨・硯・紙）・花果・珍味・珍奇な品々は、年々精巧・多彩になっている。

王錡の回顧によれば、元から明への王朝交替にともなう動乱や、明初における蘇州市民の都への強制移住などで、繁華を誇った蘇州はすっかりさびれ、一五世紀中葉の正統・天順期でも往時の「繁華」を取り戻すには至らなかったという。中国経済の中枢を占める江南地方（長江下流一帯）の中心都市・蘇州の様相からは、明朝創立時から一五世紀中葉にいたるまでの江南の都市経済の沈滞ぶりがうかがえる。

このような経済状態を招来したのは、元明交替期の動乱とともに、創建直後から実施された明朝の海禁がおおきな影響を及ぼしたと考えられる。さきに触れた明初の景徳鎮民窯における青花生産の「空白期」の出現（ひいては中国陶磁の海外輸出の「空白期」である"Ming Gap"）は、海禁の煽りを受けた代表的な事象といえる。民間人による海外貿易をきびしく禁じて公的使節の来航・交易のみを認める海禁政策は、中国の対外交易活動を大幅に縮小させ、その利益で潤っていた沿海諸地域に大きな経済的打撃を与えた。とりわけ江南地方では、海外貿易の隆盛から多大な恩恵をうけ、宋元期には商業活動が活発となり、経済的繁栄を謳歌した富者の寄付などにより多数の仏教寺院が同地方には建立された。しかし、それらの多くは明朝前半期に王朝の禁制などもあってほとんど姿を消し、以後再興されることはなかった。[35]

また、明初百年の江南における出版活動も不振をきわめ、書籍の出版が宋元期に比べて激減した。宋代に民間出版の盛んだった四川や浙江の瞿州《くしゅう》・婺州《ぶしゅう》、江西の吉安などはみな衰退し、みるべき活動を行っているのは建陽（福建省北部）を中心とした福建のみという惨憺たる状況になり、前代まで出版業の中心地であった杭州でさえ地元での出版が困難になるほどだった[36]。この種の宗教・文化活動は経済的な支援があってこそ盛況となるものであり、これらの沈滞ぶりが端的に示しているように、明初の流通経済は「後退」とでも表現できる状態にあった。このため、一五世紀中葉の中国経済の状態を「大不況」と評する研究者もいる［アトウェル　一九九九］。

だが、この状況は一五世紀後半に変化する。まず明初以来沈滞していた江南の書籍出版はこの頃から徐々に復興し、明初（洪武～天順期）の約一〇〇年で四八〇（一〇年平均は四四・九。以下の（　）内の数値も同様）だった出版件数は、成化年間の二三年で二六一（一一三・五）件、弘治年間（一四八八～一五〇五）の一八年で三五四（一九六・七）件、正徳年間（一五〇六～二一）の一六年間で四四〇（二七五）件、と時をおって着実に増え、明初の沈滞状態からの明瞭な脱却を示している。さらに、明初にはほとんど行われなかった古典著作・挙業書（科挙受験参考書）・儒学以外の多様な思想書の刊行もこの頃より再開される。このような出版事情の変化は、成化・弘治期に始まり、正徳・嘉靖期を通じて進展していった[37]。

当時の出版活動の復興は、都市の発展と軌を一にしていた。さきの引用文にもあるように、成化年間に入ると蘇州は年々活気を取り戻し、同世紀末には「繁盛」と評されるまでに回復する。この時期、都市経済の復調がみられたのは、もちろん蘇州のみではない。江南地方の農村部においても、商業的聚落である「市鎮」がこの頃より急速な成長を遂げる事例が見出せるようになる［樊樹志　一九九〇］。そのような一例として、太倉州の趙市（現江蘇省太倉市璜涇《こうけい》鎮）がある。

璜涇はそもそも大きな商業地（「大鎮」）であった。（だが）元末の兵火があって、住民は離散・流出し、かつての繁華な土地は廃れて草むらになった。明朝が天下を平定して以降、一〇〇年ばかりたっても、この地の復興を果たせる者はいなかった。（そんな時）趙仲輝は先祖代々この土地に住んでおり、敢然として（街の復興を）おのれの任務とし、家財を投じて職人・資材をかき集め、数百棟の家屋を建造して流民たちを収容し、橋梁を架け道路を整備して人々の往来の便宜をはかった。こうして商人たちが殺到し、あまたの財貨が集まるようになり、地元の物産や他所の水陸産品はすべて揃わないものがない。……三〇年あまりをへて、住民はますます増えつづけ、遠近の人々はみな当地を「趙市」と呼んでいる。

〈弘治『太倉州志』巻一〇下、李傑「璜涇趙市碑記」（一五〇四）〉

元代までは「大鎮」だった璜涇も、元末の動乱によりいったんはさびれるが、趙仲輝という資産家の領導のもと、一五世紀後半には商業的拠点として急速な復興を遂げ、ふたたび活気ある商業地となり、人々から復興者の姓にちなんで「趙市」と呼ばれた。このような趙市の動向は、さきにみた蘇州と類似した復興の軌跡を描いている。

南北の成長

さらに、浙江の港湾都市である寧波一帯の経済動向について紹介しよう。寧波平野部（象山・昌国二県をのぞいた甬江《ようこう》流域の明代寧波府所属の鄞《ぎん》・定海・慈渓・奉化四県）の経済動向は、南宋（一一二七～

一二七九）以降の市場《いちば》（定期市または市場町）数の変遷から把握することが可能である。[38]

寧波都市部の周辺にひろがる後背地には、南宋の宝慶三年（一二二七）頃の段階で二五個の市場がすでに存在しており（都市部を除外した数字。以下同様）、当地の経済的成熟はかなりの水準に達していた。ところが、宝慶三年～明の天順六年（一四六二）頃の二世紀半弱に新規の市場は二個しか誕生せず、既存市場の消滅分と相殺すれば、この時期の純増分はわずか一個にすぎない。南宋末～元代（一三世紀中葉～一四世紀中葉）は拠るべきデータを欠いており、その動向は不明瞭であるものの、少なくとも一四世紀後半～一五世紀中葉における市場数の横這い傾向は、寧波一帯の流通経済の停滞を示している。

その後、天順六年（一四六二）～嘉靖三九年（一五六〇）の約一世紀間では、七個の市場が新たに登場している。この点から判断すると、一五世紀後半～一六世紀中葉は、寧波地域の経済的復調期であったととらえられる。ちなみに、この頃の寧波では「万巻楼」の豊坊（一四九三～一五六三）や「天一閣」の范欽（一五〇五～八九）などの著名蔵書家が相次いで現れ、隣接する余姚《よよう》の出身・王守仁（一四七二～一五二九）による陽明学派が形成されていくなど、学術・思想面でもあらたな胎動がみられた。経済の復調は、寧波地方における文化活動の新局面の出現とも連動していたようである。そして一五六〇～一七三〇年頃には、市場は五〇個以上も増え、前代以来の経済発展はさらに加速した。

他方、北方に位置する京師・北京においても、都市人口のめざましい増加が始まるのは、やはり成化年間（一四六五～八七）前後のことであった。「今（嘉靖年間〈一五二二～六六〉）都城の南では、万民が聚居し、あらゆるものが集まる。……成化以前において居民はいまだ盛んならず」[39]と述べられているように、成化年間より以前には、北京の人口は「盛んなら」ざる状態にあった。ところが、一五世紀末頃の史料では、「(北京の）人口はますます増え、物産はますます市場に満ちあふれ、人々が身をおく場所もほとんどない」[40]と語られるまでになる。この時の都市人口の増加は、「物産はますます市場に満ちあふれ」るといった表現からも察せられるとおり、北京の市民に各種の生活物資を提供する商品流通の拡大を随伴させた。

このように、一四七〇年代前後から、上は都の北京から下は江南の市鎮にいたるまで、南北の沿海地域において都市経済の成長がみられた。ここで一五世紀後半の経済動向と密接に関連した事象としてあらためて注目されるのが、贅沢風潮の高まりである。さきに触れたように、享楽的浪費の活発化は高級絹織物の消費拡大をもたらし、これらに対する需要を高めさせることにより、蘇州・杭州・湖州を中心とする江南地方で関連産業の成長を促していった。

また、絹製品のような高級衣料＝奢侈品だけでなく、大衆消費財である綿布の生産も、一五世紀中葉以来、江南地方の松江や太倉などで急速に成長した[41]。松江の地方志に収録された成化年間（一四六五～八七）頃の文章には、つぎのようにある。

> 綿布は松江の産物であったが、もともと（生産量は）多くはなかったため、（綿布での）納税もなかった。（ところが）二、三十年来、松江の多くの民が綿布の織造で生計を立てており、いま税糧はその多くが綿布で代納されている。
>
> 〈崇禎『松江府志』巻一〇「南安守東海張公弼積荒糧議」〉

ここには、一四三〇年代前後の松江における綿布生産の発展が明瞭に語られている。中国各地に販路を有する江南地方の絹・綿産業の活況は、農民の交換経済との接触を次第に頻繁化させ、江南農村の商業化を推進していったのである。

絹・綿以外にも、奢侈化の進展のため宝飾品や舶来香料に対する需要が急増し、飲食・宴会・冠婚葬祭における享楽的浪費も盛大になるが、このような消費の拡大が流通経済をさらに活性化したことはいうまでもない。贅沢風潮の蔓延は都市民を中心とした広範な階層における消費の高まりを意味し、それが多様な商品需要を生み出すことで、各種の商品生産・流通の拡大に寄与していった。またその逆に、一連の商品生産・流通の拡大が広範な人々により多くの富をもたらし、その富を消費の拡大に振り向ける余裕を生み出したともいえる。よって、贅沢風潮の高揚と商品経済の発達は、お互いがそれぞれ因となり果となる好循環を形成して進展していったのである。

このような経済の上げ潮状況に呼応するように、西北部の山西商人、江南地方の新安商人（安徽省南部・徽州《きしゅう》の出身）や洞庭《どうてい》商人（蘇州近郊の出身）などの有力商人勢力が次々と台頭し、巨富を蓄えて商業界の覇権を握る大商人が多数輩出されていった。[42] この時期に台頭した彼らのような経済的成功者（成り金）こそ、奢侈的消費の高揚や各地に波及する「贅沢の連鎖」を、流通と消費の両面で牽引していった存在なのである。

生命線は江南

一五世紀後半に中国経済の復調をもたらした要因とは、いかなるものだったのであろうか。その要因はいくつかあげることができる。まず、永楽一九年（一四二一）正月の南京から北京への遷都（以下「北京遷都」と記す）により進展した南－北物流体制の確立という出来事が注目される。そもそも明朝第三代の永楽帝（在位一四〇二～二四）により実施された北京遷都には、つぎのような歴史背景があった。

ヒトやモノ・カネの広範で自由な流れに乗るように領土を膨張させ、内中国（長城以南の漢族主体の農業地域）と外中国（非漢族主体の遊牧地域）の統合を成し遂げたモンゴル元朝の流動・開放的な体制とは対照的に、いまだ元末の動乱が終息せず、倭寇・モンゴルなどの外的脅威にさらされる中で明朝を創建した太祖・洪武帝（朱元璋《しゅげんしょう》）の政権は（以下「洪武政権」と記す）、内中国のすみやかな統合を実現するため、固定・閉鎖的な体制を構築した（この体制は「明初体制」[43]などと呼ばれている）。すなわち、域内では国家の許可なく居住地を離れることを禁じて農民を一ヵ所に縛りつけ、移動の自由を奪う里甲制[44]などを導入し、反乱の温床となる流民・遊民の発生を防止するとともに、海禁や辺禁（内外の通交を制限する内陸部での境界規制）を実施して域外へと連なるヒト・モノなどの流れを遮断して内中国を外部世界から隔離し、その内部統合に心血を傾注した。そしてこれこそが、江南より興って中国全土を統一したのち、洪武政権が二度にわたる南京から北中国への遷都（開封《かいほう》や中都《ちゅうと》への遷都計画）を試みながらも挫折し、ついに歴代の統一王朝のように経済的中枢の江南地方を離れて北中国に首都（京師）を据えることができなかった理由でもある。

なぜなら、誕生したばかりの洪武政権にとっての至上命題は、王朝の経済的基盤である江南を失って中国支配を崩壊させた元朝（北の大都《だいと》〈現在の北京〉に首都を置いた）の轍を踏まず、江南経済を安定的に掌握することに置かれていたからである。また、北方に都を置いた場合、江南からの長距離にわたる大量の物資輸送も必要となるが、これは元末の動乱で疲弊した人民に多大な労苦を強い、ひいては新たな動乱の火種をまく危険性もあった。南京定都という洪武政権の決断は、未曾有の大帝国であるモンゴル帝国崩壊後の動乱をすみやかに終息させ、荒廃した中国内の安定的統治を達成するためには妥当な選択であった。

しかし、南京を京師とする措置は、中国全土の統御という面で致命的な欠陥をもっていた。対モンゴル防衛のため北辺（北部辺境）に配備された大規模な駐屯軍を、一〇〇〇キロ以上も離れた南京の中央政府（以下「南京政府」と記す）の統制下に置くことが困難になる、という問題である。中央のコントロールがおよばない遠隔地に大規模な精鋭軍を配置するのは、それ自体が王朝存続にとって脅威となる。もし強大な北辺駐屯軍の軍事指揮権（兵権）を臣下の武将に委ねれば、新たな軍事的脅威を政権内部に生む。王朝の中枢を江南に置くかぎり、この矛盾は容易に解消できない。

そこで洪武帝は、中央の統制がおよび難い軍事的要衝に自己の息子（皇子）たちを王として封建し、兵権を与えることによって、この問題の解決をはかった。いわば肉親の絆にたよる方策を採用したのである。これが諸王「分鎮体制」（以下「分鎮制」と記す）と呼ばれるものであり［佐藤文俊 一九九九］、それによって南京に首都を据えて中国全土を統治する体制（南京京師体制）が確立した。

もっとも、分鎮制および南京京師体制は大きな禍根を南京政府に残すことになった。洪武帝の在位中こそうまく行っていたが、彼の死後、孫の朱允炆《いんぶん》（第二代建文帝。洪武帝に先立って没した皇太子の嫡男）がつぎの皇帝に即位すると、新皇帝は年長の諸王たちを抑え込むことに失敗してしまう。諸王の中でもとくに武勇に秀でた叔父の燕王・朱棣《てい》（のちの永楽帝）が南京政府に反旗を翻し、甥の建文帝から皇位を簒奪した「靖難の変」は、さきの問題点を露呈させる出来事であった。新たに即位した永楽帝が政権の永続的安定を脅かしかねない分鎮制・南京京師体制を否定していったのは、当然の成り行きである。

必然と偶然

玉座についてまもない永楽元年（一四〇三）正月、永楽帝は燕王府が置かれていた北平を「北京」に改称、そこから遷都事業をつぎつぎと断行し、永楽一九年（一四二一）に北京遷都をついに実現する。モンゴル元朝の都・大都が当地に置かれたことが示しているとおり、北京は塞外の遊牧地帯と長城内の農耕地域である中国との結節点に位置する地政学的重要性のゆえ、統一王朝の首都に相応しいポテンシャルをそもそも有していた。明朝建国以来の経緯を踏まえるなら、統一政権としての明王朝の支配体制確立・安定にとって、永楽帝による遷都は必然の帰結だったといえなくもない。

しかし他方、一見したところ予定調和的な過程にみえる北京遷都は、実は偶然的要素を濃厚にはらんだ出来事でもあった。第一に、洪武帝の四男・永楽帝の北平への封建は、まったくの偶然の産物だった。諸王分封が決定された時、洪武政権がもっとも重視していたのは唐王朝の故都である西安であり、ここには次男の秦王樉《そう》が封建された（長男の標は皇太子）。さらに西安につぐ要衝の太原には、三男の晋王棡《こう》が送り込まれる。北平の重要度は西安・太原に比べると明らかに低く、永楽帝が燕王に封建された最大の理由は、彼が洪武帝の四番目の息子であったことによる。

第二に、永楽帝が「靖難の変」に勝利して帝位簒奪に成功したことが、遷都実現の大前提であった点である。燕王府のわずか八〇〇名ほどの手勢しか当初もたなかった永楽帝が、数十万の大軍をたやすく動員できる南京の中央政府を最終的に転覆できたのは、彼の卓越した能力の賜物であるとはいえ、十に一つも勝つ見込みのない戦いに勝利したという意味で、やはり一種の「奇跡」といえるものであった。永楽帝にとって、「靖難の変」はそのまま座していては破滅（南京政府による削藩＝取潰し）の危機に瀕するを待つしかない窮地から抜け出すための「イチかバチか」の賭けであり、勝利する可能性がきわめて小さな戦いであった。

これらの事実を踏まえるなら、北京遷都という出来事は、ふたつの偶然（北平への燕王封建と「靖難の変」での勝利）が重なってはじめて実現したことがわかる。こうした必然的な要因と偶然的な要因が絡まりあった結果、明王朝の政治的軍事的中心は、江南の南京から華北の北京へと移動していったのである。

銀財政への傾斜

さて、遷都以降、北京の中央政府（以下「北京政府」と記す）を財政的に支える必要から、明朝は大運河（物資船運のため開鑿した長大な南北間の人工水路）を通じて江南地方の物資を首都へ供給する物流体制の整備に力を注いでいく。また、北京政府と北辺軍隊の維持コストが年々増大し、南北間の財

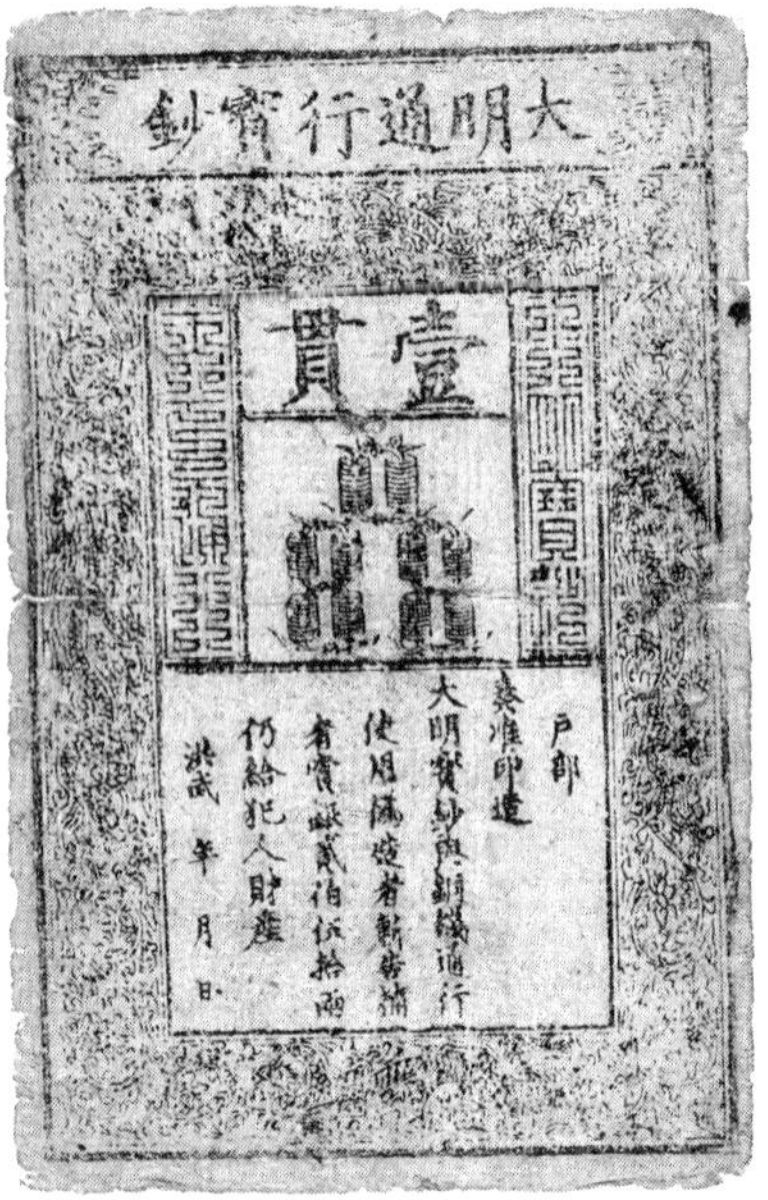

大明通行宝鈔

物移動の規模は拡大の一途をたどっていった。米穀などの必要物資の長距離輸送は、当初は軍隊・人民などを使役する形で行われたが、この方法では輸送規模に一定の限界があり（年間輸送米穀額〈漕運糧額〉は四〇〇万〜五〇〇万石がその上限だった）、時を追って増大する財政支出に対応できなくなる。

　また、遷都にかかるコストをまかなうため、北京政府によって紙幣がたびたび増発された。明朝発行の「大明通行宝鈔」（洪武八年〈一三七五〉に印造開始。以下、「鈔」と記す）である。しかし、兌換準備などの価値の裏づけを欠いたまま紙幣を乱発すれば、当然その通用価値が急速に低落し、通貨としての機能は失われてしまう。「国用浩繁」の状況下、長距離輸送のコストを軽減して、より大量の財物の中央移転を実現するには、輸送コストが低くて高い価値をもつ財貨を活用することが次第に求められていく。

　かくてこの条件を満たすものとして、多様な財貨の中から銀が利用頻度を高めた。北京政府は、効率的な財物の中央移転や北辺供給を実現するべく、一五世紀中葉以降、銀を媒介とした財政運営を徐々に志向するようになる（銀財政化）。こうした志向性の高まりが、穀物などの現物納入を原則とした税糧を銀で代納する租税銀納化を進展させる原動力になった［大田由紀夫 一九九三］。明朝の銀財政化の進展につれ、民間での銀の貨幣使用も拡大していった（銀経済化）。

ちなみに、古来、中国において銀は退蔵・贈与のための財宝・装飾品として通用するのみで、貨幣として使われることはほとんどなかったが、北宋期（九六〇〜一一二七）以降、次第に貨幣的機能を果たすようになっていく［王文成 二〇〇一］。とりわけ元代には、モンゴルによる大帝国の形成にともない、ユーラシア大陸レベルでの交通・通商が未曾有の規模で活発化し、雲南産銀をはじめとする東方の銀が中央・西アジアや欧州へと大規模に西流する現象などもみられ、各地で流通を拡大させた銀はユーラシア大陸における共通の計算単位として受容されるようになる。[45] 陸海両路を通じた国際交易が活発化する情勢のなか、中国でも対外取引での銀遣いが盛行することで、国内における各種用途での銀の活用もいっそう浸透していった。

このような国際的契機のほか、額面の割に重量が重くてかさばるため移送などが困難な銅銭の代替物として、宋代には銀の使用が拡大した。また、一二世紀後半以降、鈔法が中国の南北（南の南宋と北の金朝）で本格的に導入されると、鈔の回収や租税送金などの手段としても、銀が活用されていく［加藤繁 一九四四］。総じて、外部世界との経済交流の深化や銭遣い・鈔遣いの拡大などが、宋〜明初の中国で銀の使用を浸透させていくことになったのである。

とはいえ、宋元期には銅銭や紙幣（鈔）が主要な通貨だったこともあり、銀の貨幣的使用はまだまだ限定されたものであった（それゆえ元代には東方銀の西流現象も発生しえた）。このような状況が変化し、銀が市場における有力な通貨となるのは、一五世紀中葉以降のことである。明朝では建国時

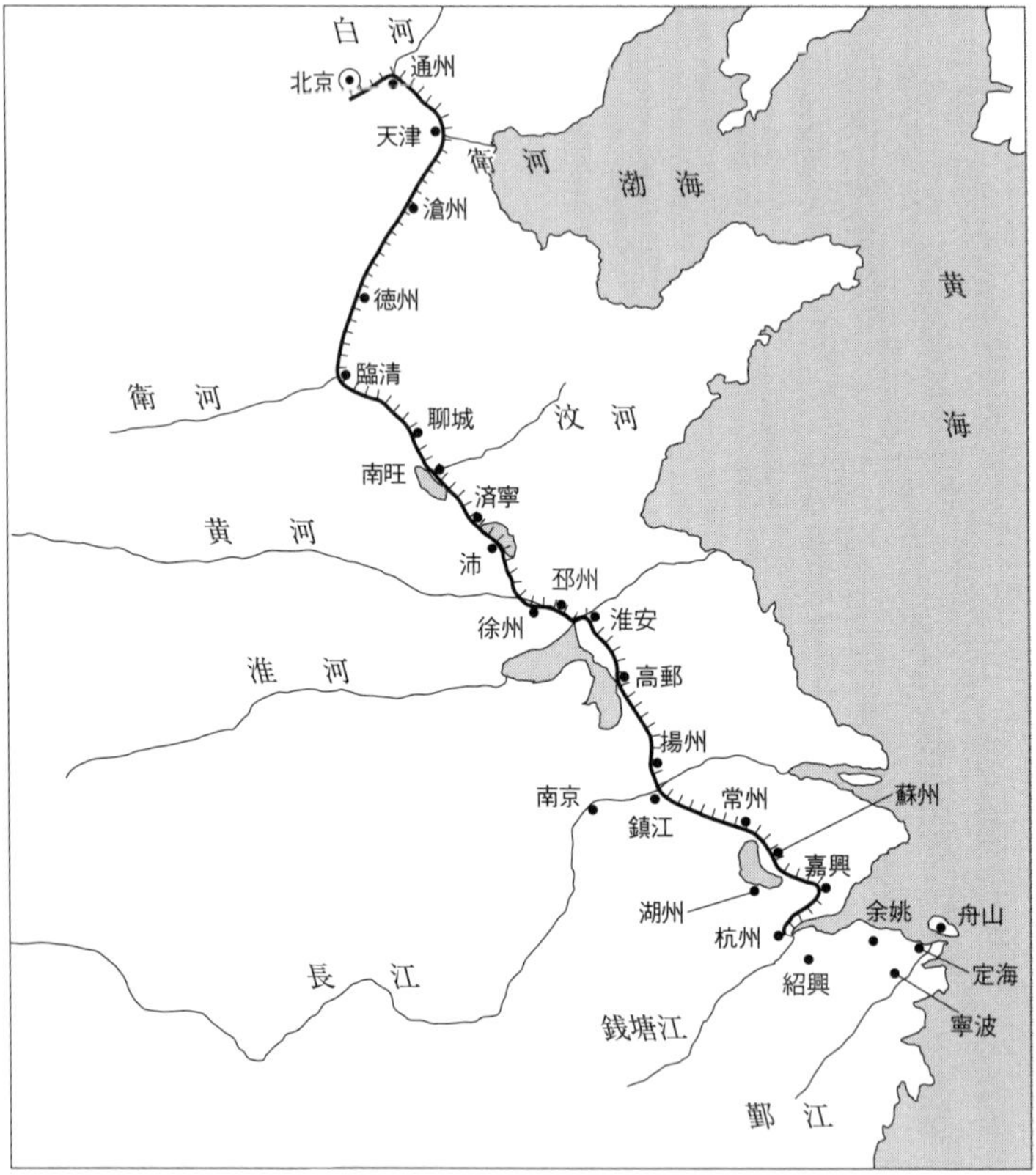

明代の大運河（京杭運河）略図

の一四世紀後半こそ鈔が主要な通貨だったが、既述のとおり、北京遷都後に財政赤字の補塡のための乱発によって、鈔が通貨インフレを引き起こして凋落すると、かわって銀が市場で流通しはじめ、通貨としての地位を高めるのであった。

それはさておき、銀財政化は北京経済にも大きな影響を及ぼした。銀による財政運営がその比重を高めるのに比例して、在京の文武官・兵士に対する俸給・賜与や政府の物資買付などによって北京市中へ投下される銀の数量も次第に増加していったからである。[46] 明朝による銀財政の推進は、銀を支払・交換手段として市場を通じた物資調達（購買）を実現する機会を確実に増加させ、京師における市場拡大を必然的に促した。銀という購買力の増大を意味するその大量投下は、北京市場の拡大を促す強力な牽引力となり、そのひとつの帰結が一四七〇年代前後を画期とする北京での経済的活況の発生だったのである。さらに、北京市場の拡大に刺激される形で、膨大な公的物資・民間商品を京師にもたらす役割を担う大運河沿いの臨清・揚州・南京・蘇州などの諸都市でも商品流通が増大し、北京とおなじように贅沢風潮が高揚していった。

中国の内と外

一方、中国内の社会・経済動向から視線を対外関係に転じれば、ここでも新たな展開がみられる。洪武帝の海禁実施により諸外国との通交や対外貿易は、一四世紀後半には沈滞した。その後、この不振状況を挽回すべく永楽帝は、鄭和の七度におよぶ「南海大遠征」に代表される如き対外積極策を推進した。その結果、依然として朝貢一元体制下にありながらも、一五世紀前半には明朝の朝貢関係は拡大し、諸外国との通交・朝貢貿易も一時的に盛んとなった。この時、まさに日本の遣明船《けんみんせん》貿易や琉球の進貢貿易はその最盛期を迎える。

そもそも朝貢とは、中国の伝統的な世界秩序観である華夷秩序（「中華思想」）にもとづく外交行為である。華夷秩序は、文明世界の中心を「中華」、その周辺を「夷狄《いてき》」と区分し、中華と夷狄の間には上下関係が存在している、とする秩序観念のことである。この理念（建前）に則って、中華に対して周辺の夷狄首長（ないしその代理の使者）は臣従の証しとして定期的に貢物を献上し（「朝貢」）、その見返りに中華の君主は来貢した首長に回賜品や王号・官位を与え、華・夷の間に君臣関係を構築する一連の外交行為が朝貢と呼ばれるものであった。このような朝貢関係を通じて、中国の皇帝は文明世界の唯一無二の王者としての存在を内外に示すことでおもに「名」を、周辺の首長は「厚往薄来」の原則のもと貢物をはるかに上回る回賜品を得ることでおもに「実」を、それぞれ獲得した。

だが、正統年間（一四三六～四九）以降、北京遷都による財政支出の膨張、朝貢使節の大規模化にともなう接待費の過重化などに起因する財政難から、明朝は周辺地域からの朝貢使節に各種の制限を加え、朝貢貿易の縮小に乗り出していった。[47] おもな朝貢制限の措置は、つぎのようなものである。貢期に対する制限（「三年一貢」など）を設けて使節派遣の頻度を減らすこと。「時に四夷の入貢する者、多くは千人に至る」[48] こともあった使節団員の規模縮小を命じたこと。また、進貢物（朝貢品）の返礼として与える回賜品や明朝による収買を原則としていた附搭《ふとう》貨物（使節が持ち込んだ進貢物以外の交易品）の買い上げ価格を減額すること、などであった。

そうした制限の様相を日本を例にして確認してみよう。当時の日明間の朝貢貿易は、三つの部分から構成されていた。①進貢品の献上とそれに対する回賜品の給付、②明側が附搭貨物の買い上げを行う「公貿易」、③公貿易対象外になった附搭貨物を民間商人と交易する「私貿易」である。[49] 景泰四年（一四五三）に入明する宝徳度の朝貢使節は、船数九隻・総勢一二〇〇人という遣明船派遣史上空前の大規模となり、硫黄・紅銅・日本刀などの夥しい貨物を満載して来航した。

ところが、「其の時、日本人多々の故、大唐（中国）に於いて喧譁《けんか》（嘩）[50]」なども多発し、また大量の附搭貨物に対する明朝の支給対価は前回の「宣徳年間に比べて十分の一[51]」にすぎないと日本側が不満を訴えるほど、明朝の買い上げ価格が低く抑えられ、公貿易の取引交渉も日明間でさんざん紛糾する。このため、今回の日本使節団の規模・振る舞いに懲りた明朝政府は、以後、日本の貢期を「十年一貢」、渡航船数三隻・使節人数三〇〇名以内とする通交制限（いわゆる「景泰約条」）を日本側に課すようになった［橋本雄 二〇〇二］。

このような明朝による朝貢制限は、西方のティムール帝国（一三七〇～一五〇七）との交易品入手のために対明交易の拡大を熱望していた、モンゴル系遊牧勢力のオイラトとの間でも軋轢を生じさせる。[52] モンゴル高原の西北部を本拠とするオイラトは、一五世紀前半にトゴン、エセンの父子二代の首長のもとで勢力を急速に拡大してモンゴル高原の統一を達成する。この間、オイラトが明に派遣した朝貢使節の規模は、永楽年間（一四〇三～二四）には数人程度、つづく宣徳年間（一四二六～三五）でも数十人だったのが、その勢力が拡大した正統年間に入ると、使節の人数は急激に膨らみ、数百～二〇〇〇人前後にまで達した。

これが回賜品・応接経費の増大を招き、明朝はオイラトとの朝貢貿易を制限するようになる。この

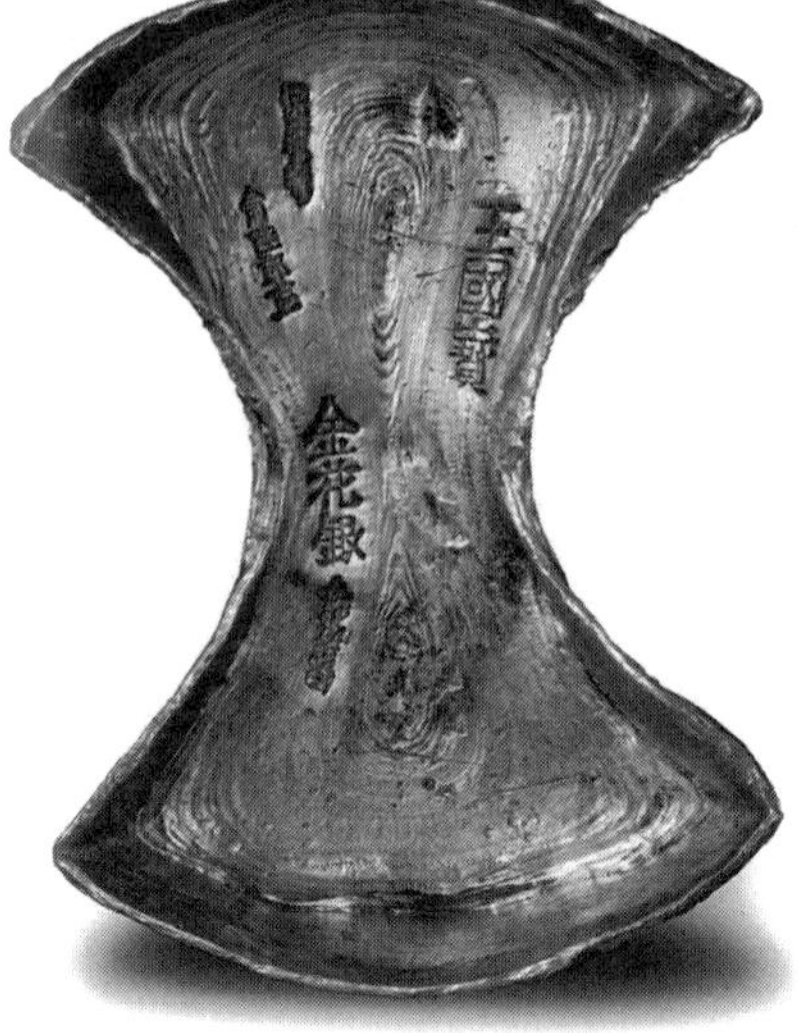

明代の銀両（金花銀）

明朝による一連の「冷遇」に不満を募らせたオイラトが明領内に侵攻することで、両者の武力衝突にまで発展し、明の中央政府をゆるがす一大騒動を引き起こした。すなわち、正統一四年（一四四九）九月、明の正統帝を総大将にいただく五〇万の明軍がエセン率いる数万のオイラト軍に土木堡（北京の西北約一〇〇キロ）で大敗を喫し、皇帝自身も捕虜になった前代未聞の珍事「土木の変」の発生である。

　事変後、景泰帝を新皇帝として急遽即位させた北京政府は、崩壊した首都における防衛・物資補給体制のすみやかな再編を余儀なくされた。現物の輸送・支給という手間・コストのかかる旧来の方式をあらためる必要性が急速に高まり、明朝は銀を活用した効率的な財政運営への依存を深める。かくて銀の財政支出は北辺を中心とする各方面で格段に広まり、その放出規模も増大していった。[53] 米穀支給が決まりだった兵士の給与は、土木の変を転機として「折銀支給（銀での代替支給）」へ次第に切り換わり、その支給額も増加される。また、それまで指揮官に限られた戦功に対する賞銀が一般兵卒にまで広がり、このほか辺境軍に供給する糧米・馬匹の購入のための銀支出もこの頃より本格化した。

景泰年間（一四五〇～五七）における明朝の銀支出額は、少なくとも年平均二〇〇万両（当時の明朝の銀歳入額〈約七〇万両〉の三倍ちかく）にのぼり、わずか七年余で一〇〇〇万両以上にも達した[54]。政府による銀支出の急増は、中央政府が置かれた北京での銀による財政支出も拡大させたはずであり、銀という購買力の大量放出は北京市場を拡大させる大きな牽引力になっていったであろう。

ただし、朝貢貿易の縮小によって中国と外部世界のつながりが途切れたわけではない。北方遊牧民との交易は、土木の変後も必ずしも縮小せず、むしろ中国商人との密貿易が活発に行われ、その規模は拡大さえしていった［原田理恵　一九八五など］。また、明朝中国の経済成長が始動する一四七〇年代前後には、既述のとおり、中国側の南蛮物需要と東南アジア側の唐物需要を相互に満たす南海貿易がにわかに活発となる。そして、南海貿易の興隆による南蛮物流入の増加は、明初の沈滞状態から復調しつつあった江南地方の産業・消費市場をさらに刺激し、商品流通の拡大と急速な都市化も進展していった。

ところで、正統年間以降の朝貢制限という出来事は、明側の内部事情（財政逼迫）によって引き起こされたとばかりはいえない。なぜなら、明朝がこの措置をとった背景には、明初以来の海禁などの貿易制限で狭められた中国との通商パイプを「朝貢」という手段で確保・拡張しようとする、周辺地域（日本やオイラトなど）の要求・圧力が存在していたからである。次第に膨張する朝貢体制の維持コストに耐えられなくなり、明朝はついに朝貢制限へと踏み出していくのだった。

以後の明朝は、朝貢貿易のみを認める従来の方針を堅持しつつも、朝貢一元体制の強化・拡大には消極的になる。そのため、海外との密貿易に対する明朝の取り締まりも徐々にゆるみ、それが一五世紀後半における南海貿易の興隆につながっていく。一五世紀中葉を前後する朝貢貿易に代表される公的貿易の縮小は、その後に展開した南海貿易に代表される密貿易の拡大と表裏する事象であった。そして、東南アジアでの"Ming Gap"の終息が示唆するように、むしろ規模の点でいえば、公的貿易から密貿易への転換は中国と海外との交易を拡大していった。

このように、内外の諸事象が複雑に絡まりあいながら、一五世紀後半における中国経済の復興が始まる。とりわけ一五世紀中葉における南−北物流体制の確立や北方遊牧勢力との紛争激化、これらにともなう明朝の銀財政化の進展が北京での市場拡大を促し、さらには北京の経済成長が起点となることにより、一四七〇年代前後を画期とする中国沿海都市部での経済成長も始動していった。なお、前述したとおり、当時の中国における経済成長が当初から外部世界との密接な関りをもちつつ進展していたことは、後段の議論との関連からも留意されるべき点である。

5. 芽吹く半島の経済

ソウルの活況

ついで中国と隣接した朝鮮の経済動向をみていこう。すでに言及したように、一四世紀末に成立した朝鮮王朝が民間人の対明通商を禁止した関係で、一五世紀前半の中国との交易は限られた規模にとどまった。加えて新王朝は、「務本抑末」(農業の振興と商業の抑制)の理念にもとづき、国境地帯での密貿易や農業基盤をゆるがす商業従事者の増加を阻止するため、許可証のない行商活動を禁止する行状制度を導入するなどの商業統制策を推進した［須川英徳 二〇〇〇］。高麗期の商業的活況を牽引した対中国交易の縮小にともない、一五世紀前半〜中葉の半島における商品流通は沈滞し、前代には存在していた地方の定期市もいったん消滅してしまう。[55] かくて「京都（ソウル）に市あるも、各道の州郡みな市なし」[56] と当時の史料に記されるように、地方の流通経済も低迷した。

建国以来の経済的沈滞は、一五世紀後半の成宗期にようやく変化の兆しをみせる。その代表例が都城ソウルを中心とする奢侈的消費の拡大であり、また唐物消費の高揚であった。この唐物消費・需要の拡大が沈滞していた対中国交易をふたたび過熱させることになった。さらに、一六世紀初頭の燕山君期（一四九五〜一五〇五）に入ると、朝鮮銀が登場して対明交易は新たな局面に突入する。すなわち、一五世紀後半以来の唐物需要が増大し、明との通商拡大に対する欲求が高まると、同時代の中国において需要が高くなった銀が朝鮮でも次第に注目を集め、対明交易の決済手段のひとつとして利用されていく。こうした状況は、一五世紀末に朝鮮人漂流者（崔溥《さいふ》）と明朝の役人（「官人」）との間で交わされた、つぎの会話からも読み取れる。

（明の役人が崔溥に）尋ねて言うには、「汝の国（朝鮮）には金銀があるのか？」と。（崔溥）曰く、「金・銀はわが国の産出するところではありません」と。（役人）曰く、「ならばどうして金・銀を携えているのか？」（崔溥）曰く、「みな中国に来て売（って交易す）るので、（金・銀は）重宝されているのです（「皆来貿上国、所以貴也」）」と。

〈崔溥『漂海録』巻一、弘治元年（一四八八）正月二〇日条〉

この趨勢がやがて北東部の端川《タンチョン》での銀山開発につながり、一六世紀初頭から朝鮮銀の生産を増加させていった。朝鮮銀が唐物取引の決済手段として多用されることで、明－朝鮮間の交易規模も拡大し、政府の度重なる禁令にもかかわらず、唐物消費がいっそう活発になるのであった。[57]

さらに、この時期の注目すべき事象としては、ソウル市場の拡大がある。成宗三年（一四七二）には、当地における商品流通の拡大をうけ、既存の規模では手狭になった商業区域（「市廛《してん》」）の拡張が行われる。つづく一六世紀初頭に入ると、公定の商業区以外に「小市」と呼ばれる、役所の帳冊（市籍）に登録されない非合法の市が城内のあちこちに出現するようになる。[58] また、一五一〇年代のソウルの状況をめぐって、王と臣下の間でつぎのような会話も交わされた。

主上（中宗）が言うには、「農業は基幹の産業であり、商工業は末節の生業である。（だが、）いま民は農業を離れて商工業に従事する者が多く、地方の人々はソウル（「京中」）に多数集まり、商工業を営んでも農業をする者は少ない。このような人々を強制的に追い払うことはできないが、また取り締まらぬわけにもいかない」と。申用漑が言うには、「ソウルの人々はみな職に就かず遊び暮らしているため（「京中之人、皆游手而食」）、民のうち商工業に従事する者はソウルに集い、農業をする者が少ないのです」と。

〈『朝鮮実録』中宗一一年（一五一六）五月壬辰条〉

国初以来の商業規制にもかかわらず、農民たちが離農して商工業活動を展開していく状況下、多数の非生産者（遊民）を擁する当時のソウルが地方からの離農者を引き寄せ、彼らの市中の商工業への参入によって都城の市場経済が成長していった当時の様相を、引用史料の会話から読みとることができる。

中央と地方の市場拡大

この時にソウル市場の拡大をもたらした要因として、二点ほど指摘できる。第一は、財政的要因（税収取方式の変化）である。すなわち、貢納での「防納」（代納請負）の盛行や軍役の布納化である[59]。

王朝の財政収入の過半を占めた貢納は、各地の土産品を貢物として上納する税目であり、国初より現物直納が原則であった。しかし、不産貢物の賦課や現物直納にともなう納入の困難さから、この過程に納入請負業者が次第に介在するようになり、世祖期（一四五五〜六八）に貢納負担者の希望による代納が公認されて以降、なし崩し的に防納が一般化する。代納請負業者が貢物代価を布や米で受け取り、遠隔地の市場に赴いて貢物を調達・上納したが、その調達・上納が展開される主要な舞台こそ、商品の品揃えが豊富で納付先の諸官庁も集中しているソウルであり、防納の普及はその市場の拡大に貢献していった。

また、当番で上京して軍役を務める地方の正兵（「番上兵」）が、世祖期（一四六〇年代）の軍額拡充やその土木役卒化（兵士が土木作業に従事する人夫と化すこと）以降、数を次第に増加させていった。

「番上兵の数は倍増したが、都城の物価（「京中市価」）が高騰するのは、まさにこのためである」[60]と当時の史料が述べるとおり、地方正兵の増加は消費市場の拡大をもたらす契機となり、当地の物価騰貴を引き起こす一因にもなった。一四二六年頃のソウルの人口は一〇万余と推定されており[61]、これに対して一四七〇年代頃の番上兵の年間延人数は二万ちかくを数えた[62]。番上兵の増加は都城の市場にインパクトを与えるには十分な規模であり、その拡大に寄与していっただろう。

さらに番上兵数の増加と関連して、ソウル在住者に布貨（当時の朝鮮は綿や麻などの織物を主要な通貨〈布貨〉にしていた）を支払って軍役の代立（代行）をさせる動きも、やはり一五世紀後半から活発になる。ついで一六世紀前半に入ると、これが公認され、代立価のみを中央に送る納布制が成立する。軍役の布納化は、送納布貨がソウル市場で購買力となって流通経済を活性化しただけでなく、代行者雇用という労働力需要を新たに創出することで地方からの人口流入に拍車をかけ、都城人口の増加（＝消費市場の拡大）にも寄与した。貢物防納や軍役納布制の実施は商品市場の一定の成長を前提にしているが、他方で防納・代立などの進展が商品流通をさらに拡大させる要因として作用したことも否定できない。

ソウル市場を拡大させた第二の要因は、対外的なものである。一五世紀後半は半島の南北で対外貿易が拡大した時期でもあった。対明唐物交易や日朝交易の活発化についてはすでに触れたが、対明交易では朝鮮の麻・銀等を輸出し、絹製品・陶磁器・薬物・書籍等が中国から輸入され、他方、対日交易では朝鮮の綿布・綿紬に対する見返りとして、倭銅や南海産の蘇木・胡椒などの「倭物」が日本より流入した。既述のように、明や日本からの輸入品の多くは半島内で消費され、そのおもな需要者がソウル在住の王族・官僚・商人であった。対外貿易の拡大は、奢侈風潮の高揚にともなう消費市場の拡大と相互に密接不可分な関係にあったのである。

ところで、一五世紀前半には経済的な沈滞状態におかれ、「市なし」といわれた地方でも、同世紀後半に入ると「場市《じょうし》」・「場門《じょうもん》」と呼ばれる定期市の出現が確認できるようになる。[63] 場市は一四七〇年代頃に朝鮮でもっとも肥沃な地域である半島南部の全羅道においてまず登場し、一五二〇年代までには朝鮮全土へ普及する。一五世紀後半に出現した当初の場市は、月二度の市開催頻度であったが（「十五日市」）、一六世紀中葉になると、地域によっては月三度の「十日市」が現れるなど、時を経るごとに定着・普及していった。[64] このような場市の出現・普及こそは、地方農村における商品流通の拡大を象徴する現象であった（場市については次章で再述する）。

従来、農業生産力の発展が場市の登場に代表される商品流通の拡大をもたらした要因として認識されてきた。ただし、さきほど述べたとおり、中国や日本との対外交易の活発化・異国物産の流入増大といった事態も、奢侈的消費や商品市場の拡大を促進する重要な契機となっていた。この点を踏まえるなら、ソウルでの消費拡大（＝商品需要の高まり）が中央－地方間の商取引の拡大を促し、各地の経済活動を刺激して商品流通を拡大させるという因果関係も、地方経済の成長に寄与していたとみられる。

また対外交易の活況によって、都城以外の地方でも、平安道の義州、京畿道の開城《ケソン》、三浦に隣接する慶尚道の東萊《トンネ》（釜山浦付近）・熊川《ウンチョン》（薺浦付近）など、使臣たちの往来路上にある交通要衝あるいは国境に接した地点も商業都市として発展していった。そして、この中央－地方の経済的交流を主導し、中央のみならず地方でも精力的な商業活動を展開したのが、「京中富商大賈《ふしょうたいこ》（ソウルの大商人層）」と呼ばれる人々である。「富商大賈」の活動は、都城と各地方の間を頻繁に往来して両者の商品流通を媒介し、地方における商品流通の拡大を促していった。[65]

ちなみに、一五世紀の朝鮮半島では、綿花・綿布生産が増大した結果、同世紀後半までには従来の法定通貨・納税手段であった麻布にかわり綿布を「国幣」とする、布貨の主役交替が起こる。[66] 木綿関連産業の勃興・成長と、さきの中央と地方での商品流通の成長とが互いに歩調をあわせ、当時の朝鮮半島において進展した。そして、この朝鮮綿業の勃興は対外関係にも重大な影響を及ぼした。日朝通交にともなうその輸出によって日本列島の綿布需要が急速に拡大し、朝鮮の対日貿易を盛んにしていった。当然、日朝貿易の拡大は朝鮮物産に対するさらなる需要の創出につながり、半島の商品流通をより活発とすることにも寄与した［李正守 一九九八］。

以上のとおり、一五世紀後半の朝鮮では、ソウルを中心とする奢侈品（唐物・南蛮物）・大衆消費財（米・綿）の需要・取引増加、中央－地方間における商品流通の拡大などがみられた。都市経済（とりわけ都城市場）の発展とともに、奢侈品と大衆消費財の市場拡大が同時に進展した点は、同時代の中国ともよく似た経済成長のパターンであり、以前にはみられない新たな経済動向である。

結局、奢侈的消費の活発化、ソウル市場の拡大、地方における場市の登場・普及、綿布生産・流通の急成長、対明・対日交易の活況といった経済現象は、一四七〇年代前後に密接な関連をもちながら生起した共時的現象だったといえる。明との唐物取引や日本との倭物・南蛮物取引の拡大は、朝鮮

（とくにソウル）の王族・官僚・富裕層の生活をより奢侈的なものとし、これが中央－地方間の取引増加を通して地方の経済活動を刺激すると同時に、農民たちの交易参入の機会を増やし、地方の商業活動を活発にしていったのである。

もちろん、休閑法から連作法への移行に象徴される集約農法の発達、西海岸地帯（黄海～全羅道）における大規模な「堰田《えんでん》」（干拓により開墾された水田）開発の進展など、農業部門でも一五世紀には顕著な発展がみられた[67]。また朝鮮の人口も、一四四〇年の六七二万余から一五一九年の一〇四七万余へとほぼ倍増している[68]。けれども、人口増加や農業生産力の発展といった要因だけから、内生的に当時の経済成長が始まったと単純に考えることは難しい。そのような一方向的な因果連関が働いたというよりも、対外交易の隆盛や異国物産の需要拡大などの事象と相互に刺激を与えあいながら、農業基盤の形成も徐々に進んでいったとみるのが適切だろう。

なぜなら、明朝中国からの贅沢伝播、対明・対日交易の活発化、中央・地方での商品流通の拡大にみられる共時性は、これらの事象間に密接な関連性が存在することを示唆し、さらに東アジアレベルでの奢侈連鎖や国際貿易の隆盛といった現象を半島内部の事情だけで説明することは困難だからである。外部との経済的交流のなかで朝鮮経済も刺激を受けて成長し、ソウル市場の拡大や地方場市の出現、人口増加・農業生産力の発展などの経済的事象が一五世紀後半に一斉に出揃ったととらえるべきであろう。

6. 列島の経済変動

空白期の意味

停滞から成長へと推移した中国経済や朝鮮経済に対して、同時代の日本経済はどのように展開したのであろうか。この点について、当時の列島における経済動向を垣間見ることができるデータとして、各地の領主によって発布された市場法《いちばほう》と社寺保護法の発布動向をあげることができる（図表1）[69]。市場法とは、円滑な商取引を確保して市場の秩序維持をはかるため、各地の領主から発布された法令のことで、押買・喧嘩の禁止や債務取立てに関する規制などが記されたものである。他方、社寺保護法は、おなじく各地の領主により支配下の寺社を保護する目的で発布された法令のうち、市場法と類似した条文を含んだものを分類したものである。

市場法と社寺保護法の発布合計数を二五年ごとに整理した図表1を参照すると、一三世紀後半から一六世紀後半にいたるまで、だいたいコンスタントに発布されていることが確認できるが、ただ一四世紀末〜一五世紀前半の期間のみは、その発布が一件もみられない市場法・社寺保護法の「空白期」となっている。その発令動向の推移をごく簡単にまとめれば、一三世紀後半〜一四世紀前半の増加、一四世紀末〜一五世紀前半の空白、一五世紀後半〜一六世紀初頭の再増加、一六世紀中葉以降の激増、となる。

ところで、市場法発布数の推移が中世日本の経済動向を知るための重要な指標となることに着目したのは、日本中世史家の小島道裕である[70]。ただし、小島の議論では市場法の動向が参照されるのみだったため、一五世紀後半の増加傾向が認識されないまま、先行時期とおなじ状況がこの時期にも継続していると捉え、「一四世紀末～一六世紀初め」までを、市場法の「空白期」と認識している。また、ふたつの法令の発布動向を最初に整理した佐々木銀弥は、この「空白期」をさらにひろく取って一四世紀後半～一六世紀前半としている。しかし、図表1に示されるとおり、市場法と類似した内容をもつ社寺保護法を加味して、これらの発布数の変遷を眺めるなら、先行研究とはいくぶん異なる動向を読み取ることが可能である。

時　期	件　数	備　考
1250-1275	1(1)	
1276-1300	3(3)	
1301-1325	3(2)	
1326-1350	1(1)	
1351-1375	2(2)	1353と71年
1376-1400	0(0)	
1401-1425	0(0)	
1426-1450	0(0)	
1451-1475	2(2)	1469年に2件
1476-1500	4(1)	1481、90、95、96年
1501-1525	2(1)	1510と14年
1526-1550	8(4)	1532、33(2)、39、42、49、50(2)年
1551-1575	38(17)	
1576-1600	52(34)	

※（　）内の数字は市場法発布の件数

図表1　市場法・社寺保護法の発布数

　両法の発布が増加した一三世紀後半（増加期）や一六世紀後半（激増期）は、ともに商品流通の拡大期だったと先行研究においては一般に認識されている［前者の時期は佐々木銀弥一九八五など、後者の時期は桜井英治二〇〇二など］。このことを勘案するなら、両法の発布数増加

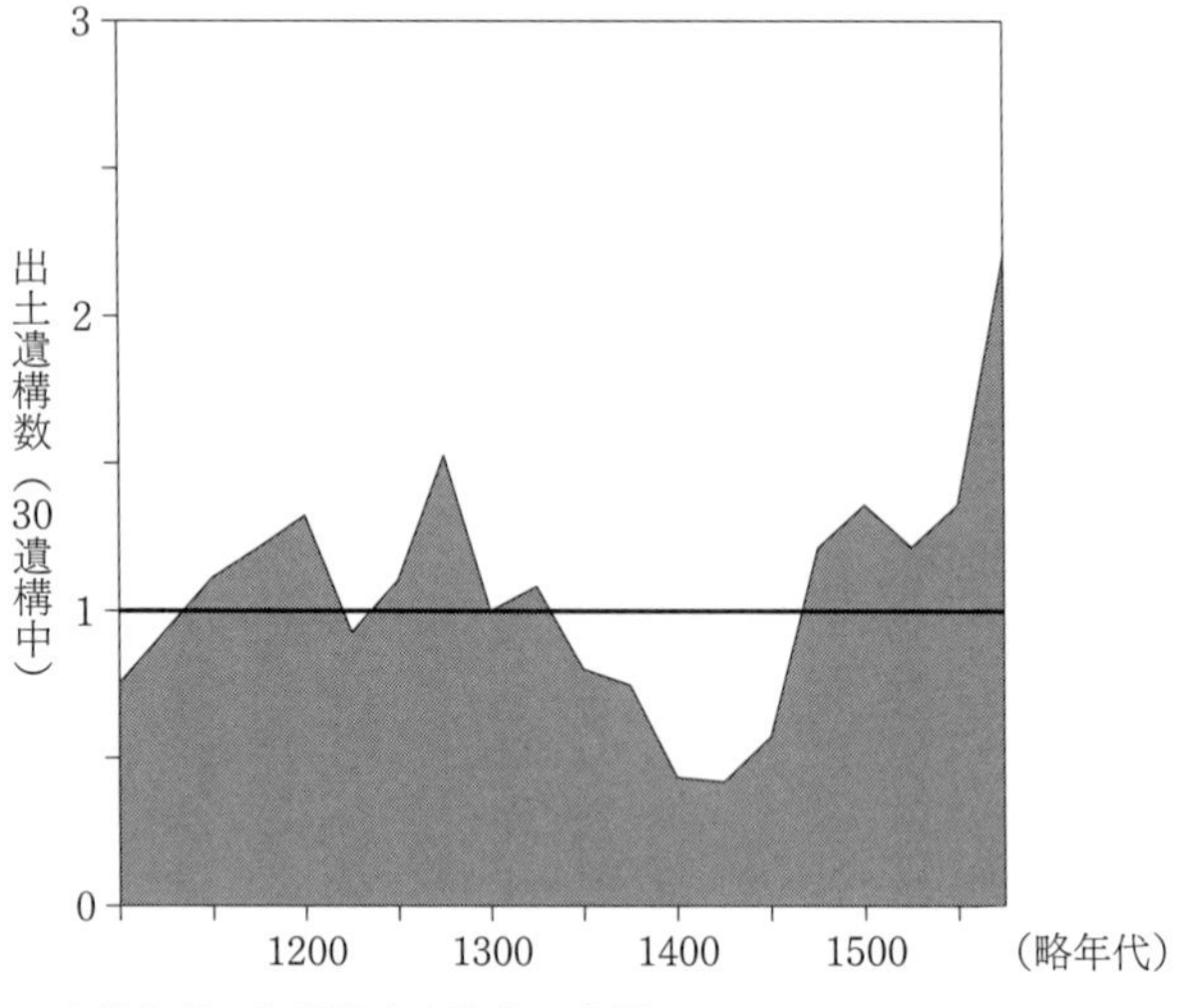

図表２　中世京都の陶磁器出土比率の変遷

は、商取引の増加にともない、多発する各種の紛争・トラブルに対処して静穏な取引秩序を維持するため、この種の法令発布に対する需要が高まった結果、すなわち商品流通の活発化を表すもの（逆にその減少は商品流通の停滞・不振を示すもの）として解釈できる。もしこの認識が妥当であるなら、両法の発布がまったく確認できない一四世紀末～一五世紀前半こそがまさに商品流通の停滞期であったことになり、これに対して、ふたたびその発布事例が確認できるようになる一五世紀後半は商品流通の拡大期であった、との結論がそれぞれ得られる。

このほかにも、中世京都における陶磁器出土量の変遷が、当時の経済動向を把握するための有用なデータを提供してくれる［鋤柄俊夫　一九九六］。図表２「中世京都の陶磁器出土比率の変遷」（土坑・井戸・溝などの任意の遺構一地点を発掘した際に出土する陶磁器の種類を数値化したもの）を参照すると、京都市中の遺構では各時代を通じておおむね一種類以上の陶磁器が出土していたが、一四世紀後半〜一五世紀前半にはその数値が一以下となり、応仁の乱によって京都が荒廃したとされる一五世紀後半にはむしろ出土量が急増している。一四世紀後半から一世紀間の陶磁器出土量の少なさは、京都における物流の不活発さを推測させ、さきの市場法・社寺保護法の発布と非常によく似た動向がうかがえる。ふたつの動向の一致は、一四世紀後半〜一五世紀前半の流通経済が停滞状態にあったことを強く示唆する。

草戸千軒が教えること

ところが、一五世紀後半（一四七〇年代前後）に入ると、流通経済がにわかに活況を呈する。市場法・社寺保護法の発布動向（図表1）は、一四世紀後半〜一五世紀前半の「空白期」を脱して一五世紀後半には増加へ転じており、商品流通が活発になったことを示している。また、京都の陶磁器出土量の変遷（図表2）も参照すれば、一五世紀後半には陶磁器出土量が「激増」とも表現できる右肩上りの増加をみせ、一五世紀後半〜一六世紀初頭の京都において陶磁器に代表される商品流通の拡大があったことを推測させる。

このように市場法・社寺保護法の発布推移と京都における陶磁器出土量の変遷は、基本的に同一の軌跡を描き、両動向あいまって一四世紀後半〜一五世紀前半の経済停滞、一五世紀後半以降の流通拡大、を示唆している。前者の時期については、ふたつの推移以外にも経済の停滞状況を示す痕跡が存在する。中世瀬戸内の港町遺跡である「草戸《くさど》千軒《せんげん》」（現広島県福山市草戸町）では、商業活動のピークが一四世紀前半と一五世紀後半のふたつの時期にあり、両者の中間に位置した時期（とりわけ一四世紀後半）は、多くの施設が廃絶して遺構をほとんど確認できない、商業・金融業者が「突然その活動を停止した」集落の「停滞期」であった。[71]

一三世紀中葉の集落成立、同世紀後半～一四世紀前半の町への成長をへて地域の流通拠点として栄えたこの港町の盛衰は、当時の経済動向を忠実に反映しているのかもしれない。一五世紀は前・後半を通じて「社会経済全体が飛躍的に発展し、市場の機能・役割はいよいよ重要性を増」す時期と語られたりもしている。[72] だが、この認識には一定の修正が必要であり、これとは反対に、市場法等の発布動向や京都の陶磁器出土量の変遷などを根拠にして、一五世紀前半を経済「停滞の底」とみなす論者もいる［小島道裕 二〇〇五］。

なお、一四世紀後半～一五世紀前半には、備前焼・瀬戸美濃焼などの国内陶磁器が中国陶磁器を代替して広範に流通するようになり、土倉などに代表される金融業も繁栄の頂点に達して、中世の「港町の最盛期」とも評される海上物流ルートの活発な利用がみられ、各地の交通の要衝では「宿《しゅく》や有徳《うとく》人《にん》」が興隆した。[73] そして、一四世紀後半～一五世紀の時期は、おもに大衆消費財の生産に向けた集約化・量産化を特徴とする技術革新が窯業・木工業・農業・製鉄業などの多様な分野で展開した「生産革命」の時代といわれ［中島圭一 二〇一八］、のちの時代につながる重要な経済動向の始動が確認できる。当該期にも列島の生産活動・商品流通において活動的要素が存在し、また経済活動が当該期を通じて一様に沈滞していたわけではなく、一四世紀後半に比べると一五世紀前半の方がより活発だったようにみえる。とはいえ、前後の時期と比較すると、一四世紀後半～一五世紀前半は列島の商品流通の動きが緩慢であったと評価すべきであろう。

一五世紀前半までとはうって変わり、同世紀後半からは経済成長の始動を示す兆候がいくつも看取できるようになる。さきに触れた草戸千軒町遺跡は、一五世紀前半に入ると、ふたたび遺構が確認できるようになり、同世紀中葉〜後半には以前の活況を取り戻していった[74]。さらに第三節でも述べたとおり、一五世紀後半には城下町・寺内町などの地方都市の成長にともない、都市住民による「爆発的な消費量拡大」が列島各地で巻き起こった。この動きと呼応するように、唐糸・青花が大陸より盛んに流入し、加えて備前・越前・瀬戸美濃などの主要窯業地にも量産化の波が及ぶ。

列島各地における生産・流通・消費の急速な拡大は、それまでの京都を中心とする求心的な流通構造を変容させ、いわゆる「領国経済圏」の形成へと列島経済を向かわせ、これらが群雄割拠の戦国時代を出現させる経済的背景になったと指摘されている[75]。これらの事象は、同時代の中国や朝鮮でみられた「沈滞から復調へ」という経済動向が、やはり日本列島でもおなじように存在したことを実感させてくれる。さきの「生産革命」の議論との関りでいえば、一四世紀後半以来の多分野にわたる技術革新の蓄積という列島内の動向も一因となり、一五世紀後半の経済成長が開花していったのである。

東アジア経済の同調性

ところで、日本列島の経済が沈滞した一四世紀後半とは、明朝による海禁の実施のため、中国とのアクセスが非常に限定されていた時期にあたる。また、一五世紀においても、日本の遣明船貿易や中国と日本を仲介する琉球による中継貿易などが開始されるが、対中国交易は依然として小さな規模に止まっていた。ここで日本による遣明船派遣の推移についてごく簡単にまとめておこう。[76]

一五世紀最初の一〇年間、日本からの遣明使節は八度派遣され、四〇隻以上の遣明船が日中間を往復した（年平均四隻ほどの派遣）。日明朝貢史上、この時期が派遣回数・船隻数において最多を記録している。その後、応永一八年（一四一一）～永享三年（一四三一）の通交断絶期を経て、永享四年（一四三二）に五隻、同六年（一四三四）に六隻、宝徳三年（一四五一）に九隻の遣明船派遣が行われ、この時に「景泰約条」が課されるようになって以降、「十年一貢」の貢期で三隻の遣明船派遣が定例化した。結局、一五世紀初頭～一六世紀中葉の約一世紀半、日本から合計一九度の「朝貢」があり、少なくとも一〇〇隻の遣明船が派遣された。

これを計算すれば、年平均は〇・七隻弱の派遣になるが、一五世紀前半に限ると、いくらか数字は上がって年平均一隻程度となる。ただ日本への海外物産の流入に関しては、日明間の朝貢交易だけでなく、唐物・南蛮物や渡来銭の流入における琉球の中継貿易の役割が近年重視されている［橋本雄一九九八ａ］。そこで、琉球による対明進貢貿易の推移も確認しておきたい。[77]

洪武五年（一三七二）における琉球国の冊封以降、だいたい二年に一回程度の朝貢頻度であったが、一三八〇年代以降、その頻度（中山・山南・山北三王国の合計）が増え、一三九〇～一四三〇年代の期間は、だいたい一年三回程度の水準を維持する。この頃が琉球による朝貢貿易の最盛期であった。その後、一四四〇年代から朝貢頻度は徐々に減少し（一年一～二回程度）、成化一一年（一四七五）になると、明朝により「二年一貢」の貢期が設けられた。この制限は正徳二年（一五〇七）に「一年一貢」となっていったん改善されるものの、嘉靖元年（一五二二）にはふたたび「二年一貢」に戻される。

つまり、一五世紀前半にはだいたい一年に二～三回ほど朝貢が行われ、同世紀後半には「一年一貢」ないし「二年一貢」であった。ちなみに、いまみた年間の朝貢頻度のほかに、琉球による朝貢貿易の規模を示す目安となり得る渡航船数は、一五世紀についてみれば、一四二〇～四〇年代は年平均三～四隻程度、五〇～九〇年代は二隻ほどであった。

こうした一五世紀を中心とした日本・琉球の遣明船派遣をめぐる概観からは、つぎの点が確認できる。一五世紀を通じて日本と琉球を合算すれば、年平均で三～四隻程度の朝貢船派遣が行われた。時期別にみると、三〇年代までは年平均四～五隻前後、五〇年代以降は二～三隻前後、とおおよそ見積もれる。では、日本と琉球の朝貢貿易がもっとも活発に行われた一五世紀前半の対明貿易の規模は、結局どの程度のものだったと評価できるのか？　その規模を評価するためには、宋元期の状況と比較してみるのがわかりやすいだろう。

宋元期の対中国貿易の規模を考える際、しばしば参照されてきた南宋期の史料はつぎのように述べる。

（「倭船」は）毎歳往来すること、四五十舟を下らず。……倭船の高大深広なるを以て、人、百を以て計う。

〈包恢《ほうかい》『敝帚藁畧《へいそうこうりゃく》』巻一「禁銅銭申省状」（一二五〇年頃）〉

この記述は多分に誇張が含まれた表現のようにも感じられるが、とにかく南宋期には「高大深広」

にして「人、百を以て計」えた「倭船」が年間数十隻の水準で日中間を往来していたと記している。さらに南宋期以上に東アジア交易が活発だった元代も、先行時期に勝るとも劣らない交易規模を誇っただろうと推測できる。交易船サイズの相違などの問題を無視したごく大雑把な単純比較とはなるが、琉球による中継貿易を含めても、派遣船数がせいぜい年平均五隻前後であった一五世紀前半の対明貿易の規模は、宋元期の対中国交易のそれをかなり下回るものだったとみて間違いない。しかも、琉球が遣明船貿易によって中国から入手した「唐物」は、日本だけに輸出していたのではなく、マラッカをはじめとする東南アジア方面にも盛んに輸出された。よって、直接・間接を合わせた日本への唐物流入の規模は、さきの数字よりもさらに低く見積もる必要さえある。

このように、宋元期と比較すれば、日本と琉球を合わせても、当時の交易はかなり小規模であったことがわかる。そのため、一四世紀後半〜一五世紀前半には前代まで盛んであった中国製陶磁などの流入が激減した。こうした対中国交易の低調さを補うため、朝鮮との交易も徐々に行われるが、当時その規模はまだ限られていた［荒木和憲 二〇〇七］。要するに、列島の流通経済が停滞した時期は、唐物一般の流入も少なかったのである。対外交易の低調さと商品流通の沈滞の一致は偶然ではないだろう。綿布や絹製品・陶磁器・銭貨などの主要財貨の相当部分を海外からの輸入に頼っていた室町期における列島経済の展開が、対外交易の動向との関連を考慮することなく、内生的にのみ理解されるのなら、それは当時の実相にそぐわない。外部との経済的接触の有無・多寡が日本の経済動向に与えた影響は、これまで考えられてきた以上に大きかったのではないだろうか。

だとすれば、応仁の乱前後を画期とする日本における経済成長の始動は、東アジア各地との交易活動が列島経済に対してもつ重要性を暗示している。一五世紀末にピークに達する日朝交易の過熱化により流入する朝鮮綿布は、巨大な軍事的需要を創出して広範な人々を交換経済の中に巻き込む［永原慶二　一九九〇］。また、この頃に増大したと考えられる琉球を経由した唐糸・青花の流入も、列島内の諸産業の成長を刺激していった。一五世紀前半の日本では商品流通が沈滞するのに対して、朝鮮や（琉球に媒介された）中国との交易が活発化する同世紀後半に経済成長も始まった点を考慮するなら、対朝鮮交易や唐物流入の拡大は列島の商品流通を拡大させる上での重要な触媒になっていたと考えられる。

明・朝鮮・日本などで看取される共時的現象の背景のひとつには、同時期に活況を迎える明－南海・明－朝・日－朝・琉－明の各交易、すなわち明・朝鮮・日本・琉球・東南アジアによって展開される東アジア交易の隆盛が存在した。多地域にわたる国際交易の活況を、特定地域の動静だけで説明することはできない。一五世紀後半の東アジアの共時的経済成長は、各地域内の農業生産の発展や市場経済の成熟といった内的要因のみならず、周辺地域との交易拡大といった要素もひとつの大きな原動力になっていた。従って、中世日本の経済成長も、東アジア各地の経済成長と連動して引き起こされた事象とみなせる。

大局的にみれば、一五世紀後半の中国・朝鮮・日本に沸き起こった経済的活況は、各地の経済動向が相互に関りあいをもちながら出現した。そして、このような共時的な経済成長が大きな原動力になり、さきに述べた明・朝・日における「贅沢の連鎖」現象も生起していったのである。

第二章

悪銭と悪布

——巻き起こる通貨変動

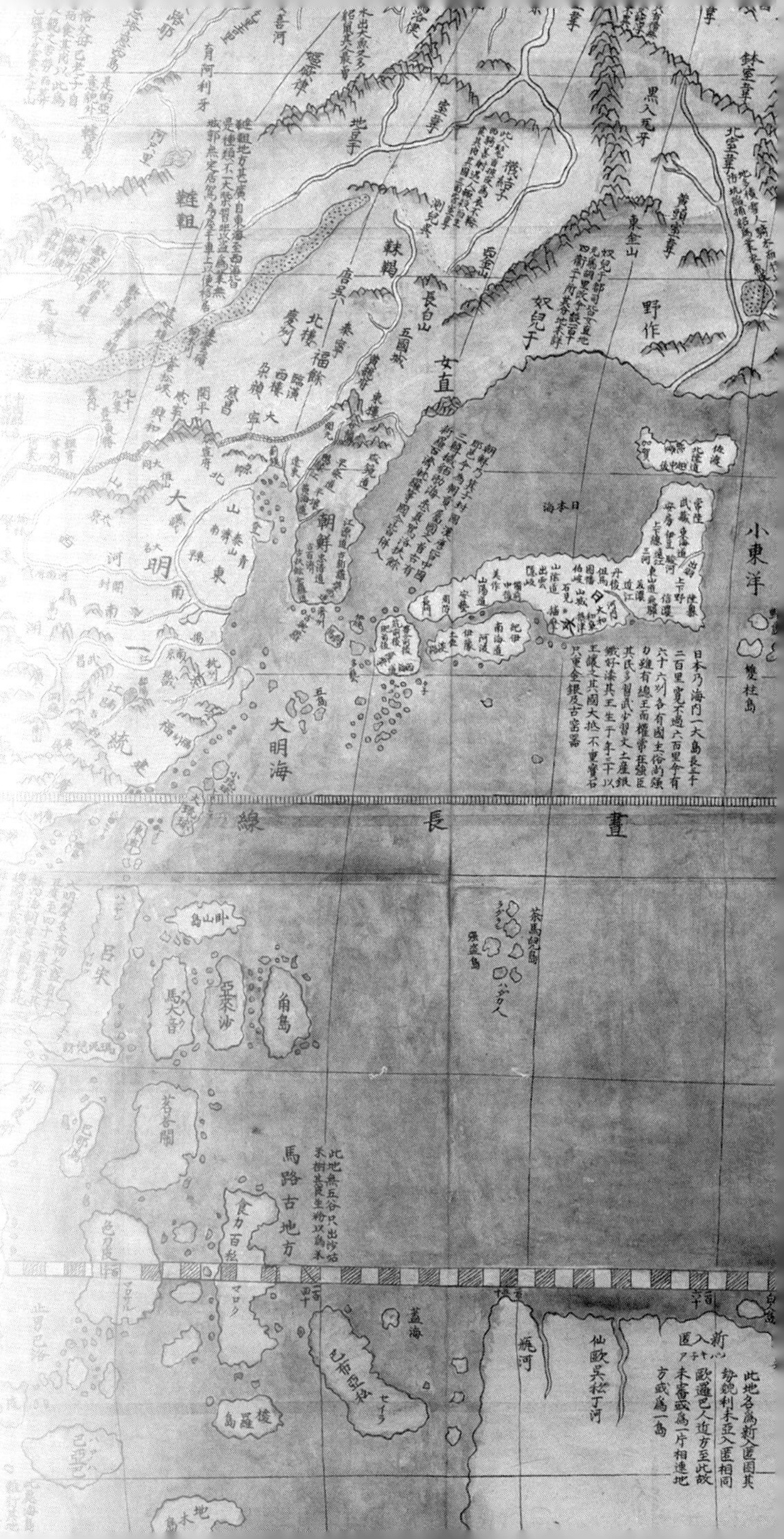

1．大陸の悪銭と拣銭

小銭が担う貨幣経済

前章で述べた共時的経済成長が一五世紀後半以降の東アジア各地で発生した通貨変動と深いつながりをもっていたことは想像に難くない。よって本章では、当時の通貨変動の先駆と目される一五世紀後半の明朝（この時の中国は国初以来の閉鎖的な体制が社会の流動化によりゆらぎ始める時期でもあった）で発生した銭貨流通の動揺をまず議論の俎上に載せ、ついで東アジア（おもに日本と朝鮮）の通貨変動について論じる。が、その前にこれからの話の予備知識として、本書で使っている「貨幣」という用語の意味や当時の東アジアにおける主要な通貨であった銅銭についてごく簡単に説明しておきたい。

一般に貨幣には、支払手段・価値尺度・富の蓄蔵手段・交換手段という四つの主要な機能が存在すると考えられている。経済人類学者のK・ポランニーは、これら四機能のうち、いずれかの機能で使用される「量化可能物」として貨幣を定義している。[1] この見解に従えば、さまざまなものを貨幣とみなすことができる。銭や金・銀などの金属貨幣はもちろんのこと、社会的に安定した使用価値をもっているると認められ、広範な受領性（人々に財として受け取られやすい度合）に富むため、穀物や布帛などの財貨も、歴史上しばしば交換・支払いの手段として用いられ、やはり貨幣の役割を果たしていた

（いわゆる「現物貨幣」・「商品貨幣」）。

また、中国（紀元前の秦漢期以来）や日本（平安時代後期以降）では、方孔円形（まるい形状で四角い穴があいていること）をした青銅製銭貨（銅銭）が通貨として広範に流通していた（ただし、朝鮮半島では麻や木綿などの布類が主要な通貨）。銅銭は額面が非常に零細な小額通貨で、いわばいまの「小銭《こぜに》」のようなものであった（このため、高額支払いの際、銅銭は中央にあいた穴にひもを通して束ねて使用された）。時代や地域による違いもあるため一概にはいえないが、現在の貨幣価値に換算すれば、銅銭一枚の価値はおよそ一〇〇円前後のものでしかなかった。つまり、東アジアの広範な地域における各種の経済活動は、おもに小銭によって営まれていたのである。

唐の開元通宝・北宋の元豊通宝と百文銭差《ぜにさし》

一六世紀以前の東アジアで流通した銭貨は、そのほとんどが大陸で鋳造された中国銭であり、日本やベトナムなどは数百年にわたり中国から渡来した銅銭（「渡来銭」）を自己の通貨として使いつづけていた。中国の流通貨幣は紆余曲折をへるものの、当時の経済的中心地である北京・大運河沿岸一帯・江南地方においても、生活必需品の売買のような零細・日常的な取引には「高額通貨」の銀よりも使用に適しているため、歴代王朝の鋳造した銅銭がひろく用いられた。[2] このような貨幣流通状況のなかで東アジア各地は、一五世紀後半を迎える。それでは、本題の通貨変動に入ろう。

突然起こる銭の選別

中国において銭貨流通の動揺が最初に顕在化したのは、やはり国都北京であった。その動揺を端的に示す現象として第一にあげられるのが、「揀銭《かんせん》」と呼ばれる行為の横行である。この揀銭とはどんな事象であったのか？　その様相について記すつぎの史料をみよう。

近年以来、頑迷な民やならず者たちは、取引の際に商品の値段を釣り上げ、紙幣（「宝鈔」）をまったく使用しない。（また）銅銭を選別（「挑揀」）して、名称をたくみに設け、洪武通宝・永楽通宝・宣徳通宝・開元通宝や広銭・抄版・円眼・洸背（などの銭種）は、みな「二様（二文で一文と評価される銭貨のこと）」と呼び、新たに偽造した粗悪銭（「下脚新銭」）などは、三文で一文に換算して使用され（「三分折一分行使」）、一色・双辺・大様として弁別され（たものが）、始めて一文として通用している。

〈『皇明条法事類纂』巻一三「銭鈔相兼行使例」、成化元年（一四六五）五月〉

ここからその一端がうかがえるように、揀銭とは、個々の流通銭を選別して、ある銭についてはその受け取りを拒否したり、あるいは各流通銭の間に通用価値の格差を設けたりする行為のことであった。

この時の北京では、従来おなじく一文として流通していた銭貨（いわゆる「一文銭」）のうち、一部のものは一文として通用しなくなる、という不可思議な現象が突如発生した。それまで中国では歴代の王朝が鋳造した「旧銭」も、明朝が発行した銅銭（いわゆる「明銭」、のちに「制銭」と呼ばれた）も、みな一枚一文で通用していたのが、おのおの異なる通用価値をもつ銭貨として格づけされていった。洪武・永楽・宣徳各通宝のような明銭や唐の開元通宝などの銭貨は、二分の一文に値づけされる「二様」と評価され、粗悪私鋳銭は三分の一文の値がつけられた。このように揀銭は、使用あるいは排除いずれにせよ、個々の流通銭に対して「格づけ」を行うことをその核心とする。現在のところ確認できる揀銭の初見は天順四年（一四六〇）であるため、[3] この現象はだいたい一四六〇年代前後から北京で発生したとみられる。ではなぜ、いままでおなじように受領されていた流通銭が突然選別されるようになったのか？

悪銭と揀銭

揀銭が発生したそもそものキッカケは、良質な銅銭（中国では「好銭」、日本では「精銭《せいせん》」と呼んだ）とともに、粗悪な私鋳銭（「悪銭」・「新銭」・「低銭」・「偽銭」などと呼ばれた。以下、「悪銭」と統一表記する）が市場に出回り、善悪さまざまな銭貨が混ざりあって流通するようになったことにある。流通銭の均質性が失われて個々の銭質におおきな差異が生じると、それまで自明だった流通銭の通用価値が大きく揺らぎ、一枚一枚の銭の様態を見極めてその価値を定める必要性が生じる。流通銭を選別する行為である揀銭が盛んになるのはこのためであった。このことに関する史料をつぎに引用し（下記の二史料は同一事例について語っている）、揀銭発生の経緯を簡単に整理しておきたい。

○成化一六年（一四八〇）、順天府大興県の民・何通が上奏するには、「先年、（北京の銭価は）銀一銭あたり銭八〇文だったため、銭（の価値）は高くて米（の値段）は安く（「銭貴米賤」）、兵士や庶民は生業に安んじておりました。近年以来、外地（の者たち）が銅銭を偽造し、京師に来て売りさばき、（悪銭が）流通すると、（銭価は）銀一銭につき一三〇文になりました。最近、市中では（人々が）銅銭を選別するため（「選揀」）、米価が高騰しています。（揀銭を）禁止するようにお願い申し上げます」と。

〈『万暦会計録』巻四一、銭法・沿革事例〉

○（戸部官僚たちの言）近日、商人たちは法令を遵守することを知らず、悪巧みをいろいろ繰り出し、洪武・永楽通宝などの銭をしばしば選別して使わなかったり、あるいは文数（＝枚数）を増して（一文と）換算したりするため（「加数折算」）、米（の価格）は高騰し、雑多な日用品もみな値が上がり、兵士や庶民たちはますます生活が困難になっています。

〈『皇明条法事類纂』巻四二「挑揀幷偽造銅銭枷号例」〉

一四八〇年頃に発生したこの事例の場合、当初、悪銭が市中に出まわって既存の流通銭とともに流通した結果、銀や米穀に対する銭価全般が下落していった（八〇文から一三〇文への銭価下落。「銭貴米賤」から「銭賤米貴」への転換）。こうして悪銭が横行する以前には比較的均質であった銭貨流通は、善悪雑多な銭貨があふれる著しく不均質な状態へと変容する。ながらく等価通用していた既存の流通銭は、やがてそれぞれ選別の対象となり、品質・銭種などにもとづいて個々の通用価値があらためて問われた（「街市選揀銅銭」）。ただでさえ銭価が下落するなか、揀銭によって授受を拒否されたり、二枚で一文に減価（＝「二様」と評価されて「以二折一〈二文を一文と換算〉」）されたりする流通銭が続出した。[4]

これは、北京市民の保持する銭貨がさらなる減価にさらされ、銭で表示される商品価格（銭建《ぜにだて》物価）が上昇してしまうことを意味した。揀銭により生じる銭価の下落は、米穀をはじめとする生活必需品の銭建価格をますます高騰させ、北京市民の生活に打撃を与えた。揀銭の禁絶を政府に訴えた大興県（北京城は東の大興県と西の宛平県に跨っていた）の民・何通は、そうした被害者のひとりであった。

いずれにせよ、悪銭がひろく流通して揀銭が盛行すると、人々が所持する銭貨の総価値は必然的に目減りしていくため（保有銭がすべて一枚一文の好銭と評価されることは到底期待できない）、銭遣いによって日々暮らしている市民たちは大損害をこうむる。しかも、さらにひどいことには、本来は粗悪銭でも私鋳銭でもない、洪武通宝・永楽通宝（以下「洪武銭」、「永楽銭」と記す）といった明銭なども減価通用の憂き目にあった点である（永楽銭などは高品質の良貨だった）。どうしてこのような事態が生じたのか？

なぜ揀銭は起こるのか？

そもそも揀銭の目的は、本銭＝真正銭（「旧銭」）と私鋳銭＝偽造銭（「新銭」）を弁別することにあった。当時、本銭の大部分は宋銭（とりわけ北宋銭）を主体とする「歴代旧銭」によって占められていた。[5]その名称に示されるとおり、本銭とみなされた「旧銭」は、ながく使用されるうちに古色がついて青緑色のみた目をしているのに対して、鋳造後あまり時間が経っていない明銭は古色感があまりなく、みた目においては「新銭」であり（ピカピカの黄金色を保つものも多い）、両者はその外観において大きな違いがあった。いざ揀銭する際、本銭と私鋳銭を選別するにあたっては、品質や美観などが必ずしも第一の選別基準とはならず、「青色なる者を以て上と為す」（『碧里雑存』「板児」）といわれるように、本銭（≒「旧銭」）の特徴である古色＝青緑色のものを評価する志向が生じる。[6]このような事情で、品質は「旧銭」に劣らず、ましてや私鋳銭ではないにもかかわらず、古色に欠ける（「新銭」感＝私鋳銭感の濃厚な）明銭は、低い評価を受けることになったのである。

その後、旧銭よりも価値を低く評価され、なおかつ粗悪銭よりも良貨であった明銭は、折二・当三・当五などの大銭（一枚で二文・五文などの額面価値をもつ銭貨のこと）とともに次第に使われなくなり、最終的には溶かされて銅材になるなどして市場から姿を消した。このうち洪武銭に関して、蘇州の人・陸容（一四三六〜九四）は、「わたしが幼い頃には洪武銭をよくみかけたが、いまは一文もみない。たぶん溶かされて器物にされたのであろう」と記している（『菽園雑記』巻一〇）。

揀銭の盛行は、一文銭二枚を「一文」と評価することで、流通銭の通用価値を半減させるため、しばしば銭建物価の高騰を引き起こした（「以二折一、物価騰貴」）。[7]また、良貨であるはずの明銭などの減価通用は円滑な流通を阻害することによって、官民ともに被害を受けた。揀銭の禁止命令が明朝から繰り返し出された所以である。

ところで、史料上確認できる北京における粗悪銭氾濫の初見は、景泰七年（一四五六）七月のことである。この時、江南の蘇州・松江などで偽造された錫・鉄などを含む粗悪な私鋳銭が北京へ流れ込むという出来事が起こった。[8] 北京市中での悪銭の流通は一四六〇年を初見とする揀銭現象に先行して発生していた。このことから判断すると、悪銭の市場における浸透がある程度進行し、ついで揀銭を生起するようになったとみられる。なお、当時流通していた私鋳銭は、前引史料にある悪銭とおなじく、その多くが「きわめて薄小」（楊廷和『楊文忠三録』巻三）な「低悪の銭」（『碧里雑存』「板児」）であった。

それでは一五世紀後半の北京において悪銭の氾濫や揀銭の盛行などの銭貨流通の動揺が突如発生したのは、なぜなのか。その一大転機になったと思われる事象こそ、前章で述べた遷都以降の南－北物流体制の形成や北辺への軍需物資供給の増大、これらにともなう銀財政の進展といった一連の出来事であり、より直接的な契機としては土木の変であった。

先述のとおり、この事変の直後、明朝による銀支出が急増し、それは北京の市場を拡大させる重大な契機にもなった。市場の拡大による商品流通の活況は増加する商取引を媒介する通貨（＝銅銭）への需要を高めずにはおかない。また通常、俸給・賜与などの形で在京の文武官や兵士たちへ支給された銀両（銀地金のこと）の多くは、日常的取引の交換手段である銅銭に兌換されたので、彼らに対する銀支給の増加は必然的に銭需要の拡大を引き起こした。[9]

ところが、明朝は国初こそ洪武・永楽・宣徳銭などの銅銭を鋳造していたが、一五世紀中葉から五〇年以上にわたり、コストがかさむ銅銭の公式鋳造を行わなかった。[10] よって、急速に拡大する銭需要に対して既存流通銭（旧銭・明銭）の数量では不足をきたした（流動性〈＝貨幣〉の不足発生）。かくて、商取引を媒介する流通手段をある程度確保するために、粗悪な私鋳銭である悪銭が登場して市場に受容され、既存の流通銭とともに流通することになったのである。

悪銭が要められるわけ

このほかにも、なお疑問はある。そもそも銭需要が高まると、なぜ私鋳銭が氾濫するのだろうか？日常的取引における流動性需要の高まりによって生じた銭不足に対処するだけなら、理屈の上では、悪銭投入による銭貨流通量の増加ではなく、既存流通銭の通用価値を上昇させること（銭価の切り上げ）でも、銭不足には対応可能である。銭一枚が二文に価値上昇すれば、流通銭の総価値も倍増するので、銭貨流通量の増加と同様の効果が期待できるはずだからである。しかも悪銭による銭不足の補塡は、揀銭を激化させて銭貨流通の動揺を招くのに対して、銭価の切り上げは揀銭の元凶である悪銭の氾濫を回避できる。ところが、史実は既存流通銭の価値上昇ではなく、銭不足の解消策として悪銭の投入が選択されたことを教える。これはいったいどうしてなのか？

この疑問については、つぎのように考えられる。もし既存流通銭の通用価値を高めて流動性不足の解消を図ろうとしても、その価値上昇は手持ちの銭を市場へ放出せずに保持しつづけようとする人々の動機を強める。こうなると、銭貨はますます流通し難くなり、銭不足もいよいよ悪化し、さらなる銭価上昇を見越して保蔵動機は強まりこそすれ、弱まることはない。当時、精粗さまざまな銭貨が市中にあふれると、雑多な銭貨のなかから通用価値の高い「旧銭を収蔵して使わず、粗悪な私鋳銭(「偽造鉛銅仮銭」)ばかり用いる」[11]振る舞いが盛行した。過高評価された銭貨は、人々の保蔵動機を強めるがゆえ、市場に放出され難い通貨なのである。銭需要が高まる(＝銭が不足する)分だけ、既存流通銭の通用価値を上昇させる措置は、市場の流通銭をさらに減少させる結果をもたらすだけで、むしろ有害ですらあった。また、物価の上昇は、しばしばその高値によって利鞘《りざや》を発生させるため、市場への商品の登場を促進する効果もある。

要するに、政府による好銭の大量供給が望み得ない状況下、流動性不足を緩和するには、市場に出まわりやすい、つまり保蔵動機を強めることのない、安価(＝粗悪)な銭貨を市場に供給するしかなかった。これこそ、銭価の切り上げではなく、揀銭を誘発するにもかかわらず、悪銭の供給が行われた理由である。かくて北京市場の拡大にともなう日常的取引での流動性需要の高まり(＝銭不足の発生)が悪銭の登場を誘発して揀銭を激化させると、それまで相対的に安定していた北京の銭貨流通秩序も激しく揺らいだ。北京における悪銭氾濫の史料上の初見は、まさに明朝による銀放出が急増する転機となった土木の変(一四四九)直後の、景泰七年(一四五六)のことであった。

新しい貨幣

前章で述べたとおり、一五世紀後半に入ると、北京の経済成長を受けて沿海地域でも都市経済の成長が始まる。それにつれて「夷貨」(異域物産)に対する需要も高まり、浙江・福建・広東などを中心として南海貿易が活発化し、香料などの南蛮物流入が沿海部諸都市での消費を拡大させた。地域間取引をおもに担う銀の流通が拡大するとともに、増加する地域内の取引を媒介する銅銭への需要も同時に高まる。総じて、中国での銭貨流通の動揺は、一五世紀後半から始動した北京ならびに大運河沿岸の諸都市における経済成長を主要な原因とするものだった。よって、この時期に登場した悪銭は、経済の新状況から生み出された「新しい貨幣」と評価することができる。[12]

その後、贅沢風潮の伝播や沿海都市部における経済成長の連鎖などと同様、北京で始まった悪銭流通や揀銭行為は、やがて南下して江南地方にも広がった。

わが郷里（海寧）では、国初より弘治年間にいたるまで、みな好銭を行使し、銀一分につき銭七枚と交換し、これを常態としていた。ただ銭を選ぶことだけは盛んで、青緑色のものを上等とした（「但揀択太甚、以青色者為上」）。正徳丁丑（一二〈一五一七〉年）、わたし（董穀）が初めて都の北京を訪れた際、交易者たちを見ると、みな銭のことを「板児」と呼んでいた。不思議に思って尋ねると、使っていたのはみな低劣な銭（「低悪之銭」）で、二枚で一文に換算して授受されており、品質の善悪は問われず、人々はみな便利であるとしていた。江南に帰ってみると、わが郷里でもみな「板児」を使っており、やがて好銭は使われなくなった。このような急激な変化がなぜ起こったのかはよくわからない。数年が過ぎると、「板児」はまた選別されるようになり、二枚一文である理由も忘れ去られたが、なお以前の値で授受されていた。これ以降、銀は高くて銭は安くなったが、そのきっかけは北京から始まったのである。

〈董穀『碧里雑存』「板児」〉

国都の北京で流通していた「板児（薄っぺらの銭）」と呼ばれる悪銭の流通が一六世紀初頭に江南の一地方である海寧県（現浙江省嘉興市海寧）へと波及していった様子を、引用史料の作者は驚きとともに記している。もっとも、悪銭自体はこれ以前にも江南地方に存在していたようである。これに関して、松江の人・陸深（一四七七〜一五四四）はつぎのように述べる。

わたし（陸深）が小さい頃（一五世紀末期）、民間で使っているものをみると、みな宋銭であり、金・元朝の銭も混じって、これらを「好銭」と呼んだ。唐朝の銭はたまに「開通元宝」（開元通宝のこと：引用者註）があっても、疎んじて使われなかった。新しく鋳造したものは「低銭」と呼ばれ、つねに二文で「好銭」一文に相当し、人々はこれらを併用していた。

〈陸深『燕間録』〉

この史料からは、一五世紀末の上海地方では、「旧銭」と「低銭」（悪銭）が併用されていたことが確認できる。同時代の蘇州（「呉中」）でも、一枚一文の「当一」銭（好銭）と二枚一文の「折二」銭（新銭）が併用されていた（兪弁『山樵暇語』巻九）。したがって、董穀（正徳一一年〈一五一六〉の挙人＝科挙の地方試合格者）によって記された正徳一二年以前の海寧県でも、「銭を選ぶことだけは盛ん」という揀銭への言及からすると、そうとは語られていないものの、悪銭がやはり存在していて、ただ当地では好銭がおもに使用されていた、ということなのであろう。

このように、一四六〇年代前後に北京で発生した悪銭と揀銭の盛行は、おそくとも一五世紀末までには長江下流域の江南地方へと波及し、大運河沿岸諸地域において二枚一文の悪銭が好銭と並んで流通した。やがて銭貨流通の動揺という波紋は、中国内での南下現象のみにとどまらず、明朝領域の枠を軽々と飛び越えて広がっていく。時をおなじくして活況を呈する海外貿易を通じて、東アジアの中国銭流通圏にも揀銭現象は伝播し、現地の銭貨流通を激しく揺さぶった。つづいて中世日本における銭貨流通の様相を取り上げ、揀銭(日本では同様の行為を「撰銭《えりぜに》」と呼んだ)の展開過程を確認しよう。

2. 列島の通貨変動

大内氏の撰銭令

当時の日本列島は、室町幕府体制が求心力を失って群雄割拠の戦国時代にまさに突入しようとしていた。そのさなかの文明一七年(一四八五)四月、周防《すおう》・筑前を領有していた西国の有力守護大名・大内氏が日本最初となる撰銭令(全二条)を発布する。その内容はつぎのようなものである。

一、銭をえらぶこと

段銭《たんせん》(大名が所有田土面積に応じて領民に課した銭納税)については、昔からの慣例なので、(銭を）選別するのは当然だが、領民に対する優遇措置として、一〇〇文（の銭差《ぜにさし》）に永楽銭と宣徳銭二〇文を含めて納入することを許す。

一、利子付貸借や売買で使用する銭のこと

善悪大小（という様態の違い）を問わず、永楽銭・宣徳銭については、選別して（取引から排除して）はならない。さかひ銭（粗悪銭の一種）と洪武銭・うちひらめ（銭文のない粗悪銭である無文銭）の三種は選別しなくてはいけない。ただし、このように定めるものの、永楽銭・宣徳銭ばかりを使ってはいけない。一〇〇文内に永楽銭と宣徳銭三〇文を含めて使用すべきである。

〈「大内氏掟書」六一・六二条。佐藤進一ほか編 一九六五：五八～五九頁、所収〉

引用史料が記すように、日本の撰銭においても明銭が忌避の対象となり、中国と同様、この事態に対して守護大名の大内氏は明銭の行使を厳命した。ただし、大内氏撰銭令の場合、さかい銭や無文銭という粗悪銭とともに洪武銭も悪銭と認定してその排除を認めており、おなじ明銭でも永楽銭・宣徳銭との間に評価の差異が存在し、日中間に若干の相違があった[13]。とはいえ、明銭三種が市中でともに忌避されている状況は、中国と基本的に共通している。

また、撰銭の盛行とともに「悪銭」の横行も、大内氏領内で確認できる。さきの大内氏撰銭令の発布からそれほど月日がたっていない、延徳四年（一四九二）三月、大内領豊前《ぶぜん》国（現福岡県東部一帯）では、豊前国中悪銭の事。近年（悪銭の使用を）禁止しているが、ともすれば違反してこれを使いがちであり、そのうえ昨年来、もっぱら（悪銭を）受容・流通させているという。けしからぬ仕儀である。

〈「大内氏掟書」一四四条。佐藤進一ほか編 一九六五：九三頁、所収〉

という命令が出されていることからわかるように、その出自は国産か渡来かは不明であるものの、粗悪銭（「悪銭」）が当地でひろく流布していた。これに対して、大内氏は悪銭の行使を禁断しようと試みるが、一向にその流通を止められない状況であった。この頃の大内氏領内（少なくとも北部九州方面）においては、悪銭が盛んに流通して撰銭を激化させる事態が展開していたのである。

出土銭は語る

ところで、日本で撰銭が発生した一五世紀後半の渡来銭流入の状況はいったいどうだったのか。当時の流入状況を把握するためには、中世博多遺跡から発掘された「個別出土銭（遺棄・廃棄銭[14]）」の様相を参照するのが捷径だろう。個別出土銭は、「偶然の機会に遺失された」ものであるので、何らかの意図・選別を経て地中に「人為的」に埋められた一括出土銭に比べ、当時の銭貨流通の実態をより如実に反映している［小畑弘己・西山絵里子 二〇〇七］。しかも、博多は一一世紀後半〜一六世紀にかけて栄えた国際貿易港であり、一四世紀頃までは「唐房《とうぼう》」と呼ばれる中国人居住区も存在していた。

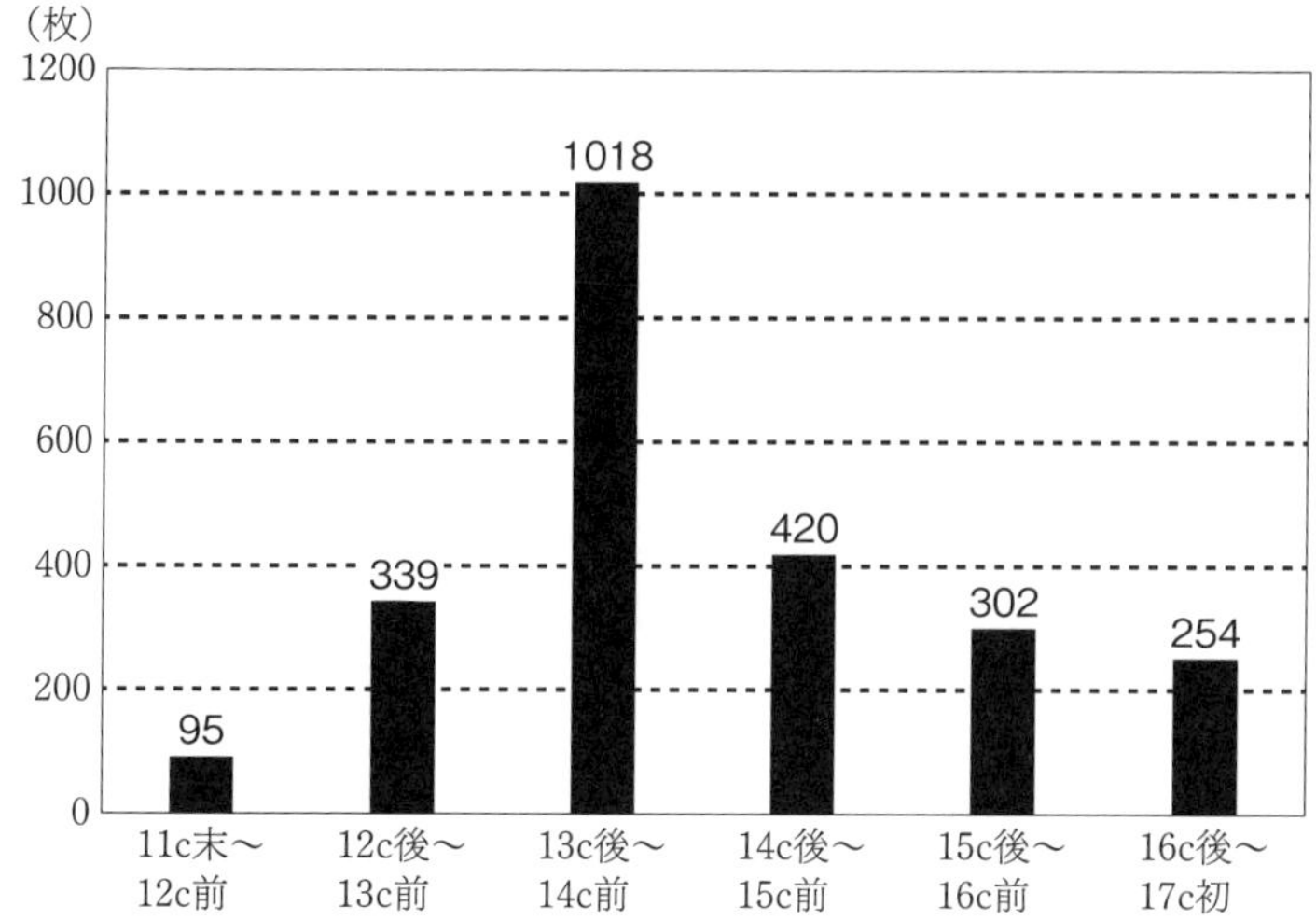

図表３　中世博多の時期別出土銭枚数

その遺跡群の発掘調査では、列島の他所に比べて突出して膨大な貿易陶磁（おもに中国陶磁）の出土、国内陶磁よりも高い貿易陶磁の出土比率、コンテナとして運ばれた大型容器の夥しい出土、売り物にならない貿易陶磁の大量一括廃棄遺構の存在などが確認されている。[15] これらのことが示しているように、中世の博多は大陸との国際貿易における列島随一の窓口であり、それはそのまま当地が日本における渡来銭流入の窓口だったことを意味する。したがって、博多遺跡群の個別出土銭から再構成された銭貨流通の変遷は、中国から日本への渡来銭の流入動向を反映している可能性が高いといえる。

　博多遺跡群の個別出土銭に対する集成は、現在のところ二つの研究成果が公表されており［小畑弘己・西山絵里子 二〇〇七、櫻木晋一 二〇〇九］、集成対象の出土銭はおおむね渡来銭より構成されているとみられる。[16] これらの集成結

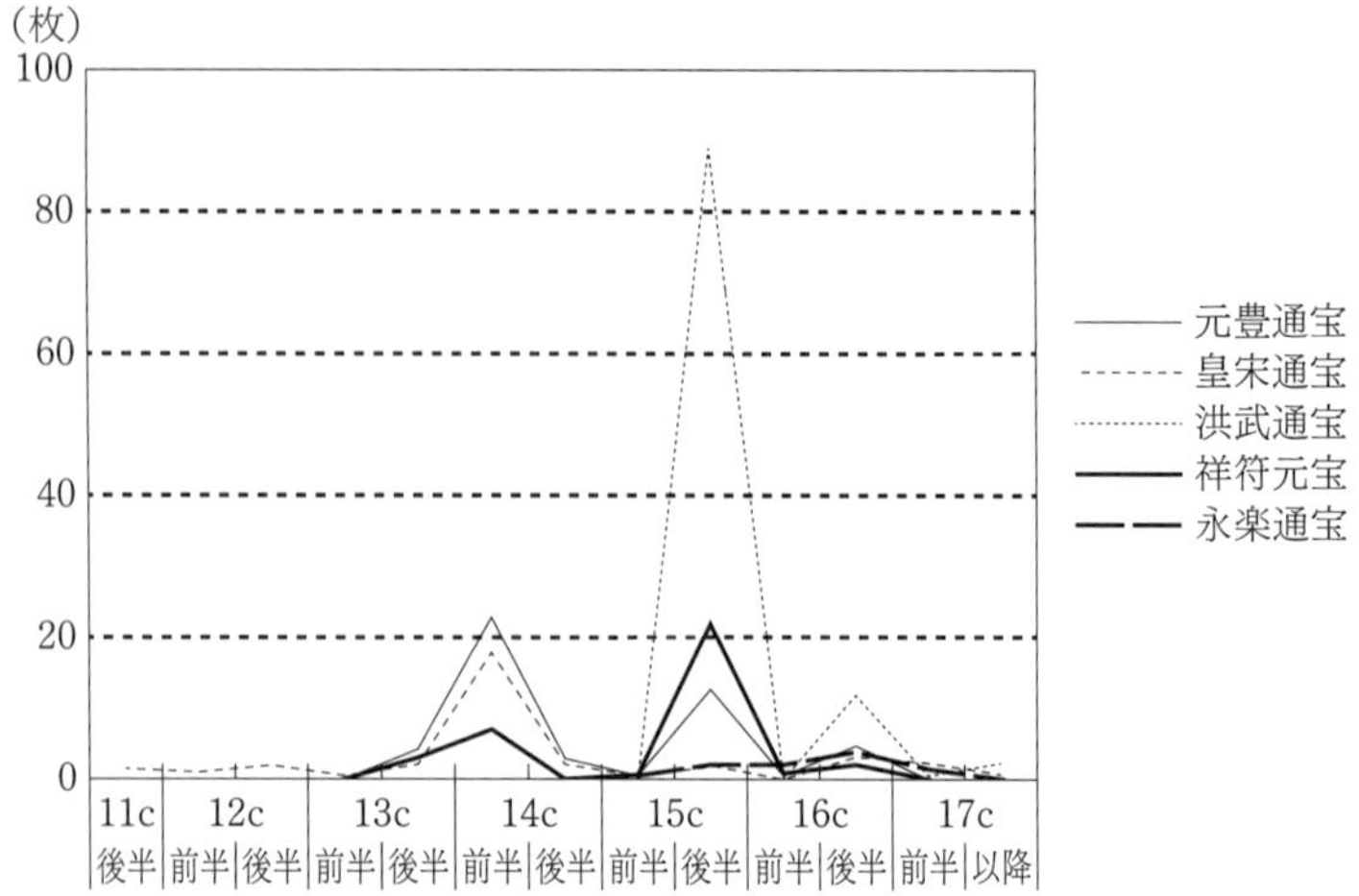

図表４　博多遺跡群の時期別個別出土銭数（50年以内）

果の概略について述べると、つぎのようになる。

一五世紀後半に比定される中世博多遺跡の「個別出土銭」は、まず小畑弘己・西山絵里子の整理によれば（図表3）、一六世紀前半のものを含んだ数値ではあるが、先行する時期（一四世紀後半〜一五世紀前半）に比べてやや減少している（四二〇枚→三〇二枚）。ただし、一五世紀後半〜一六世紀前半の三〇二枚には同一地点から出土した洪武銭八九枚が含まれ、その数を除けば一四世紀後半〜一五世紀前半の枚数からほぼ半減という数値となる。このため、図表3だけではこの時期（とくに一五世紀後半）の流入状況を判断するのは困難である。

そこで、もうひとつの櫻木晋一による集成結果を参照してみる。五〇年以内で出土時期を把握できる銭貨のうち、代表的な五種類（元豊通宝・皇宋通宝・洪武通宝・祥符元宝・永楽通宝。北宋銭が三種、明銭が二種）の時期別出土数を集成した結果（図表4）からは、一四世紀前半と一五世紀後半に流通量

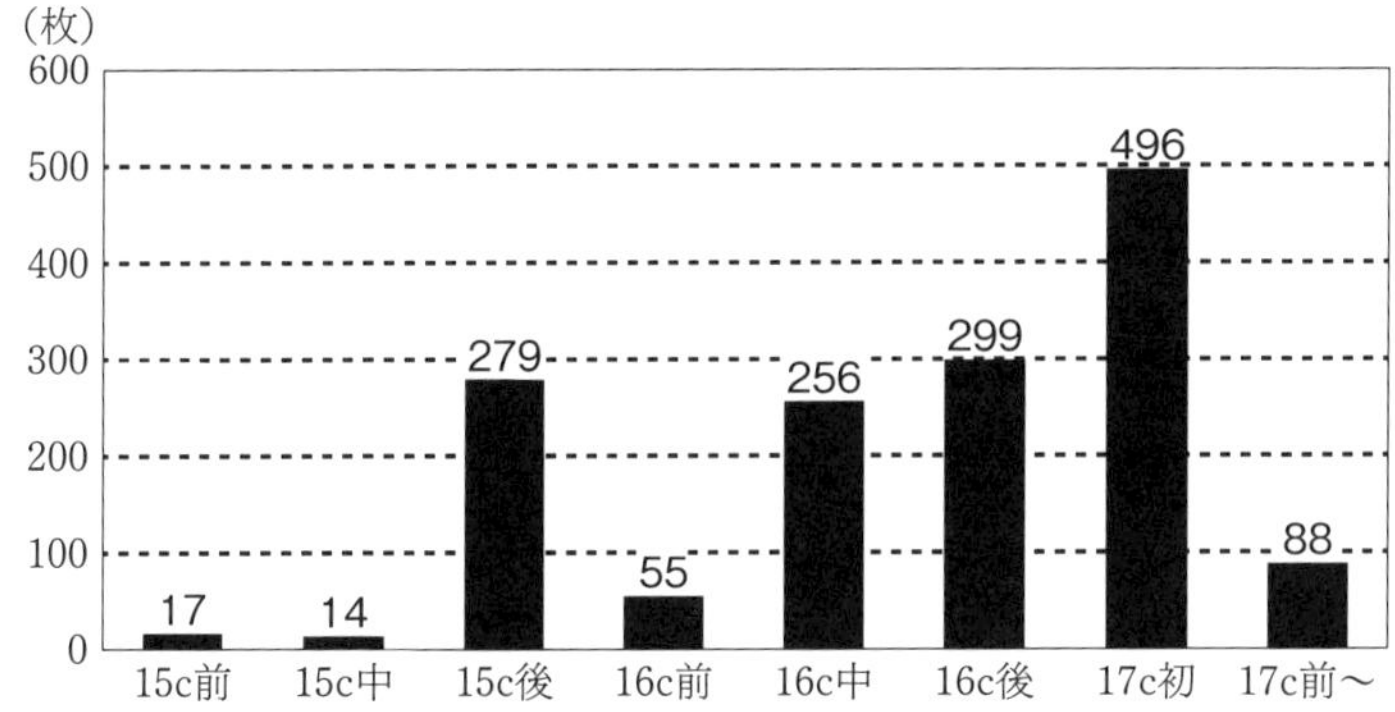

図表５　堺環濠都市遺跡の時期別個別出土銭枚数

（≒流入量）のピークがあったことが判明する。ちなみに、一五世紀後半の場合、洪武銭の増加がやはり突出している観はあるものの（同一地点出土の洪武銭八九枚が原因）、これ以外にも元豊通宝や祥符元宝がおなじように増加しており、当期の増加傾向は洪武銭だけに限られない。よって、一五世紀後半における渡来銭の増加は、個別出土銭の一般傾向であると判断できる。図表４に示される博多遺跡群の個別出土銭の様相が各期における博多への渡来銭流入量を反映しているとみなせるなら、一五世紀後半の流入量は先行する同世紀前半に比べても遜色なく、むしろ増加さえしていたことになる。公鋳・私鋳を問わない流入量という観点からみれば、一五世紀後半の渡来銭流入は増加していた可能性が高いのである。

さらに、一五世紀後半には博多以外のいまひとつの都市が大陸貿易の窓口として台頭していた。それが泉州堺である。幸いなことに、中世の堺環濠都市遺跡についても個別出土銭の集成・整理が行われている［嶋谷和彦 二〇〇六］。その集計結果である図表5を参照すれば、一五世紀以降の時期別出土銭枚数の動向は、博多遺跡群の五つの代表的銭貨のうちの大内氏によって出されたものである（当時、大内氏が西南部の博多浜を、豊後国《ぶんご》〈現大分県〉に本拠をもつ守護大名の大友氏が東北部の息浜《おきのはま》を、それぞれ領有していた［大庭康時 二〇一九］）。このことに一定の意味があるとすれば、なぜ大内氏領内で最初に発布されたのかを考えていくことが、さきの疑問に答えるためにも重要となる。くり返し述べるように、大内氏の領国は、渡来銭流入の窓口である博多が所在する筑前国を含んでいた。ちょうど同時代中国の大運河沿岸部では、好銭・悪銭の流通する状況が展開していた。したがって、中国の精粗さまざまな流通銭が博多に持ち込まれて大内領国内へ流布したため、雑多な流通銭を選別する撰銭がこの地でいちはやく発生し、さらには列島最初の撰銭令が発布された、とひとまず考えられる。

とはいえ、撰銭発生の原因を雑多な渡来銭が大陸から流入したことにすべて帰してしまうのも適切ではない。一五世紀後半には悪銭を含めた雑多な銭貨が流通するようになるが、精銭とは質を異にする粗悪な銭貨はそれまでの日本ではほとんど受容されてこなかったからである。また、悪銭の流通が拡大した理由を、渡来銭（とくに精銭）の流入減少を補うための措置であると単純に考えるのも難しい。なぜなら、前述したようにこの時期には渡来銭の流入激減を想定することはできないためである。

また、たとえ流入が激減していたとしても、それだけで悪銭の氾濫が発生すると単純に考えることもできない。たとえば、一四世紀後半には明の海禁にともなって中国銭の海外輸出が厳しく禁じられ、日本への渡来銭流入も著しく減少した。だが、この時に生じたのは悪銭の氾濫ではなく、畿内周辺部の摂津国北部における土地取引が銭での支払い（銭遣い）から米穀での支払い（米遣い）に転換したことに象徴されるように、[20] 銭貨流通そのものの縮小であった。

こうした事例を踏まえると、大陸からの渡来銭流入の激減という要因は列島における悪銭の受容・普及（ひいては撰銭の発生）を説明する十分な理由に必ずしもならないことがわかる。渡来銭流入が堅調（ないし増大）でありながらも、悪銭の氾濫や撰銭の横行が発生した一五世紀後半は、流入の激減がそのまま銭貨流通の後退に直結した一四世紀後半の状況となにが違っているのだろうか？

最初の大内氏撰銭令が出された一四八〇年代前後は、対馬「倭人」による対朝鮮交易が過熱化し、さらに琉球経由の唐物流入も増大する時期とちょうど重なっている。同時代の東アジア各地でも対外交易は活発となるが、このような動向と連動して日朝間・（琉球経由の）日明間の交易が活況を呈していったのである。その結果、綿布・薬剤などの朝鮮物産や絹製品・青花などの中国物産といった舶来品一般としての「唐物」（以下「 」が付いた場合、舶来品一般を意味する言葉として使用）の流入が増大する。そして、堺や博多の個別出土銭の推移が示すように、日明・日朝間における「唐物」交易拡大の一環として、他の「唐物」と同様、やはり渡来銭も堅調な流入を維持していた。

こうした「唐物」流入の増大が博多を含む北部九州の商品経済を活性化していったと考えるのは、それほど不自然な想定ではないだろう。商取引の増加によって拡大する域内の流動性需要（＝銭需要）が次第に渡来銭流入量を上まわり、渡来した好銭（精銭）だけでは高まる銭需要を満たせなくなる（銭不足の発生）。こうして明朝中国の場合とおなじく、銭不足を緩和するために悪銭（中国製や日本製のもの）が市場に登場する。やがて流通銭の均質性が失われて撰銭が横行すると、北部九州を領有している大内氏は他地域に先立って撰銭令を発したのである。要するに、列島最初の撰銭令が大内乏）と呼ばれていた。

ただし甲州の場合、銭貨一般が不足していたわけではない。不足したのは撰銭によっても排除されない精銭（好銭）であった。当地の人々から求められたのは、計数性に富む流通手段一般ではなく、広範な人々に受け取ってもらえる（取引時に円滑に授受される）特定の銭貨（＝精銭）であった。『勝山記』の記述から看取できるのは、悪銭の氾濫により流通銭の均質性が大きく損なわれた結果、品質・銭種などの点から既存流通銭を厳格に精銭と悪銭とに選別する撰銭を通じて、多くの流通銭が取引から排除されていた状況である。撰銭の横行により取引で授受可能な銭貨が著しく不足をきたし（「銭ケカチ」の発生）、このことが時に商品流通の沈滞（「物を買う人はきわめて稀」）さえもたらした。

ちなみに、『勝山記』の大永五年の条に記されている「売買は円滑だが、銭の不足することはきわまりない」という事態は、悪銭の氾濫と撰銭の激化によって精銭の不足を招来していく状況下、銭（＝精銭）建価格での取引を維持しつつも、実際の支払いには精銭以外のもの（銭貨以外の財物あるいは悪銭など）を使用して売買を成立させるようになったために生じたものであろう。渡来銭の流入窓口に近接した西国よりもその入手条件の悪い東日本では精銭の枯渇状態がより深刻化し、ついには「銭ケカチ」と呼ばれるような事態も惹起させていたのである。

このように、中世日本における撰銭は、一四八〇年代に大内氏領国（おそらく九州北部方面）でまず出現し、ついで一五世紀末までに畿内、やや遅れて東国へと波及していった。撰銭が伝播した西から東への流れは、列島において渡来銭が流入する方向であるとともに、「唐物」が流入する方向でもあった。中国では北京という国都が通貨変動の起点だったのとは異なり、中世日本の場合、対外交易の窓口である博多がその起点になっていた点が注目される。博多が通貨変動の起点だった事実は、この時の渡来銭を含む「唐物」流入の増大が列島における貨幣・経済の変動を引き起こす重要な契機になっていたことを示唆するだろう。博多とその周辺地域は、日朝・日明貿易の恩恵にもっとも浴したがゆえ、通貨変動の洗礼を真っ先に受けることになったのである。同時にこれらの事柄は、おなじく遣明船貿易や琉球交易の窓口だった堺と比べて、博多の方がこの時点でも列島の対外交易の基点としてより重要な存在だったことを教えてくれる。

ところで、考古学者の鈴木公雄は、一六世紀第1・第2四半期頃（鈴木の時期区分では「六期」）に比定される一括出土銭（出土備蓄銭）は、出土事例や出土総枚数こそ六〇例、六〇万枚以上と非常に多いが、一例あたりの平均枚数は一万以下と小規模であることを指摘し、これはこの時期に日常的な交換媒体として銭貨の使用が拡大し、広範な人々の間で銭貨の埋蔵行為が普及していたことの反映であると論じている[23]。一括出土銭の様相が日常的な交換媒体としての銭遣いの普及を表す事象と評価できるならば、一六世紀初頭前後にそのような変化をもたらした要因のひとつを、一五世紀後半からの「唐物」流入の増大（とこれにともなう商品流通の活発化・流動性需要の拡大）に求めることができるだろう。

結局、列島における通貨変動は、中国からの精粗雑多な渡来銭の流入と、列島での市場拡大にともなう流動性需要の高まり、のふたつの出来事が複合することで発生したといえる。ただし、これらの事象を異なる要因によってたまたま別個に発生したもの、すなわち偶然の一致ととらえ、ではどちらが撰銭の主因なのか（内因か外因か）、と考えてしまうのはあまり適切ではない。両者は同一の要因朝鮮における布貨流通の劣悪化・階層化は、一五世紀後半に始まり、一六世紀前半に顕著となっていった。銅銭と布貨という素材をまったく異にしながらも、ほぼ同時代の中国や日本でみられた通貨変動（流通貨幣の劣悪化と階層化）と類似した現象が朝鮮半島でも生じていたのである。

暴君とボロ布

さて、朝鮮における悪布流通拡大の要因として、日本や中国とおなじく、やはりソウルを中心とした商品流通の拡大にともなう流動性需要の高まりが指摘できる。前章で触れたとおり、悪布の出現と同時期に進展した貢物防納の進展・軍役の代立納布化や贅沢風潮の蔓延は、都城の消費市場を拡大させていった。また、この経済動向のもと、都城での就業・致富の機会を求め、地方からの流入者も増えるが（その流入者は軍役代行や小売商などに従事）、ソウルへの人口流入は、二升・三升布が一般化した一六世紀初頭頃（燕山君末年〜中宗初年）にそのピークを迎えた。[32]

かくして穀物を中心とする各種の生活必需品をソウルの市場で購入する都市民が増加するとともに、都城で需要される物資を買いつける商人の動きも活発化し、その結果として地方から中央に大量の商品が流れ込む。都城人口の増大によって生活必需品の取引が拡大していくのに従って、一六世紀初頭からソウル城内には「小市」が現れ、これにともなって日用品の取引を媒介する小額通貨への需要も高まる。五升布のような高額通貨では担えない、より零細な流動性需要を満たすものとして、端布・尺短布・升減布などの悪布が需要されてソウル市中に登場し、やがて流通貨幣として広まっていった。[33]

ソウル市場の拡大といった経済的要因のほかにも、燕山君の治世期（一四九四〜一五〇六）に入ると、王その人の放埒な性格もあって乱脈な財政支出が行われ、多額の綿布収奪が行われたことも、布貨の劣悪化に拍車をかけていった。[34] 第一〇代国王の燕山君（一四七六〜一五〇六）は朝鮮王朝随一の暴君として知られ、自己の遊興や享楽的生活の費用を捻出するため、臣下や寺院の財産・田土を没収したり、民に対するさまざまな苛斂誅求を行った「背徳の王」であった。[35] 燕山君の母尹氏は、成宗に対する過度な嫉妬のため廃妃となって死を賜ったが、即位後にこの事実を知って、当時の関係者を根こそぎ粛清した燕山君一〇年（一五〇四）の「甲子士禍」以降、素行の悪かった不良国王は文字通りの「暴君」となり、やりたい放題の限りを尽くす。

たとえば、大の学問嫌いにして歌舞音曲の愛好者だった燕山君は、王宮に近接した朝鮮儒学の最高学府である成均館を廃止して、そこを妓女らとの遊興場に変えただけでなく、ソウル中心部にあった大寺院の円覚寺を廃寺とし、跡地に掌楽院（宮廷の音楽を管轄する部署）を移し、全国から集めた唱妓・楽妓らを居住させて享楽の場にしていった。また、狩猟好きでもあった彼は、京畿一〇〇里（約四〇キロ）四方をみずからの狩猟と遊興の区画に定め、これに適した土地をすべて立ち入り禁止とした。そして、多数の妓女を宮中に入れて日夜宴会にふけっただけでなく、最初に美女・美馬を宮中に送る「採紅駿使」を、ついで容姿に秀でた未婚の少女（「青女」）を捜索・送付させる「採青女使」を、全国に派遣する「美女狩り」も挙行していく。贅沢三昧の生活をおくる燕山君のもとには、朝鮮内はもとより中国・日本から夥しい奢侈品が集められ、これがまた国庫を激しく消耗させた。

こうした際限のない浪費を賄うための税収奪に堪えかねた庶民は、ボロ布などを用いて織造した粗官たちは市の効用を十分に理解せず、以前にはなかったものとして、これを禁止している。

〈『朝鮮実録』成宗四年（一四七三）二月壬申条〉

ここに述べられているように、当初、場市は凶作（＝食糧不足）時に人々に交換の場を提供するために登場した。凶作によって場市が発生するのは、つぎのような事情による。凶作時には食糧（おもに穀物）の不足（＝穀物需要の高まり）がその価格を吊り上げるが、他方でこの状況は穀物保有者に大きな儲けに対する期待を生じさせるため、価格高騰が大きな誘因となって穀物の商品化も促される。要するに、凶作の発生を契機として、穀物供給者（売手）と穀物需要者（買手）の双方がその交換を強く希求するにいたり、場市という交換の場が地方に自然発生的に形成されていったのである。

ただし、場市は決して一過性のものではなく、ひとたび地方にこの種の交換の場が形成されると、定期市の開催も恒常化していった。

全羅道監察使・金之慶が報告して言うには、「道内各県の民は、そこかしこの街路で『場門』といって月に二度ほど寄り集まり、物資を交易しているが、（民は）本業（農業）を離れて末業（商業）へと向かい、物価が高騰するため、（場門は）益が少なく害が多く、すでに各郡に命じて禁止しています」と。

〈『朝鮮実録』成宗三年（一四七二）七月壬戌条〉

発生後まもなくして場市は月に二度ほど開催される恒常的なものになり、またその開催が物価を押し上げる作用を発揮していたことが明瞭に述べられている。市の開催が商品需要を拡大してモノの値段を押し上げると、これがさらなる物資の商品化を人々に促す、という経済の好循環が形成される。そして、そこで形成される高値の刺激によって商品交換を促進・活発化する市の利便性が人々に認知されれば、官府の禁令にもかかわらず、場市は凶作時だけでなく平常時にも開かれる定期市となり、その開催地の数を次第に増加させていったのである。

農業生産力の高い全羅道において場市が最初に登場し、やがて半島全土に広まったのは、長期的な要因としては農民たちの商業的志向の高まり（＝商品流通の拡大）を示している。一五世紀後半からの場市の登場とその普及は、凶作時における穀物などの需給逼迫（短期的要因）と地方での商品交換の増大（長期的要因）というふたつの商品需要の増大が重なりあった結果として理解できる。

地方での場市の出現・普及は、悪布流通の地方への流布とも関係している。なぜなら、場市の開催はそこでの売買を成り立たせるためにより多くの流動性（通貨）を一時に必要とさせ、また引用史料にもあるとおり往々にして物価上昇を招来するため、流動性需要を一気に高めることにもなるからである。たとえば、ある商品の価格が布貨一匹から二匹に倍増すると、その購入には以前より布貨がさらに一匹必要になる、といったように。そして、場市が定着・普及して恒常的な商品交換の機会を地方に提供するようになると、その開催のたびごとに流動性需要も高まる。このような状況が一般化することによって、五升布よりも質の劣る悪布を受容していく環境が、地方でも次第に形成されていったのである。

前述のように、一五世紀後半の中国では、既存通貨（旧銭）に比べて質の劣る通貨（悪銭）を創出して、日常品市場の拡大による流動性不足に対応していた。これに対して、銅銭のような小額通貨の存在しない朝鮮では、一五世紀後半より流通を拡大する悪布（短布・端布・二升〜四升布など）がそのような役割を果たしたとみられる。そして地方においては、場市の登場・普及が悪布の流通を促す一因になったことも想像に難くない。同時代の中国に比べると、月に二〜三回程度という必ずしも多くはない場市の開催頻度であっても、さきに述べた開市時における商取引の増加や物価上昇が流動性需要の拡大をもたらし、[39]地方で悪布流通を広める一因になったと考えられる。それゆえ、定期市の開催頻度の多寡と流動性需要の大小の間に強い因果関係を想定する必要は必ずしもない。[40]場市・場門の登場に象徴される商取引の活発化は、流動性需要の高まり（＝流動性不足の発生）を引き起こし、中央のみならず、地方での悪布流通を促進していったのである。[41]

対馬で流通する朝鮮布貨

朝鮮における悪布流通の展開に関しては、半島内の経済動向だけでなく、対外交易との関連性も考慮する必要がある。一五世紀後半以降、対明・対日交易の拡大とも密接に関わる奢侈的消費の高揚やソウル市場の成長は、都城での流動性需要を拡大させ、悪布の登場を促す一因にもなったからである。また、明との唐物交易が拡大した一六世紀初頭の燕山君末期は、都城での布貨の劣悪化がきわまった時期であり、この点も対外交易と悪布流通との関連性をうかがわせる。そして、一五世紀末前後における対日貿易の過熱化は、「倭人に与える五升綿布（「回奉」）は年間五〇万匹を下らない」[42]といわれるように、日本への膨大な額の綿布流出を年々引き起こしていた。

兵役代立の進展や燕山君～中宗期の乱脈財政などにともなう、政府による綿布収取の増加、一五世紀後半の対日交易や一六世紀初頭の対明唐物貿易などの対外交易の拡大。さらに、これらと歩調をあわせて進行するソウル市場・遠隔地交易の拡大や、中央の経済成長にも刺激を受けた地方での商品流通の活発化（＝地域流動性需要の高まり）。総じて、対内・対外的に綿布需要が増大し、生産・供給を超えた規模の需要を発生させることによって流通綿布の不足を引き起こしてその質的低下を招き、最初に中央、ついで地方での悪布流通が広まっていった。

なお、既述のとおり、朝鮮の綿布は日朝貿易の拡大を通じて大量に取引されたが、それにともない日本側の対朝鮮貿易センターである対馬にも盛んに流入した。このため、対馬を領有する宗氏は、一六世紀に入ると、島内の領民に賦課した「出銭」を銭貨ではなく、綿布で代納させていく。その際に収取された綿布（「端広木綿」）は五升綿布ではないかと推測されており、もしそうなら宗氏は銭貨にかわるものとして島内で流通する朝鮮の標準品質の布貨を収取していたことになる。[43]また、不動産取引などの場面でも、一五世紀末頃以降、綿布や五升麻布（「都正布」）が決済手段として銭貨とともに使用されていった。さらに朝鮮半島と同様、一反の綿布を任意に裁断した端布も島内で横行していた。朝鮮の布貨（綿布・麻布）は、半島内のみならず、当地との交易が活発だった対馬においても、日朝貿易の隆盛と列島における銭不足の昂進にともない、次第に通貨として流通するようになるのであった。

通貨変動が示唆するもの

前章で論じたように、一四七〇年代前後から始まる中国・朝鮮・日本の共時的な経済成長は、互いに何の関連性もないところで生じた「偶然の一致」ではなく、隣接地域との密接な連動性・相互影響のもとで生起した。このことを踏まえれば、中世日本における撰銭などの銭貨流通の動揺も、渡来銭をめぐる日中間の輸出入動向から理解するだけでは不十分だろう。

朝鮮における悪布流通の拡大は中国銭の流布動向と何の関りもない事象であった。そして、当地の通貨変動や経済成長は、東アジア三地域においてほぼ同時に流動性需要の高まりがみられた事実を如実に示している。そうした朝鮮半島の動向も含めた形で共時的通貨変動の発生要因について考えをめぐらせるなら、各地域経済の連動性・影響関係という側面に注意を向けざるを得ない。そして、当時の東アジアの動静を踏まえると、中国の揀銭・日本の撰銭・朝鮮の悪布流通といった一連の通貨変動は、東アジア的規模で始動した共時的事象（経済成長や対外交易の興隆にともなう流動性需要の高まり）がおもな要因となって生起した、とするのが妥当性の高い理解ではないだろうか。唐物交易の高潮を背景として発生した中世日本の銭貨流通の動揺も、そのような東アジア各地の相互作用の所産として位置づけられるべきものなのである。

一五世紀後半の東アジア各地は、一四世紀中葉の動乱（元末反乱、高麗から朝鮮への王朝交替、南北朝内乱など）をうけて同世紀末期〜一五世紀初頭に成立した体制・秩序の変容をともに経験する。中国大陸では、農村を離れて都市や海外などへ流動する人々が増加することで、里甲制の動揺や海禁の弛緩などを引き起こし、固定・閉鎖的な「明初体制」は崩壊に向かい始める。朝鮮半島においても、賦役（労役負担）の代立・布納化にともなう民に対する王朝の人身支配の弛緩、離農流民の増大とそれを一因とするソウルの都市化、全国的な移住・農地開発の進展による在地士族（両班層《ヤンバン》）の成長[44]など、王朝による既存の規制を突き破り、次代につながる新しい社会動向が出現した。そして日本列島では、応仁・文明の乱以降、室町将軍を中心とする求心的な権力体制が急速に解体し、政治的に自立した地域権力が各地に割拠するとともに、「下克上」に象徴される流動的な社会状況が出現する。総じて、東アジア各地において民間での諸活動の活性化と社会の流動化が進行していった。

このような東アジア各地の歴史変動の発生に、前章・本章で論じた共時的な経済成長・通貨変動が寄与していたことは容易に理解できる。以前には沈滞していた経済状況が一五世紀後半以降にわかに活況を呈し、これと歩調をあわせて国際交易も活発になり、国内経済・対外交易双方からの影響を受けて各地の通貨秩序が変動していく。東アジア各地でみられた経済成長には、都市経済の成長（＝その消費需要の急増）やそれと関連した綿布や陶磁器などの大衆消費財市場の拡大、という新しい経済動向が共通して看取できる。日常的取引を媒介する悪銭や悪布への需要の高まりも、まさにこの時に生じた。都市的大衆的な消費需要の拡大が牽引力となり、商業化の進展や流民の増大などの社会の流動化を東アジア各地で巻き起こし、ついには既存の体制を揺るがしていったのである。

ちなみに、史料がほとんど残されていないので確かなことはいえないが、対外交易の興隆にともなう経済成長・流動性需要の高まりといった現象は、中国・朝鮮・日本などの地域に限られない広がりをもっていたように思われる。おなじく中国銭流通圏に属していた北部ベトナム（大越国）でも、一五世紀後半には揀銭や「偽銭」横行などの現象がやはり確認できる。[45]

東アジアの各地と同様に、同時代の北部ベトナムにおいて経済成長や対外交易の活況が発生していたのかどうかについては、門外漢にはよくわからない。ただ、一五世紀後半の大越国は、一三世紀以来の紅河デルタにおける「大開発」時代の最終局面に入ってその農業的基盤が確立する時期であり、中国との経済交流も決して低調ではなかった。[46] また、当地の人口もこの時期には急速な増加があった(一四一七年の一八六万→一四九〇年の四三七万→一五三九年の五六二万)、と推定されている。[47] そして、当時の私鋳銭氾濫と揀銭盛行とも関連を有していたと思われるが、一五世紀後半〜一六世紀初頭にかけての大越国では、良質の銅銭(光順通宝や洪徳通宝、端慶通宝など)の鋳造・供給(ただし鋳造額は不明)も行われた。[48] 以上のことを考慮するなら、北部ベトナムでも中国からの悪銭流入や流動性需要の高まりがその銭貨流通の動揺を引き起こした要因だった可能性は十分にあるだろう。

北部ベトナム以外にも、中国銭流通圏であったジャワでは、一五世紀後半頃から標準渡来銭と粗悪銭が並存して流通するようになる。[49] さらに東南アジア全域においても、一五世紀末〜一六世紀初の時期は小額通貨の大量鋳造が行われた最初の時期だった。これらの小額通貨はイスラム系デザインのコインであったが、中国銭のように紐を通して束ねるための穴が開けられていたという。[50]

東南アジア一帯にみられた通貨変動の背景には、香辛料などの商品作物の輸出によって多数の港市が繁栄する「交易の時代」と呼ばれる東南アジアの経済的活況[リード 二〇〇二]が存在していたと考えられ、このような活況の出現は東南アジア産香辛料の最大需要者であった中国経済とも密接な関連性を有している。したがって、中国・朝鮮・日本での共時的な経済変動は、東アジアレベルで完結するのではなく、より広域な経済動向とも何らかのつながりをもっていたことが推測される。と同時に、東アジア・東南アジアにまたがる広域的な経済動向の実在性は、前述した東アジアにおける共時的な経済成長・通貨変動の連動性という本書の仮説を補強するものとなる。

ところで、一五世紀後半に東アジアで突如巻き起こった共時的な経済成長・通貨変動は、この後どんな展開をみせるのか？　また、その展開はのちに東アジアの社会・経済状況を一変させる日本銀の奔流や後期倭寇の跳梁といった一六世紀中葉の諸変動とどんな関りをもっているのだろうか？　これらについては、章をあらためて論じよう。

第三章　そして「倭銀」があらわれた

日本銀（倭銀）の登場は、実は一五世紀後半からの共時的な経済成長や国際交易の拡大が順調に展開することにより実現したのではない。それは、東アジア各地の歴史動向がたがいに絡みあって生成される複雑な過程のひとつの帰結であった。本章では、倭銀登場にいたる歴史的背景、すなわちその東アジア史的文脈について論じる。最初に、出土資料などに関する各種データが比較的に恵まれている中世日本の貨幣・経済動向を取り上げ、ついで明朝中国のそれを、そして最後に東アジアの全般状況についてみていく。

1．停滞する列島経済

物価と出土銭

一五世紀後半の状況と比較してまず注目される変化として、一六世紀前半の渡来銭流入動向がある。前述したとおり、博多遺跡群と堺環濠都市遺跡における個別出土銭の時期別変遷を参照すると（図表4・5：九六・九七頁）、一五世紀後半には両地の出土銭数が顕著に増加しており、これらの事実は当該期における博多・堺への渡来銭流入状況が増大ないし堅調傾向にあったことを示している。

ところが、一六世紀前半に入ると、様相は一変する。博多遺跡群の場合（図表4）、代表的な五種の出土銭（元豊・皇宋・洪武・祥符・永楽の各銭）のうち、一五世紀後半には一〇枚以上みられた元豊・祥符・洪武各銭は、ともに一六世紀前半に出土数を大幅に減らし、皇宋・永楽二銭も低調な数値のまま推移している。また、堺の様相をみても（図表5）、一五世紀後半の二七九枚から一六世紀前半の五五枚へと出土銭数が激減している。これらのことは、堅調な銭貨流通がみられた前世紀後半とは異なり、一六世紀前半に銭貨流通が縮小していったことをうかがわせ、ひいては堺・博多両地への渡来銭流入も減少したことを強く示唆する。

それでは、如上の銭貨流通の動向に対して、同時代の銭建物価はどのように推移しているのであろうか。前章で参照した東寺の米価動向（図表6）や神木哲男が整理した中世後期米価表（図表7）［神木 一九六八］によると、一五世紀後半からの下落傾向は一六世紀前半にいっそう顕著となり、一六世紀中葉あたりに低落の底を迎えている。こころみに図表7の数値をあげれば、一四五〇年代の一六六九文から一四九〇年代の一一三一文までは、米一石＝銭一一〇〇文台以上の比較的高値水準を保ちつつゆるやかに下落していたのに対して、一五〇〇年代以降は一〇〇〇文台を下まわるようになり、一五四〇年代には八八九文まで下がっている。さらに、これらの米価動向に加えて、山城国（現在の京都府一帯）における田土価格（反あたり銭建価格）の推移も参考のために一瞥しておこう。図表8に示されるとおり、一五世紀を通じて山城の田土価格（田価）はほぼ同一の水準を保ち続けて比較的安

時　期	価格（文/石）
1451 ～ 1460	1669
1461 ～ 1470	1269
1471 ～ 1480	1227
1481 ～ 1490	1273
1491 ～ 1500	1131
1501 ～ 1510	988
1511 ～ 1520	972
1521 ～ 1530	1100
1531 ～ 1540	1164
1541 ～ 1550	889
1551 ～ 1560	1271
1561 ～ 1570	998
1571 ～ 1580	980
1581 ～ 1590	1141
1591 ～ 1600	994
1601 ～ 1610	1602
1611 ～ 1620	1908
1621 ～ 1630	1722

図表7
中世後期における米価表

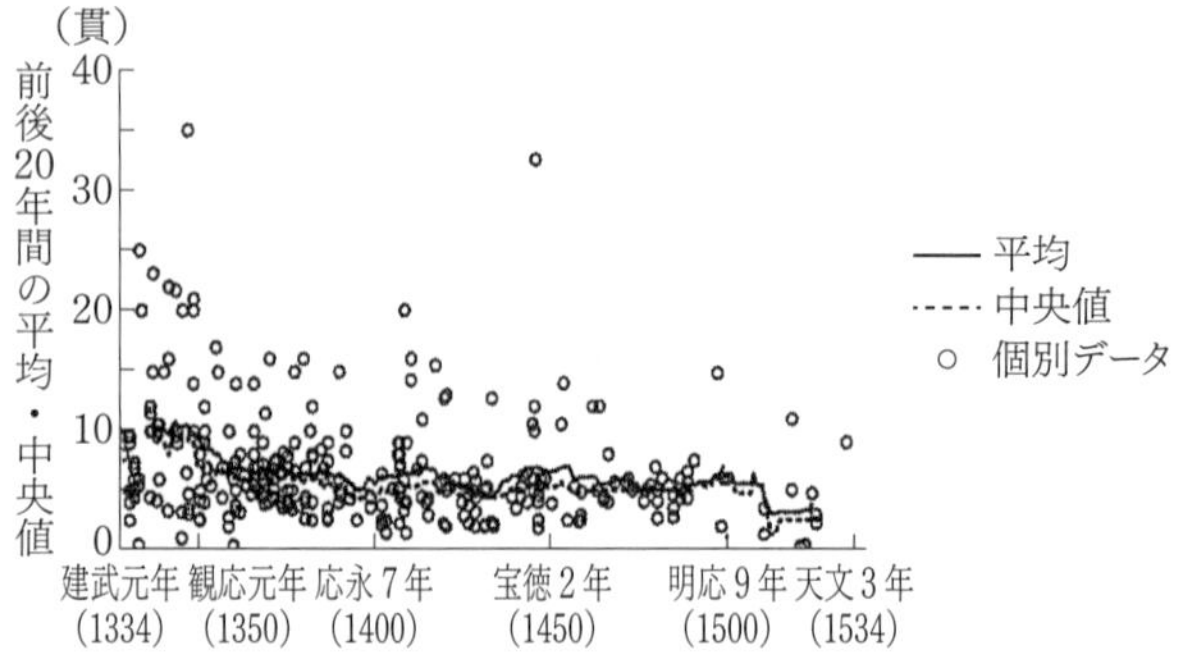

図表8　山城国反別価格の平均・中央値及び個別データ分布（銭建て）

定していたが、対して一六世紀前半に入ると明らかな下落の傾向をみせる。山城国の田価動向も、米価とおなじように、一六世紀前半の銭建物価が前世紀後半以上に低落していたことを教えてくれる。

以上、限られた事例ではあるものの、中世後期の物価動向を参照したところ、一六世紀前半には銭建物価は下落の趨勢を示しており、これは銭貨（精銭）の価値が市場で相対的に上昇していたことを示す。その一因として、同時代の堺や博多における銭貨流通の縮小という事態を想定するのはきわめて自然なことである。さらに対外交易の窓口たる堺・博多での銭貨流通の縮小は、この時期に列島への渡来銭流入も減少していた可能性を推測させる。そこで、この可能性の有無を検証するため、唐物輸入と同様、一五世紀を通して日本への有力な渡来銭供給源になっていた琉球の状況について確認しておこう。

「銭の道」の終焉

明朝から派遣され、嘉靖一三年（一五三四）に琉球へ渡った冊封使（朝貢国の君主に王位などを授けるため、中国の皇帝が派遣した使者）が残したつぎの記述は、当時の琉球における銭貨流通状況に関する貴重な情報である。

> 琉球国の交易では、日本で鋳造された銅銭だけを（通貨として）使っている。（その銭は）うすくて小さく、銭文がないもので、一〇文で好銭一文、一貫（＝一〇〇〇文）で好銭一〇〇文と交換され、まるで（六朝時代の）劉宋王朝（四二〇〜四七九）末期における（悪名たかい粗悪銭である）鳥目銭や輪銭（「鵝眼・綖《ママ》貫銭」）のようである。
>
> 〈陳侃『使琉球録』「羣書質異」〉

ここに述べられているように、一五三〇年代の琉球は日本製の無文銭を輸入し、主要な通貨として使用していた。この史料から読み取れるのは、当時の琉球では中国からのまとまった渡来銭流入がみられなくなっていたことである。かつて日本への渡来銭供給に大きな役割を果たした琉球の「銭の道」はもはや過去のものとなっている。中国から琉球への渡来銭流入の縮小という事態は、琉球からの渡来銭供給に大きく依存していた日本への渡来銭流入の減少をも必然的に意味するであろう。

個別出土銭の減少（銭貨流通の縮小）、銭建物価の低落趨勢、そして琉球の「銭の道」の衰退といった事象のすべてが、一五世紀後半とは異なり、一六世紀前半には列島への渡来銭流入が激減したことを示す。それでは、なぜこの時期に琉球や日本への渡来銭流入は縮小したのか。また、渡来銭も唐物の一種だったことからすれば、渡来銭流入の動向とその他の唐物の流入状況との異同に関しても確認しておく必要があるだろう。ただし、これらの問題については、行論の都合上、後段において関連する事項と併せて論じることにしたい。ここでは、貨幣動向とも関りの深い列島の経済動向をまず一瞥しておこう。

経済成長の小休止

一六世紀前半の経済動向をめぐっては、手掛かりとなり得るデータがほとんど残っておらず、これを明瞭にすることは至難である。ただそれでも、幾つかのデータを利用しながら、この時期の経済動向の把握に努めよう。第一章で利用した図表2「中世京都の陶磁器出土比率の変遷」（七〇頁）を参照するなら、一五世紀後半には出土陶磁器が右肩上がりの増加をみせ、一六世紀初頭までの京都では陶磁器流通が拡大していた。ところが、一六世紀前半に入ると前世紀後半以来の水準をある程度維持しつつも、その出土陶磁器は右肩上がりの増加ではなく、やや停滞気味になっている。こうした状況は同世紀中葉に至って変化し、以降ふたたび急激な増加に転じる。

つぎに、当時の商品流通の盛衰を示す指標として第一章で利用した市場法・社寺保護法発布の動向（図表1：六九頁）も確認しておきたい。既述のように、一四世紀末～一五世紀前半の沈黙状態から一五世紀後半～一六世紀初頭にはその発布が増加した。ところが、一六世紀前半は一五一〇年代に二件の発布を確認できるものの、全体としては横這いといった状況であり、しかも一五二〇年代前後における約二〇年間はその発布がほとんど確認できない。その後の一六世紀中葉からは一転して発布の激増期となる。一五世紀後半の増加期と一六世紀中葉の激増期という前後する時期の状況と比較すると、その間に挟まれた一六世紀前半（とくに一五二〇年代前後）の市場法発布の状況は、相対的に停滞ぎみだったように見受けられる。

このように、京都の陶磁器出土比率の変遷と列島での市場法発布の状況は、一六世紀前半における横這いないし停滞でおおむね一致している。これらの事例から読み取れるこの時期の列島経済の動向は、一五世紀後半からの成長局面がおよそ一六世紀初頭を過ぎたころから停滞局面へと転じる、すなわち経済成長の小休止、といった具合になるだろう。こうした経済動向との関りで注目されるのが、図表9にみられる「撰銭令の空白期」である。

前述のとおり、一五世紀末から各地の有力領主によってしばしば発布された撰銭行為を禁じる撰銭令は、永正一五年（一五一八）以降（畿内に限ると同一〇年〈一五一三〉以降）、ほぼ四半世紀の間、発布がみられなくなり（撰銭令の空白期）、一五四〇年代以降ふたたび堰を切ったように発布が盛んに行われる。一五二〇～三〇年代における撰銭令の沈黙は、それまで盛行していた撰銭行為がこの頃にはいったん沈静化したことを示すものといえる。そして、撰銭現象の沈静化という事態は、さきに指摘した一六世紀前半における列島経済の停滞にともない、市場での流動性需要が低下して悪銭の氾濫が抑制されたことに起因するものではないかと考えられる。

一六世紀前半の日本では、銭貨流通の縮小（渡来銭流入の減少）や経済停滞局面への転換、といった一五世紀後半とは異なる動向が認められる。それでは、如上の列島の貨幣・経済動向は、東アジア各地の経済動向とどんなつながりを有していたのだろうか。この点にも留意しながら、つづいて同時代の明朝中国の様相をみていく。

	幕府	大内	興福寺	浅井	後北条	織田	武田	その他
文明 1469-1487		17年						
長享 1487-1489								
延徳 1489-1492		4年						
明応 1492-1501	9年	5年						2年（相良氏）
文亀 1501-1504			2年					
永正 1504-1521	2年 3年（3回） 5年（2回） 6年 7年（2回） 8年 9年 10年	13年 15年						元年(九条政基)
空　白　期								
天文 1532-1555	11年（3回） 13年		11年				16年	14年（東福寺）
弘治 1555-1558								2年（結城氏）
永禄 1558-1570			8年 10年	9年	元年 2年 3年 （3回） 7年 （2回） 9年 10年 11年	12年 13年	2年	元年（尼子氏） 9年(三好氏、2回)
元亀 1570-1573								
天正 1573-1592								4年（柴田氏） 10年（筒井氏） 10年（羽柴氏）

図表9　戦国期撰銭令の発布年次（合計51件）

2．劣悪化する大陸の銭

明朝政府の苦闘

前章で述べたように、一四六〇年代以降、中国で揀銭が発生した当初、流通銭の格づけが行われると、それまで一枚一文で通用していた既存流通銭の多くが減価され、銭建物価の高騰などを誘発した。これに対して明朝からは揀銭禁止令がしばしば発布されるものの、これといった効果を得ることはなかった。結局、紆余曲折をへて一五世紀末までには、一枚一文で評価される宋元期の好銭（旧銭）と二枚一文に換算される粗悪な私鋳銭である悪銭（「新銭」・「倒好」・「折二」・「板児」）が並存流通する状態でひとまず落ちつく。ところが、一六世紀初頭頃から新たな事態が進展する。すなわち、悪銭の劣悪化がますます進行するとともに、好銭が流通界から次第に駆逐されていったのである。

〇弘治年間（一四八八～一五〇五）の末年、京師では好銭を使わず、ただ新銭のみを使用するようになり、この銭を「倒好」と呼んだ。正徳年間（一五〇六～二一）には「倒三」・「倒四」がみられ、私鋳する者が一斉に現れた。嘉靖以降（一五二二～）、倒五・倒六から倒九・倒十に至る（粗悪な）ものまであらわれ、鉛を裁ち紙を切ったような（粗悪銭の）乱造は極限に達した（「裁鉛剪紙之濫極矣」）。〈陸深『燕間録』〉

○正徳一六（一五二一）年、蘇州一帯（「呉中」）では、突然に好銭が通行しなくなり、ただ折二銭だけが使われた。嘉靖改元（一五二二）の頃には、折三・折四などの悪銭を使用するようになった。これより私鋳する者が日に日に増加した。

〈兪弁『山樵暇語』巻六〉

好銭を押し退けて悪銭が主流化する事態は、都の北京では一五〇〇年代初頭頃より顕著となり、やや遅れて江南地方でも一五二〇年代には出現し、中央と地方で時間差をもちながら進展した。ついで正徳年間に入ると、北京市中においては二枚で一文の「倒好（折二）」銭にかわって三枚・四枚で一文と評価される「倒三（折三）」・「倒四（折四）」銭が現れ、つづいて「倒五・倒六」銭、はては「倒九・倒十」銭という極悪銭まで登場した。なかには「手に触れれば砕《くず》れ」「（銭面に）文字は記されているが、点画は判然としない」[2]代物まで出まわり、一六世紀中葉までに悪銭の劣悪化は頂点に達する。また、北京での事象のあとを追うようにして、江南においても同様な劣悪化が進行していった。

悪銭が市場で主流化するとともに劣悪化した一方、好銭は通用価値を高めて退蔵され、市場における稀少化が進んだ。北京では「狡猾な輩が機に乗じて金儲けをたくらみ、安値で買い集めた銅銭をより分け、（選別した好銭を）貯め込んで値上がりを待って販売する」投機行為を禁じる命令が出されていた点[3]からもわかるように、その高騰によって将来の儲けを期待できる旧銭の退蔵が盛んに行われた。また、嘉靖八年（一五二九）の江南・蘇州近郊の滸墅《こしょ》においては、「各処で低銭が氾濫し、好銭が得難い」ため、その相場が銀一銭＝三〇文（銀一両＝好銭三〇〇文）という高値にまで騰貴した。[4]

好銭は通貨としての信用を失って使われなくなるというより、むしろその価値を上昇させることにより流通界から姿を消していったのである。

もちろん明朝政府は、沿海部での悪銭氾濫に対して手をこまねいているばかりではなかった。弘治一六年（一五〇三）には、悪銭の横行を阻止して好銭中心の通貨秩序を回復すべく、五〇年間以上も途絶えていた銅銭の公的鋳造を再開した（弘治通宝の発行）。もっとも、財政状況の良好ではなかった当時の明朝にとり、銅資源にも恵まれない中での鋳銭事業は荷の重いプロジェクトであった。したがって、三年以上を経過した時点でも事業は遅々として進まず、各地の鋳造額は計画の一、二割を達成したのみだった。[5] 結局、弘治通宝の鋳造は微々たる数量にとどまり、新規鋳造した制銭の投下により市場から悪銭を駆逐する企ては完全な失敗に終わる。

また、明朝による私鋳銭の禁止令も、この間たびたび発せられた。しかし、つぎの事例にみられるように、この種の禁令は市場に無用な混乱を引き起こすばかりで、最終的に撤回されるか、有名無実化するのが通例であった。

> （正徳）七年（一五一二）、京師の交易では、銅に錫をまぜた悪銭（「夾銅錫銭」）を使っており、（この銭は）きわめて薄くて小さく、二枚一文で通用し、これを「倒好」と呼んだ。司礼監長官の張永は、（正徳帝に）上奏して悪銭の使用を禁じて、厚みのある良好なものだけ使用を認め、銀一両＝銭七百文で交換させた。その意図は、もともと民の利便のためであった。（ところが、この禁令により旧銭に対する需要が高まり、その値上りが見込まれたため）、すぐさま金儲けを

たくらむ輩が先を争って旧銭を退蔵し、悪銭（＝新銭」）ばかり使うようになった。かくて（悪銭が市場にあふれ、銭建の）物価は高騰し、貧民は生活の術を失い、（禁令を）恨む声が巷にあふれた。わたし（内閣大学士の楊廷和）がそこで諭旨（皇帝の命令）の原案を作成して上呈したところ、陛下は都察院に命じて告示を出させ、（銭貨の使用は）民の自由に任せることを許した（＝聴民自便」）。

〈楊廷和『楊文忠三録』巻三「視草餘録」〉

階層化の容認

旧銭（唐宋銭）の追加補給がないまま、いたずらに悪銭を禁止すると、この禁令が旧銭騰貴への期待を生み、かえってその保蔵動機を強めた。その結果、旧銭が流通から引き揚げられてしまうと同時に、大量の悪銭が市場に放出されて物価の高騰を招いた。たんなる禁令の発布は、悪銭の盛行を阻止できないばかりか、その氾濫を誘発してしまう皮肉な結果を生んだのである。結局のところ、銭貨流通の安定（＝市場取引の正常化）のためには、銭貨の行使を「民の自由に任せ」ざるを得なくなり、悪銭の使用も黙認状態になっていく。

悪銭の主流化・劣悪化が進行すると、やがて明朝も私鋳銭を含めた流通銭間の交換レートを設けるようになっていく。嘉靖三年（一五二四）、北京では好銭七〇〇文＝悪銭一四〇〇文＝銀一両という交換レートが布告された。[6] さらに、嘉靖通宝の鋳造が始まる嘉靖六年（一五二七）には、明銭や「輪郭周正にして大」きな旧銭からなる好銭七〇〇文＝「中様旧銭（中品位の旧銭）」一四〇〇文＝銀一両という交換レートが定められ、「私鋳の鉛鉄雑銭」のみ使用が禁じられた。[7]その後、嘉靖一八年（一五三九）にも、同趣旨の命令が全国の銭遣い地域（「行銭地方」）に発せられた。当時の史料に記されている「中様旧銭」の中には、二枚一文で通用した比較的良質の悪銭（「倒好」「折二」など）も含まれていたと推測され、鉛・錫を用いた「薄小」の極悪銭（史料上の呼称は「雑銭」・「濫悪銭」・「（鉛錫）小銭」など）でなければ、私鋳銭の使用も容認されたようである。[8]

一六世紀前半の流通銭を整理すると、良質の旧銭を中心とした好銭、中品位の旧銭・悪銭から構成される「中様旧銭」、最低品質の粗悪銭である「小銭」、という三階層にまとめられる。このうち前二者は政府にその使用を認められたのに対して、最後のものは一貫して禁止の対象となりながらも、市場での流通を拡大させていった。一六世紀前半には、明朝は銅銭一枚を一文とする従来の原則を放棄し、私鋳銭も含めた流通銭の階層化をある程度容認するようになる。このような態度変化は、その価値上昇によって稀少となった好銭のみでは銭遣いを維持できなくなり、市場で主流化した悪銭の存在を無視することが難しくなったからであろう。

そうした中国の銭貨流通動向は、海外への中国銭流出にも影響を与えた。とりわけ、好銭（旧銭）の高騰・稀少化は、多数の好銭を流通から引き揚げて退蔵する行為を誘発し、そうなると海外流出に振り向けられる好銭（精銭）の数量も減少してしまう。市場における好銭の稀少化は、中国銭の日本渡来をある程度抑制する効果をもっていたのである。そしてまさに一六世紀前半の日本では、前述のとおり銭貨流通の縮小現象が確認でき、これを引き起こした有力な要因として、渡来銭流入の減少が想定できる。もしこの推測が正鵠を射ているなら、中国沿海部における銭貨流通の動向は日本の銭貨

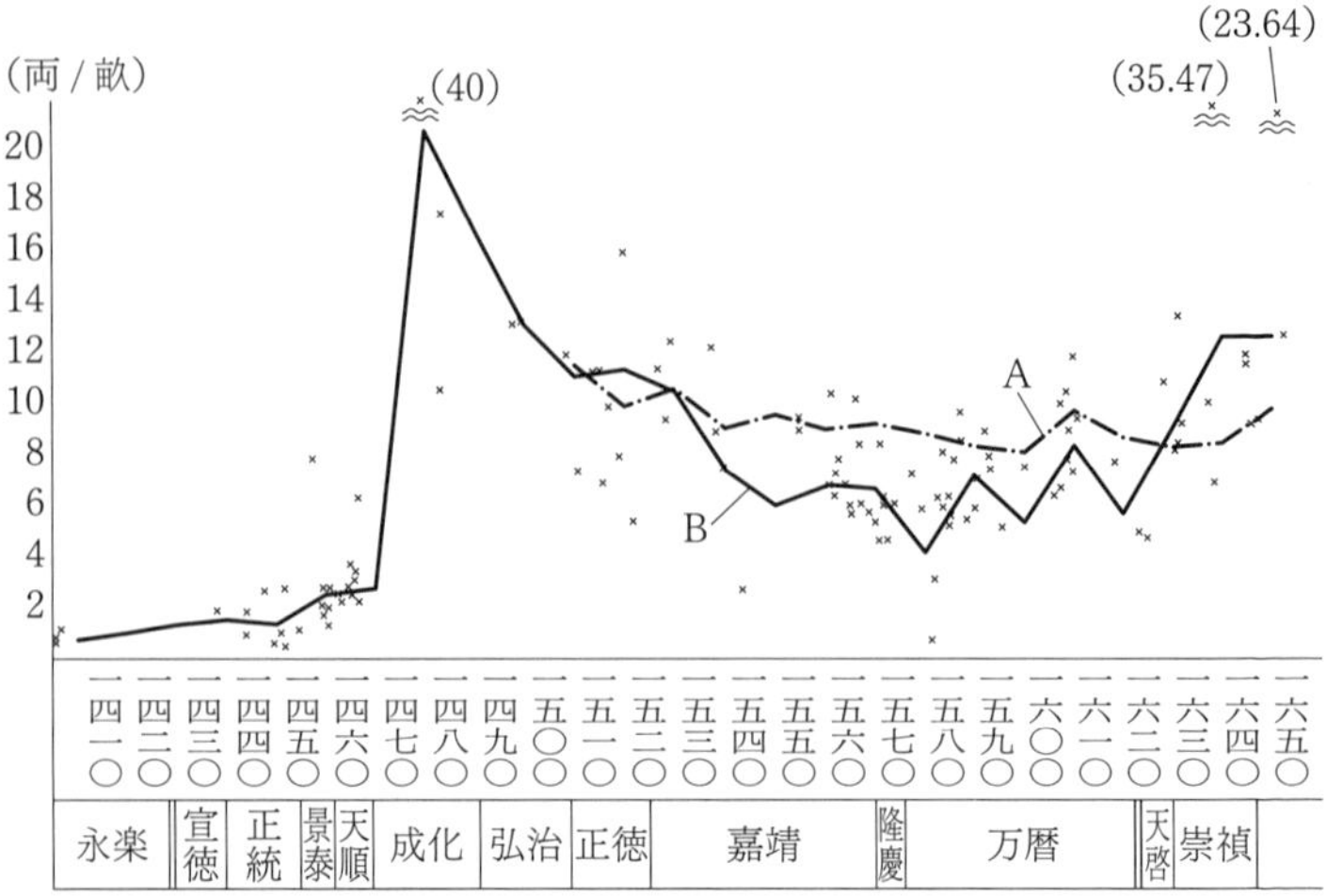

Aは趙岡・陳鍾毅 1980の数値

Bは劉和恵・張愛琴 1983の数値

図表10　徽州における田土価格の推移（1畝あたり）

流通にも少なからぬ影響を及ぼしていたことになる。

銀不足

さて、如上の貨幣動向と並行して、一六世紀初頭から興味深い傾向が中国で看取できる。一五世紀から上昇を続けていた銀で表示される米価や田土価格が、この頃から停滞していったのである。明代徽州府（現安徽省南部）の田価動向に関する研究を参照すれば、つぎのような動向がわかる（図表10）[9]。徽州地方の銀建田価は、一五世紀前半には一畝（≒五・八アール）あたり一～二両だったが、成化年間前半（一四七〇年代）から急激な伸びをみせ、だいたい一畝＝一〇両以上となり、弘治年間（一四八八～一五〇五）でもこの高値水準を維持した。「天下の田価は国初に比べて数十倍に

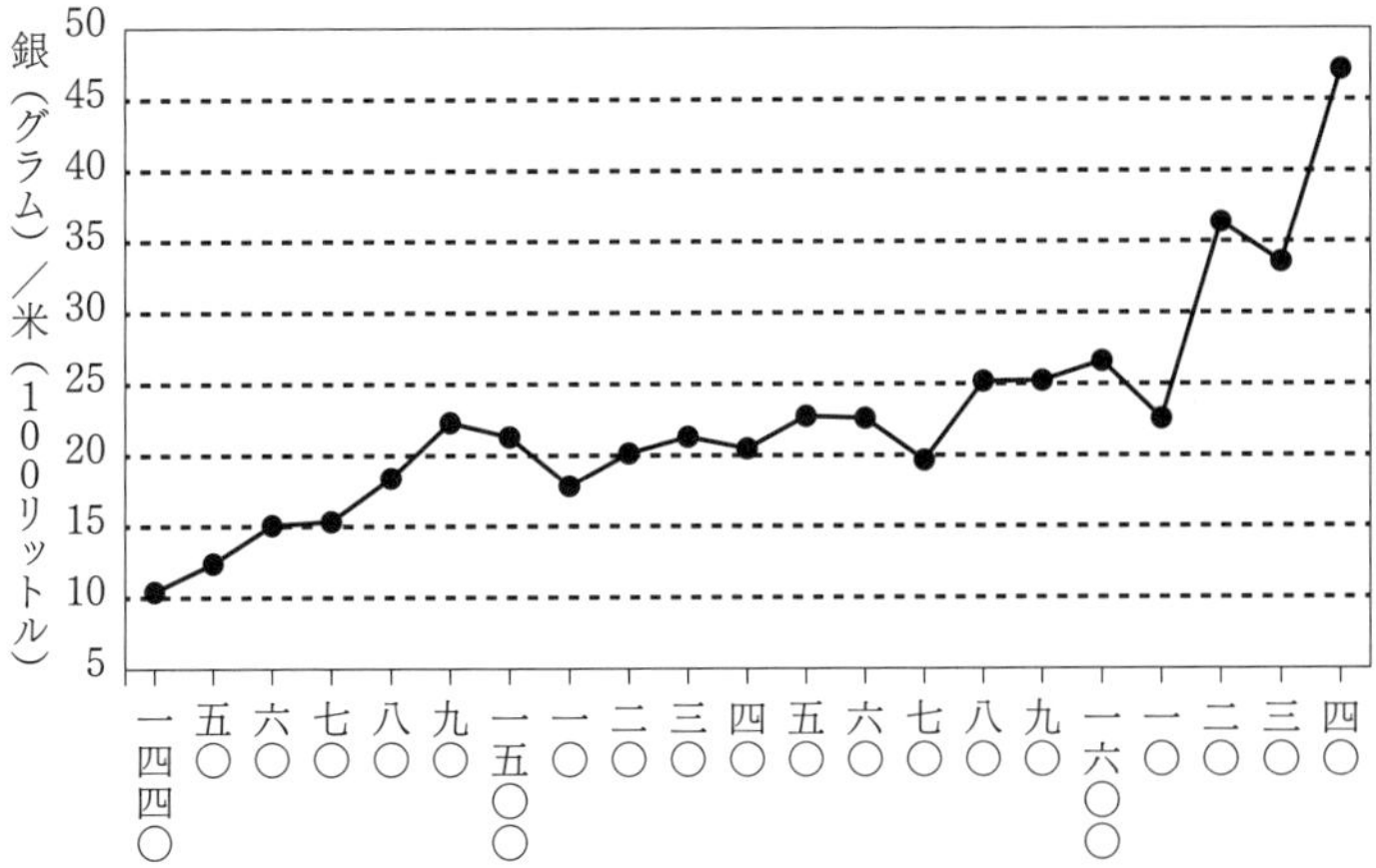

図表11　明代米価の変遷

もなった」[10]と同時代史料が語るように、徽州の動向は田価上昇という当時の一般動向とも合致している。

また、明代米価の推移に関する先行研究によると、銀建米価もこの時期やはり上昇傾向にあった（図表11）[11]。一四六〇年代あたりから米価は上昇し、一五世紀末までには同世紀前半よりも二倍ちかく上昇した（一石＝約〇・二～〇・三両→約〇・五両）。この他、銅銭（好銭）の価格動向についても確認すると、銀一両＝銭一〇〇〇文という明朝建国以来の公定レートが一五世紀中葉あたりまで維持されていた。それが成化～弘治年間（一四六五～一五〇五）になると、公定レートでも銀一両＝好銭七〇〇～八〇〇文となり、銭貴傾向が明瞭になる（図表12）。以上のように、銀で表示される田価・米価・銭価は、みな一五世紀後半には上昇傾向を示していた。この頃の中国では銀流通が徐々に拡大していく途上にあり、その流通拡大により銀建物価も上昇したのは比較的理解しやすい傾向である。これに加え、北京をはじめとする沿海諸都市の経済成長も、商品需要の拡大にともなって物価の上昇に拍車をかけたであろう。

しかし、このような状況は一六世紀初頭から変化をみせる。徽州地方の田価に関しては一六世紀に入った頃から低落しはじめ、一畝＝銀一〇両を割るのが常態になる。また、米価の一般動向も一六世紀初頭から停滞し、一六世紀を通じて一石＝銀〇・五両前後の水準で横這い状態をつづけた。長期にわたり停滞していた米価がふたたび本格的な上昇へと転じるのは、世紀を跨いだ一六二〇年代頃まで待たねばならず、この時に江南地方の米価がはじめて一石＝銀一両を上まわるようになる。[12]総じて、一五世紀末まで上昇をつづけた銀建物価は、一六世紀に入ると、その後一世紀以上の間停滞していったのである。

一六世紀における銀建物価の長期的な下落現象は、かつて岸本美緒が指摘したように、当時の人々に抱かれた「銀不足」という感覚と表裏の関係にあった。[13]深刻な銀不足という当時の人々の認識は、一六世紀中葉（一五五〇年代末頃）におけるつぎのような一官僚の発言にも明瞭にうかがえる。


いま天下が貧困に苦しんでいるのは、ひとえに銀が少ないためである（「今天下苦于困乏、只因銀少」）。

〈鄭若曾『籌海図編《ちゅうかいずへん》』巻一一、経略一「足兵餉」、浙江海道副使譚綸《たんりん》の言〉


また、通貨としての銀が不足することによって、「穀賤《こくせん》」（米穀価格の低落）が引き起こされて人々を困窮させている、と当時の為政者たちには受け止められていた。つぎに引用するように、銀不足と

洪武08年（1375）	官：1000文
景泰04年（1453）	市：1000文（北京）、2000文（南京）、3000文（明州）
成化02年（1466）	官：800文
成化14年（1478）	市：悪銭1550文
成化16年（1480）以前	市：800文（悪銭の盛行以前）
成化16年（1480）	市：悪銭1300文
成化17年（1481）	官：800文
弘治元年（1488）	官：700文
弘治期頃（1488～1505）	市：700文（杭州付近海寧県）
正徳元年（1506）	官：700文
正徳07年（1512）	官：700文（北京では「倒四」銭が盛行）
嘉靖03年（1524）	官：好銭700文、悪銭1400文
嘉靖06年（1527）	官：好銭700文、中様旧銭1400文（この年に嘉靖通宝鋳造）
嘉靖08年（1529）	市：好銭300文（江南呉県滸墅）、市井行使銭1400文、悪銭2800文（北京）
	官：700文
嘉靖15年（1536）	市：悪銭3000文
嘉靖18年（1539）	官：好銭700文、悪者（中様旧銭？）1400文
嘉靖32年（1553）	官：開元銭・洪武銭・嘉靖銭700文、中様旧銭1400文
嘉靖33年（1554）	市：悪銭6000～7000文
	官：嘉靖銭700文、洪武等銭1000文、旧銭3000文
※1550年代頃の日本銭価	市：古銭250文、新銭833文（日本一鑑・籌海図編）
嘉靖42年（1563）	官：700文
隆慶元年（1567）	官：制銭・旧銭800文
万暦13年（1585）	市：嘉靖銭400文、万暦銭500文

図表12　明代前中期の銀銭比価（銀１両あたり）　※官：官価、市：市価

米価低迷の真っただ中にある一六世紀後半に官僚として活躍した人物の議論には、そうした認識が率直に述べられている。

いま天下は年々凶作に苦しんでいるにもかかわらず、穀物価格はますます安くなっている。……いま天下が連年穀物の安値（「穀賤」）で苦しんでいるのに、民はいよいよ飢えている。……だから穀価低落の理由は穀物が多いためではなく、銀が少ないことにある。銀が不足すれば、穀物を安値で売って（入手した）銀を税として官府に納めざるを得なくなり、安く売れば（より多量の穀物を手放さねばならないので、民の手元に残る）穀物はますます乏しくなり、穀物が乏しくなると、民の生計は日ごとに窮乏し、その生活は日ごとに苦しくなる。

〈『明文海』巻七八、郭子章「銭穀議」〉

一五世紀以降、租税の銀納化が進展する中国において、一六世紀に入って顕わとなる銀不足や銀建物価の下落という現象は、納税者にとって銀による税負担を過重なものとし、社会の窮乏化を招く元凶にもなった。一六世紀における銀建物価の停滞は、銀が中国社会において相対的に不足していたことに起因していたのである。

深まる銀依存

前章でも記したとおり、明代中国における銀流通の最初の画期は、一五世紀中葉の銀財政への移行開始であった。ただし、この時の移行は民間での銀流通の普及を前提としていたというよりも財政主導の側面が強く、民間の銀流通はむしろ銀財政への転換に追随して拡大する観すらあった。[14] 明朝による京師・北京への銀放出が顕著になる一四六〇年代、悪銭の氾濫や揀銭の盛行が当地で最初に出現するのも、こうした流れの一環であった。

ちなみに、一五世紀後半〜一六世紀初頭の時期には、海外から中国への目立った銀流入はなかった。明代中国の銀生産は、建国以来、浙江や福建（のちに雲南・四川などが加わる）の銀鉱などで行われていた。一四三〇年代には年産額六〇トン（≒一六〇万両）ほどあったと推定されているが、この時期をピークとして浙江・福建の銀生産は次第に減少する。一四六〇年にもなお雲南では三四トン（≒九〇万両）の年産額を記録していたが、以降は急速に衰え、一六世紀初頭までには国内の多くの銀鉱が採掘をやめてしまう。[15] したがって、一五世紀以降の明朝による銀財政化や民間での銀遣いの進展は、中国内の遊休銀やそれほど多くはない国内産出銀を活用して立ち上げられたと考えられる。

ついで成化・弘治年間（一四六五〜一五〇五）に入ると、北辺に食糧を運んできた商人に塩引（専売塩の販売許可証）を給付する既存の開中法にかわって、都転運塩使司などへ銀を直接に納入させて塩引を与える運司納銀制が実施される。[16] 明清時代に塩取引によって得た巨大な資本（＝銀）をもとに活躍した「新安商人」の台頭は、この新制度の導入を契機としていた［藤井宏　一九五三 - 五四］。また、弘治年間後半における内府（宮廷金庫）からの財政支出と北辺での軍事支出の増加、弘治帝から正徳帝への代替わりにともなう膨大な朝廷の支出、そして正徳帝による宮廷での奢侈的消費の増大などが重なり、放漫な銀支出も行われていった。[17]

この趨勢は一六世紀中葉以降さらに加速した。京師から北辺の駐屯軍に毎年送られる「京運年例銀」の額は、弘治・正徳年間の四〇万～五〇万両レベルから一五四九年（嘉靖二八）頃を境に二〇〇万両台に増加し、地方から中央への納税銀が貯蔵された太倉銀庫の歳出額も、正徳・嘉靖初年の一〇〇万～二〇〇万両の水準から、嘉靖後期（一五五〇～六〇年代）には四〇〇万～五〇〇万両レベルへと飛躍的に増加した。[18] 国家の財政運営に占める銀の比重が高まるとともに、一六世紀中葉（とくに同世紀後半）以降、従来さまざまな名目で賦課されていた税糧（土地税）と雑役（労役）の多様な税徴収をそれぞれに一本化して銀納させる一条鞭法が江南各地で推進され［小山正明 一九七一など］、中国社会はますます銀への依存を深めていく。

こうした経緯を踏まえると、公私における銀遣いの深化にともなう銀需要の拡大は、限られた国内供給量を超過する規模にまで達し、一六世紀初頭には銀が相対的に不足する事態を惹起させたとまとめられる。その結果として生じたのが、一連の銀建物価の停滞現象だったのである。そして銀不足という事態は、市場で必要とされる流動性（＝貨幣）が欠如することも意味した。よって、商業活動の活発な大運河沿いの諸都市などでは、市場で不足する銀の代替物としての銭貨への需要も相対的に高まる。そうなれば、追加供給がなく数量の限られる好銭を中心とした既存流通銭のみでは、拡大する銭需要に到底対応できなくなり、その不足を補うために民間で弾力的供給が可能な私鋳銭（悪銭）がますます流通界へ投下されてゆき、次第に流通銭の主流を占めるようになった。さきにみた悪銭の主流化・劣悪化は、一六世紀初頭から顕在化する銀不足現象がひとつの契機になり、時を同じくして発生した現象なのである。

ここまで一六世紀前半の日本や中国における域内の貨幣・経済動向を追跡してきた。日本では銭貨流通の縮小や経済成長の小休止、中国では悪銭の主流化・劣悪化、銀経済の進展による銀不足の顕在化、という一五世紀後半とは異なる新たな事象が出現していた。ならば、当時の東アジアの交易状況はいかに推移していったのか。また、さきの日本や中国の新動向は、より広域な交易活動や経済動向とどのような関連性を有していたのだろうか？　つづいて一六世紀前半の東アジアにおける経済交流の様相に目を向けよう。

3．変容する東アジア海域の交易

高まる倭人の交易熱

すでに述べたとおり、一五世紀後半より東アジア各地において共時的経済成長が始動し、それにともなって沈滞していた各地の対外交易もにわかに活況を呈した。本章の主題となる日本銀（倭銀）の登場という出来事が一六世紀中葉に発生した歴史的背景として、東アジア海域での密貿易などの活発な経済交流の存在がつとに強調されてきた。けれども、一六世紀前半における東アジアの様相を子細に眺めると、たんなる地域間の経済交流の直線的拡大とばかりはいえない事態もしばしば発生していた。

まず、朝鮮半島において新たな事態の展開がみられる。[19]一五世紀後半には半島南方へ列島から倭人たち（おもに対馬の人々）が頻繁に押し寄せ、日本との交易は拡大をつづけていった。前述したとおり、日朝貿易は、倭人からの進上品とそれに対する回賜品の給付、朝鮮政府が倭人の持ち込んだ商品を買い上げる公貿易、民間商人と交易する私貿易、さらに政府の目を逃れて行われる密貿易、という四つの形態で展開された。このうち公貿易・私貿易が取引の大部分を占めていたが、睿宗元年（一四六九）には倭人と朝鮮商人の密貿易をめぐるトラブルが発生したため、三浦での私貿易が禁止され、皮物や食物などの瑣細な物品を除き（のちにこれも禁止）、三浦では公貿易のみが行われるようになる。[20]

しかし、同時代の日本で進展する都市消費の高まりが朝鮮物産（とりわけ綿布）に対する需要を拡大させていた関係で、以後も交易目的の倭人たちが半島に殺到した。その結果、成宗一七年（一四八六）には、朝鮮政府は年間で五〇万匹を超える多額の綿布支出を強いられた（第二章）。また、成宗一九年（一四八八）にも、四～六月の三ヵ月に満たない期間で倭人に対する綿布支給が「十余万匹」に達した。[21]

倭人との公貿易の増大などによる多額の綿布支出が王朝財政を圧迫していくと、朝鮮政府は膨張する対日交易の経済的負担に耐え切れず、一五世紀末以降、倭人との通商制限に本格的に乗り出す。すなわち、過重な負担となった公貿易を縮小するため、来航した倭人たちに対して公貿易を一切拒絶したり、あるいはたとえ認めたとしても、持ち込んだ商品の一部分だけの公貿易を許可して取引量の減少をはかったり、買い取り価格を以前よりも安く抑える、などの制限措置をとったのである。また、成宗二五年（一四九四）には、当時増加していた使節個人の献上品である「私進」（進上品に準じて回賜が与えられるため、私貿易よりも多くの利益が見込めた）を禁じ、さらに燕山君四年（一四九八）頃、日本側の輸出品の主力だった倭銅の公貿易を禁止して私貿易のみ許可するようになった。[22] 当時、私進や公貿易は私貿易よりも大きな利益が得られたため、これらの禁止は倭人たちに大きな痛手を与えた。

三浦の乱

このような対日貿易の削減措置とともに、規定を超えて居住人数を増加させ、しきりに不法行為や乱暴狼藉をはたらく三浦《サンポ》（薺浦《チェポ》・塩浦《ヨンポ》・釜山《プサン》〈富山〉浦《ポ》）の「恒居倭」（居住倭人）に対しても、さまざまな締めつけが行われた。たとえば、倭人が朝鮮人から買い取って耕作を行っていた田地への課税を新たに実施し（成宗二五年〈一四九四〉）、さらにそれまで対馬側に委ねられていた恒居倭に対する検断（処罰・警察）を朝鮮の辺将（地方の軍指揮官）に執行させる（燕山君二年〈一四九六〉）など、三浦の「恒居倭」に対する統制は徐々に強化されていった。[23] こうした朝鮮政府による一連の統制・制限措置に対して、半島での交易およびその他の経済活動（農・漁業）の拡大を強く希求していた三浦や対馬の倭人たちは不満を募らせる。その結果、中宗五年（一五一〇）に勃発するのが三浦の乱であった。

三浦の乱の直接的契機は、前年以来、薺浦や釜山浦等の辺将や守令（地方長官）が倭人への対応に厳しい態度で臨むようになり、従来享受ないし容認されていた特権・慣例に制限・改変が加えられ、この措置に怒った三浦の恒居倭が朝鮮側の元凶と考えた辺将の排除を目論んで蜂起したことにある。

とりわけ倭人たちを憤慨させたのは、通例として使節に与えられていた接待物資の支給がなかったり不当に減額されたりしたこと、三浦居留倭人を強制的に使役するようになったこと、また彼らの商行為を禁止したことなどであった。また、同年二月には慶尚道の巨済島《コジェ》で朝鮮側の誤認により倭人四名が海賊として処刑される出来事なども重なり、倭人たちの不満は頂点に達していったのである。

かくて三浦の恒居倭は、対馬島主宗盛順《そうもりまさ》（のち義盛《よしもり》に改名）の代官宗盛親《もりちか》が指揮する対馬からの援軍と示し合わせ、同年四月に薺浦と釜山で四〇〇〇～五〇〇〇名余による大規模な暴動を起こし、辺将らを殺害して両浦所を占領する。しかし、倭人たちの反乱はひと月足らずで朝鮮軍に平定され、三〇〇名ちかくの死者を出した倭人は、なす術もなく対馬に退却した。また、同年六月に倭人たちが薺浦東方の安骨浦《アンゴルポ》を襲撃するが、これもすぐさま撃退されてしまう。

結局、三浦の乱は倭人たちの完全な空振りに終わり、当初の目論見とは反対に日本側（対馬宗氏とその一党）は対朝鮮貿易に関する権益の多くを喪失した。乱後、日朝間の通交はしばらく断絶状態がつづき、のちに対馬と朝鮮との交渉が行われた結果、中宗七年（一五一二）八月に復交条約が成立する（「壬申約定」）。この条約にもとづき、薺浦が倭人の入港地として再開され、日本使節の接待施設である倭館も復活したが、他方で三浦の倭人居留は撤廃され、対馬守護・宗氏の使送船（「島主歳遣船」）の回数は年間五〇回から二五回に半減、島主特送船・島内諸氏名義の通交も全廃になった。乱前と比較するなら、通交再開後の対朝鮮貿易の規模は七割ほども縮小してしまう。[24]

当時、明との朝貢貿易は莫大な富をもたらす機会ではあったものの、明朝の通交制限によって一〇年に一度しか挙行できなかった。これに対して、一回の利益こそ小規模（日明朝貢貿易の一〇分の一ほどの貿易総収入額）ではあったが、[25]一五世紀末前後のピーク時には年間一〇〇回を超える渡航が行われた対朝鮮貿易は、日明貿易の少なさを補って貴重な対外交易の機会を提供していた。[26]ところが、この日朝貿易は一六世紀初頭に突如その規模を縮小する。以降、対馬の宗氏は通交機会の拡大をめぐる朝鮮政府との交渉や「日本国王使」名義での偽使派遣などの手立てを講じ、大幅に縮小した対朝鮮貿易の回復を目指していった。

寧波の乱とその背景

さらに三浦の乱からあまり時をへず、今度は日本の対明朝貢貿易でも大きな事件が勃発する。いわゆる「寧波の乱」である。[27]そのキッカケは、嘉靖二年（一五二三）四月、当時の日本で遣明船派遣をめぐり熾烈な主導権争いを繰り広げていた、有力守護の細川氏と大内氏により別個に派遣されたふたつの遣明使節団がほぼ同時に中国の寧波へ到着したことにある。最初に入港を果たしたのは、進貢船三隻・総勢三〇〇名余を擁する大内方だったが、進貢船一隻・総勢一〇〇名余にて遅れて到着した細川方は、寧波官憲を賄賂で買収し、進貢品の臨検・宿舎割当・宴席時の序列などで自分たちが優遇されるよう働きかけた。細川方の画策により生じた待遇の差に憤慨した大内方の使節団は、同年五月に細川方を襲撃してその正使・鸞岡瑞佐《らんこうずいさ》を始めとする十数名を殺傷し、さらに逃亡した細川方の副使・宋素卿らを追って、寧波城やその周辺で明朝の官民を巻き込む武力衝突を引き起こした。

細川氏と大内氏の間で遣明船派遣をめぐる争いが生じるのは、応仁の乱（一四六七〜七七）前後からのことであった。一五世紀中葉以降、遣明船派遣の権限を保持していた「日本国王」たる足利将軍与えたはずだからである。こうした利害関係者の中には日明貿易にも深い関りをもった博多商人も含まれ、彼らは朝鮮半島への輸出品（倭銅や南蛮物）を対馬に供給するとともに、朝鮮からの輸入品を国内に流通させる中心的役割を担っており、時にはみずから偽使となって朝鮮貿易にも乗り出していた。[28]三浦の乱にともなう日朝貿易縮小の損失を少しでも挽回するため、遣明船派遣をめぐる争いはより激烈なものになった。かくて一五二三年に寧波の乱が勃発するが、この事件によって日本の対明朝貢貿易もしばらく中断してしまう。

琉球ルートの衰退

三浦の乱・寧波の乱に加えて日本の東アジア交易環境をさらに悪化させたのが、同時代の琉球による中継貿易の衰退である。すでに幾度か言及したとおり、一五世紀以来、日本にとって琉球は恒常的な唐物流入ルートとして重要な役割を担っていた。ところが、一五二〇年代前後から琉球の中継貿易には陰りがみえるようになる。まず、三浦の乱（一五一〇）の発生によって日本経由のものを含めた対朝鮮交易が縮小していったため、東アジアでの有力な販路のひとつを失い、琉球の胡椒交易は縮小を余儀なくされた［中島楽章 二〇一六］。また、これより以前の正徳二年（一五〇七）、新たに即位した正徳帝の許可のもと、琉球は二年一貢から一年一貢への貢期変更に成功し、[29]これとともに一時減少していた東南アジアでの貿易も再度その数量を増加させたが（図表13）、[30]嘉靖元年（一五二二）には貢期がふたたび二年一貢へと戻され、[31]以降、琉球の対明進貢貿易は次第に衰退に向かう。

その一例として、琉球の進貢船（これらは南海貿易船としても使用された）が、この頃に小型化したことが指摘できる。一〇年ごとの進貢船の平均乗員数の推移を記した図表14が示すように、一五一〇年代までは二〇〇名を超える規模だった乗船員数は、一五二〇年代以降には一〇〇名余の水準へと半減する。こうした乗船員数の減少は、進貢船のサイズが小型化していったことを端的に表している。[32] 進貢船の小型化は、当然、船の積載量の減少にも直結し、これはそのまま対明進貢貿易の規模縮小をも意味する。これらの事実を踏まえ、あらためて図表13を一瞥すると、一五二〇年代以降の派遣船数はいっけん減少していないようにもみえるが、実際はこの時の派遣船のサイズは以前の二分の一に小

時　期	船隻数	備　考
1419-20	4以上	
1421-25	2	
1426-30	9	
1431-35	9	
1436-40	10	
1441-42	4	史料欠落有
1443-62	——	史料欠落データ無
1463-65	6(7)	難破1、史料欠落有
1466-70	8	
1471-75	3(6)	難破3
1476-80	4(5)	難破1
1481-85	2	
1486-90	1	
1491-95	1	
1496-1500	1	
1501-05	0(1？)	難破1？
1506-10	4	
1511-15	7	
1516-20	8	
1521-25	1(2)	難破1 ※①
1526-30	5	
1531-35	1	
1536-40	4	
1541-45	2	
1546-50	1	
1551-55	1	
1556-60	0	
1561-65	1	
1566-70	1 ※②	

（　）内の数字は難破船も含めた派遣数
※① 1520年代以降、遣明船は約1/2のサイズに小型化した
※② 1570年を最後に以後は派遣船なし

図表13
『歴代宝案』にみる東南アジア派遣琉球船の推移

なっていた点も、沖縄での中国陶磁器の出土状況は示唆する。そして、琉球による対明貿易の縮小は、中世日本への唐物流入にも大きな影を落としただろう。なぜなら、琉球こそが日本と中国を媒介して列島に唐物をもたらした主要な中継者であり、琉球の対明貿易（ひいてはその中継貿易）の縮小は日本への唐物流入の減少をもたらしたはずだからである。[38]

なお、すでに言及したように、一六世紀前半（一五〇〇〜三〇年頃）に比定される堺の出土銭貨は前後の時期と比べて激減し、博多遺跡群出土の主要五銭種もやはり一六世紀前半には減少しており、さらに同時期の琉球では渡来銭ではなく日本製無文銭を輸入して流通手段とするようになる。かつて中世日本の主要な渡来銭供給源だった琉球の「銭の道」は、一六世紀前半には縮小していた。もっとも、唐物の一種ではあるものの、この時の渡来銭流入の減少は唐物一般の流入縮小を必ずしも意味しないようである。このことは日本列島での中国陶磁器の出土状況が示している。

たとえば、京都では一五〇〇〜三〇年頃に比定される「輸入陶磁器」が「多量に出土」しており、[39]堺でも一六世紀前半の貿易陶磁出土量は「豊富」と報告されている。[40]よって、一六世紀に入って顕著な減少が認められるのは、おそらく渡来銭だけであろう。これは渡来銭をめぐる当時の固有事情（さきに触れた一六世紀初頭以来の中国沿海地域における好銭の稀少化）が渡来銭流入を減少させたからであり、この他の唐物（陶磁器や絹製品など）については、少なくとも琉球の中継貿易が衰退し始める一五二〇〜三〇年代より以前はある程度の流入があったとみられる。

このように、三浦の乱（日朝）、寧波の乱・琉球による中継貿易の衰退（日明）など、日本の東アジア交易環境を悪化させる事象が一五二〇年代前後に続発した。そして、この東アジア交易の不振とちょうど歩調を合わせるように、列島経済も一五世紀後半の拡大局面から停滞局面へと転換する（京都の流入陶磁器量の変遷、市場法発令数の変遷、撰銭令発布の頻度など）。これらの点から日本をめぐる東アジア交易環境の悪化（＝渡来銭を含む「唐物」の流入減少）は、列島の経済活動を刺激する要素のひとつだった「唐物」交易の縮小という点で列島経済の動向にも少なからざる影響を与えた、すなわち列島の経済活動を小休止に導く一因となっていたのである。

ところで、当時の日本や琉球の国際交易状況とも密接な関りをもつ事態が、環シナ海域においても発生していた。それは一五二〇年代における環シナ海交易（とりわけ中国をめぐる国際交易）の沈滞とでも表現できるものである。引き続き、それがどのような事態であったのかについて述べていこう。

4．環シナ海域交易の沈滞

海禁の再強化

一五世紀後半より中国では南海貿易が活発化することは繰り返し述べてきたが、とりわけ一四九〇年代頃になると、南の玄関口である広東地方では、海禁が弛緩して朝貢・非朝貢を問わない外国船（「番舶」）が東南アジアから多数来航し、沿岸部において密貿易をしばしば行うようになる。[41] この情勢を受けて広東の地方当局も、来航の絶えない「番舶」に新たな財源を求めるようになり、正徳三年（一五〇八）頃から外国船の搭載貨物に一定の比率（二割ないし三割）で課税する抽分制を導入してい取引を諦め、市舶司などの取締り官庁がなく、規制も比較的に緩やかな福建漳州の月港や浙江寧波近海の双嶼《そうしょ》へと北上し、華人海商との密貿易に新たな活路を求めていったのである。[49]

ここから福建・浙江の華商と海外商人との間に太い結びつきが生まれ、一五二〇年代後半には月港や双嶼が密貿易の一大拠点として広州にかわって浮上する（これについては後述）。ただし、ポルトガル人が広東から駆逐された後、華人海商のマラッカ来航も一時的に途絶え、彼らがふたたび来航するのは一五二七年のことであった。[50] この時にマラッカに来航した華人こそ、漳州の海商たちだった。これらのことから判断すると、一五二〇年代の明朝による海禁の再強化は、たんにポルトガル人を含む海外商人の中国来航を減少させただけでなく、華人海商の南シナ海での密貿易活動も一時的に鈍らせたのである。

沈没船と陶磁片

なお、このような東シナ海域での変動にともない、一五二〇年前後より南シナ海域における沈没船の積荷から中国製青花やベトナム製（北部ベトナムの大越と中部のチャンパ）の陶磁器が減少して（一五二〇～六七）、一六世紀中葉における中国陶磁の占有率は五割程度に落ちる。[51] この事象は、"Ming Gap" 終焉後の "Mac Gap"（北部ベトナムの莫朝《ばくちょう》〈一五二七～九二〉の空白期）" と命名されている。[52] さらに、北部ベトナムの貿易拠点として一五世紀にいたるまで繁栄していたヴァンドン（雲屯）が一六世紀に入り急速に衰退していった事実から、この時期に大越国の国際交易からの退場という事態を読み取る論者もいる［Whitmore 2011］。[53] ともに明朝の海禁下において国際交易の恩恵に浴した北部ベト

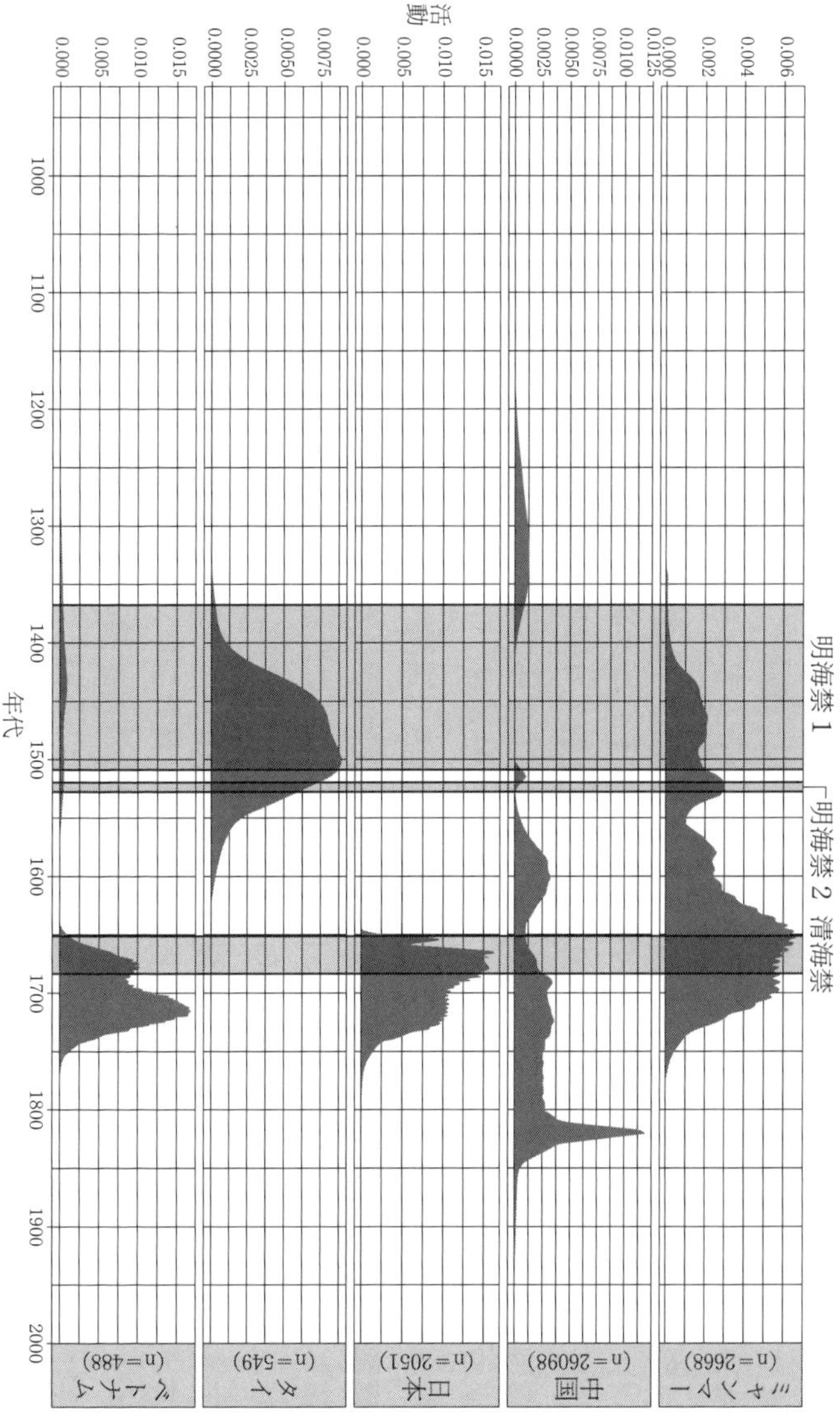

図表16　アチェ採取陶磁片の産地別時期変遷からみた交易活動

どんな事情によるのであろうか？

密貿易勢力の形成

すでに触れたとおり、一五二〇年代後半から浙江近海において密貿易勢力が形成されていくが、これについて当時の史料はつぎのように記している。

浙江沿海の密貿易商（「私商」）は、福建の鄧獠《とうりょう》に始まる。当初、彼は罪で按察司の牢獄に繋がれていたが、嘉靖五年（一五二六）に脱獄して海上に逃れ、異国人（「番夷」）を誘って浙江近海の双嶼港で密貿易を行い、合澳の人盧黄四らと結託して非合法に交易した。ついで嘉靖一九年（一五四〇）、許一・許二・許三・許四の兄弟が（パタニやマラッカに行って）ポルトガル人（「仏郎機国夷人」）を引き入れ、浙江の海上を頻繁に往来し、双嶼・大茅などの港にて交易した。これより東南沿海の騒乱の扉が開かれた。

〈鄭舜功『日本一鑑』巻六「海市」〉

鄧獠という福建人が「番夷」（東南アジア方面の人々と思われる）を引き込み、寧波近海の双嶼（現浙江省舟山市普陀区の六横島西岸）で密貿易を行うようになるのが、浙江海域における密貿易勢力（ひいては「後期倭寇」）の始まりであったという。

また別の史料には、「以前に朝貢していた南海の諸番夷（「西洋原貢諸夷」）は、商品を載せて広東の私澳に停泊し、官府に抽分税を徴収された上で交易をしていたが、やがて抽分を回避して陸運を省くことを望むようになると、福建人が彼らを導いて海倉・月港に寄港させ、さらに浙江人が誘導して双嶼に寄港させた」[55]といわれたりもしている点から判断すると、双嶼という密貿易拠点の勃興は、中国沿海各地の人々が関わることにより実現されたものとみられる。

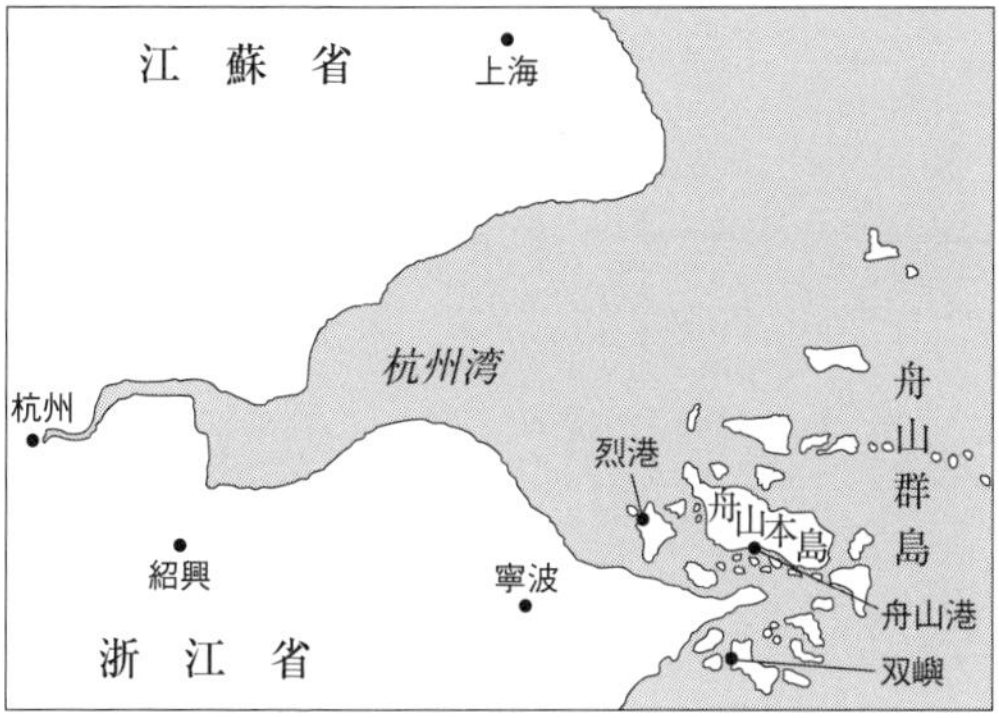

寧波・双嶼周辺図

東南アジアから中国へと連なる密貿易ルートが次第に北へ延び、これにともなって各地のさまざまな人々を巻き込みながら、その巣窟である浙江の双嶼や福建の漳州月港などが浮上してくる。とりわけ唐物の一大供給地である江南へのアクセスに恵まれた双嶼は、多民族よりなる「私商」たちの中心的な交易拠点へと成長を遂げ、東シナ海域での密貿易活動は急速に盛んになっていった。

一五三〇年代に入ると、マラッカ－パタニ－漳州を結ぶ胡椒貿易が急成長し、東南アジア産の胡椒を中国へ大量に供給するようになる。[56]マレー半島中部東岸に位置するパタニは、ポルトガルのマラッカ占領後に多くのマレー系ムスリム商人がここに拠点を移して以後、対中国胡椒取引の国際的な貿易中継港に発展した。このため、当地には周辺地域の商人が胡椒・蘇木・香辛料・インド綿布などの物産を携えて集まり、また多数の華商も来航していた［Bradley 2008］。

さらに一五四〇年頃には、前引史料に記されるとおり、パタニやマラッカで取引していた許氏兄弟がポルトガル人を双嶼に引き込み、南シナ海域との密貿易をより活発に展開してゆき、当地はさらなる発展を遂げていった。その結果、ポルトガル人たちが「千戸以上から成る」町を形成し、そこには「三〇〇〇人がいて、うち一二〇〇人がポルトガル人、残りがさまざまな国のキリスト教徒で」、「六、七軒の教会」や「市参事会員、陪席判事、地方長官」、「六、七人の共和国の裁判官」なども存在し、「リャンポー（双嶼）」は「インド（アジア地域のこと：引用者註）にあるすべての町の中で最も立派で、富裕で、豊かであり、その面積はアジア中で最大の町であると広く評されていた」と語られるまでになる（メンデス・ピント『東洋遍歴記』第六七章および第二二一章）。

ところで、東シナ海域における密貿易勢力の形成は、思わぬ土地に負の影響を与えた。それが一五世紀以来、中国−東南アジアの中継貿易から多大な利益を得ていた琉球国である。東シナ海域での密貿易勢力の成長にともなう南シナ海域と中国沿海部との直接交易の拡大は、中国と東南アジアを結ぶ琉球による中継貿易の必要性を低下させ、琉球から南シナ海域の市場を次第に奪っていった。[57]この結果が東南アジアへの琉球船派遣数の減少傾向（図表13）に端的に表れている。

また、中国沿海と南シナ海域との直接取引が増加する状況下、一五世紀後半より拡大した琉球と華人海商との密貿易も、東方の遠島にまでわざわざ出向いて南海物産を入手する必要性が低下したため、華商たちにとっては魅力に乏しい取引となり、その縮小を余儀なくされていったであろう。一五二〇年代以降、琉球の中継貿易が急速に衰退する（＝日本への唐物流入の縮小）のは、「二年一貢」

化・進貢船の小型化などによる対明進貢貿易の縮小に加え、東シナ海域における多民族密貿易勢力の成長があったからなのである。

ここまで述べてきた諸動向を考慮に入れるなら、一六世紀中葉に日本銀（倭銀）が登場する上では、一五世紀末からの東アジアの歴史動向が決定的な重要性をもっていたことに気づかされる。つづいて、その歴史的文脈の概略を記していこう。

5．「倭銀」登場

脚光を浴びる朝鮮半島

まず、一六世紀初頭から朝鮮銀の中国流入が目立つようになる。それまで朝鮮の人々は対明貿易の決済手段として麻布をおもに使用していたが、燕山君末年の一六世紀初頭以降、布類にかわって銀が盛んに用いられていった。これは「灰吹法《はいふき》」という銀製錬技術（後述）が新たに導入され、咸鏡道《かんきょう》端川《タンチョン》一帯の銀生産が急増したためである。[58] 朝鮮銀は年に数度派遣された朝鮮使節（いわゆる「燕行使」）によって中国の北京に持ち込まれ、中国物産（「唐物」）との交換手段として利用された。つづく中宗期（一五〇六～四四）の前半には、商人たちの参入などもあり、明との貿易はさらに活発化して唐物ブームを朝鮮の広範な階層の間で巻き起こした。この状況に対して、朝鮮政府は再三の禁令を出したが、その後も対明唐物交易の活況は下火にならなかった。[59]

一六世紀初頭における朝鮮銀の登場は、大勢としては同時代の明朝中国で発生した「銀不足」（＝銀需要の高まり）に促されて出現する事象であったといえる。朝鮮には唐物に対する高い需要が存在し、対明唐物交易の機会を拡大する手段として中国で急速に需要の高まった銀が朝鮮でもにわかに脚光を浴び、一六世紀初頭の端川での銀山開発につながっていったのである。朝鮮銀の登場によって対明唐物交易も拡大していくが、この事態は中国の銀需要と朝鮮の唐物需要が交錯した結果であった。

北で朝鮮銀が登場する頃、半島の南で勃発したのが三浦の乱（一五一〇）だった。さらに、三浦の乱による日朝交易の縮小なども一因となり、一五二三年には寧波の乱が発生し、これらに一五二〇年代以降の琉球による中継貿易の衰退が加わる。かくして日本の東アジア交易環境は悪化の一途をたどり、高い需要をほこる唐物の流入が減少するとともに、日本における唐物への渇望はこの時著しく高まることになった。

寧波の乱後、明朝との通交回復がなかなか進まないなか、日本にとっての唐物入手先としてにわかに注目されるようになったのが、対馬宗氏の通交回復への努力によって三浦の乱後の貿易収縮状態から徐々に脱し、また一六世紀初頭以来、朝鮮銀を決済手段とする対明唐物交易を活発に展開していた朝鮮半島だった。これに関して貴重な証言を記している史料を以下に紹介しよう。

（領事・金安老の言）商人たちが倭人と取引して、薬材や唐糸などの物産はすべて日本へ流出しています。かつて倭人は中国で交易していましたが、寧波府で騒動を起こして以来（「自大寧《ママ》府作賊之後」）、中国と通交できなくなり、わが国（朝鮮）から唐物を購入するようになっています。

わが国の物産が（倭人に買い漁られ）どうしようもない有様ですが、唐物もことごとく（倭人に）転売されています。

〈『朝鮮実録』中宗三一年（一五三六）一〇月乙酉条〉

ここに雄弁に物語られているように、寧波の乱のために明との通交が難しくなり、中国から唐物を入手できなくなると、一五三〇年代には倭人たちは朝鮮半島で唐物を活発に買いつけるようになる。確かに寧波の乱直後の一五二〇年代半ば、朝鮮において唐物を買い漁る倭人の姿が史料に書きとどめられている。

中宗曰く、「今年倭人がもたらした交易品（「商物」）は非常に多かった。大臣たちが「夷人を手厚く遇するべきだ」と言うので、願いを聞き届けてその交易品を買い上げさせたのである」と。……特進官の成雲が言うには、「……日本国の使臣がたびたび我が国（朝鮮）に来航し、（朝鮮側は）手をこまねいたままその被害を受け、ついには耐え難いものとなっております。我が国の薬材は（倭人に）買い尽くされ、唐物も買い漁られ、はなはだ由々しき事態であります」と。

〈『朝鮮実録』中宗二〇年（一五二五）一一月丁卯条〉

倭人による唐物購入が当時どれ程の規模に達していたのかはよくわからない。けれども、朝鮮半島で倭人による唐物の買付行為が一五二〇年代半ばから活発になるのは、どうやら間違いなさそうである。

さきの引用史料（『朝鮮実録』中宗三一年一〇月乙酉条）では、寧波の乱の発生で明との通交が困難になったがゆえ、倭人たちが朝鮮経由で唐物をしきりに入手するようになった旨が述べられていた。この史料を最初に読んだ時、とても面白いことが書かれていると感じたが、ただ他方ですこし奇妙にも思われた。なぜなら、日本の遣明船貿易は一〇年間隔で三隻くらいしか派遣されず、対外交易全体に占める比重でいえば必ずしも高くない。当時の日本にとりもっとも重要な唐物入手ルートだった琉球の中継貿易が健在ならば、遣明船派遣が滞ったとしても、それほど唐物の獲得に汲々とすることはないはずだからである。

ここで当時の琉球による対明交易の状況が問題となるが、既述のとおり、琉球の中継貿易は一五二〇年代前後から衰退の兆候をみせていた。要するに、一五二〇年代半ば以降、日明・日琉（中琉）の通商パイプが急速に狭まった結果、唐物入手ルートとしての朝鮮半島が日本側でにわかに脚光を浴び、倭人による朝鮮での唐物購入が時を同じくして活発になったのである。とはいえ、過重な財政負担となるため、日本の輸出品の中核だった倭銅の買い取りに対して、朝鮮政府は消極的な態度を示し、朝鮮との貿易も倭人たちが望むようには順調に拡大していかなかった。

石見銀山の発見

以上のように、一五二〇年代の日本をとりまく東アジア交易環境（とりわけ唐物の入手状況）はかなり悪化していったが、まさにこの時その劣勢を一挙に挽回する「切り札」が出現した。一五二七年の石見銀山発見に端を発する「倭銀」の登場である。[60] 銀は中国における需要の高まりなどもあって環シナ海域できわめて高い商品価値をもった最強の財貨（交易品）であり、日本にとっては東アジア交易の苦境を脱して唐物入手の機会を増大させる「最終兵器」とでも表現できるものだった。そして事実、倭銀という「切り札」を得てから、日本の交易環境は劇的に改善していく（次章参照）。

福石

そもそも石見銀山は、朝鮮・遣明船・琉球各貿易を手広く展開し、銅などの鉱物資源を求めて山陰地方で活動していた博多商人の関与のもと、発見・量産化が実現されたものであった。[61] また、銀鉱が石見に存在していたことは以前から知られていたようで、採掘に見合うだけの経済的価値がこの時期に見出されるようになったというのが、実際の情況だった。[62] その「再発見」の経緯を簡単に記せば、つぎのようになる。

大永年間（一五二一〜二八）に神屋《かみや》寿禎《じゅてい》という博多の有力商人[63]が、銅の仕入れで出雲へ向かう航海中、石見沖で南方に光かがやく山（仙ノ山《せんのやま》）を発見して銀鉱脈の存在を知る。そして大永七年（一五二七）三月、出雲国鷺《さぎ》浦《うら》銅山主の三島清右衛門とともに、三人の採掘人を連れて入山して以後、石見銀山の開発が始まった。最初に採

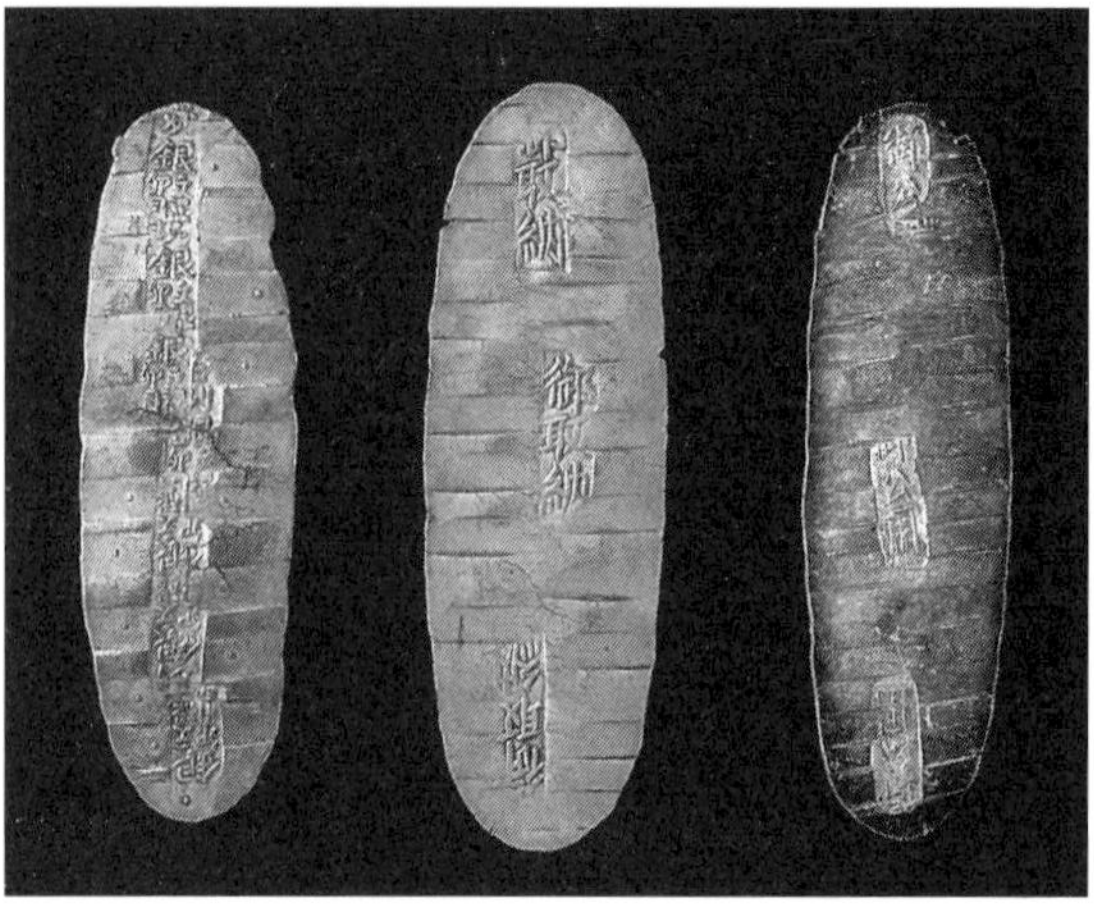

倭銀（石見銀山産丁銀〈石州銀〉３種）

掘が行われたのは、仙ノ山（現島根県大田《おおだ》市大森町）の山頂北東の石銀《いしがね》という場所で、そこには自然銀を豊富に含む超高品位鉱石（「福石《ふくいし》」）が多数存在し、一六世紀中は坑道を用いず地表に露出した銀鉱石を掘り採る露《ろ》頭掘《とうぼ》りによる採掘がおもに行われた。[64]

開発当初の石見銀山は銀鉱石から銀を取り出す製錬技術をまだ有しておらず、採掘された鉱石は九州の博多などの外地に運ばれて製錬が行われていた。採掘開始の翌年（一五二八）には、はやくも石見銀山で産出したと思われる「倭の鉛鉄」（銀を含んだ鉛鉱石。「鉄」は金属の意）が海を越えて朝鮮のソウルまで運ばれ、銀に製錬されている。[65] やがて朝鮮の商人が銀匠を連れて倭人の寄港地を訪れ、朝鮮で行われていた製錬法を教え、新たな製錬技術が日本に伝わっていった（魚叔権『稗官《はいかん》雑記』など）。これが「灰吹法」と呼ばれる銀製錬法である。

灰吹法を含めた銀鉱石の製錬作業は、おおむねつぎのような工程を踏んだ。[66] 灰吹法を用いる前段階として、銀鉱石を細かく砕いたのち、水桶の中でザルにかけると、比重の大きい銀が多く含まれる粒子は底に溜まる（比重選鉱）。こうして集めた粒子を不純物の除去のために加熱し、銀と合金になりやすい性質をもつ鉛を加えて貴鉛《きえん》（銀と鉛の合金）を造る。灰吹法とはこの貴鉛から銀を製錬する方法である。すなわち、貴鉛を加熱しつつ、送風して酸素を送り込んで鉛を酸化させ、灰を敷いた容器に流し込めば、酸化鉛は灰に染み込む一方（鉛は表面張力が強いため濡れにくいが、酸化鉛になると表面張力が小さくなって濡れやすい）、酸化しにくく表面張力も強い銀は灰上に残るため、これを回収して同一の作業を繰り返すことで銀の純度を上げていった。工程の概略はこのようなものであった。

天文《てんぶん》二年（一五三三）八月、この灰吹法が博多からきた禅僧の慶寿なる人物によって石見銀山に導入され[67]、以降、採鉱と製錬が現地で実施可能になることで効率のよい銀生産が行われ、当地における銀の大量増産が始まる。ひとたび石見銀山で銀の量産化が始動すると、これが列島各地の鉱山にも大きなインパクトを与え、灰吹法などを始めとする鉱山技術がまたたく間に石見銀山から各地へ伝わり、但馬《たじま》国生野（一五四二）、摂津国多田（天正年間〈一五七三～九二〉）、佐渡島鶴子《つるし》（一五九五。ただし採掘の開始は一五四二）などの銀山開発を次々に誘発し、一七世紀前半にいたるまでに列島の銀産出は右肩上がりに拡大する［小葉田淳　一九六八a］。かくて大量の倭銀が海外に輸出されて東アジア各地を席巻していったのである。

半島に押し寄せる倭銀

一五世紀後半以降の日朝貿易の活発化、さらに一六世紀初頭以来の朝鮮銀による対明唐物交易の拡大を背景として、そしてまた一五二〇年代半ばから活発化する日朝間の唐物取引の展開が直接的な呼び水となり、倭銀は登場した。つまり、倭銀はまずもって倭人たちが朝鮮との貿易を有利に展開するための「切り札」として、朝鮮への有力輸出品である倭銅などを扱っていた博多商人に見出されたものであり、だからこそ中国大陸ではなく（また琉球経由でもなく）、最初に朝鮮半島へ殺到したのである。銀を決済手段としておらず、また対明貿易も縮小しつつあった当時の琉球ルートに、遠く離れた石見銀山を見出して大量の銀を呼び寄せるほどの大きな需要は存在しなかった。これに対して朝鮮半島には、銀を決済手段とする対明唐物交易が活発に展開されていたため、至近の距離にある石見より銀を呼び込むだけの強い需要があった。

（議政府・礼曹の言）近ごろ倭銀が流入するようになって、（燕行使らが）禁令を犯して（倭銀を）携えて北京で売却する者が以前の万倍にもなり、誠に憂慮すべきです。

〈『朝鮮実録』中宗三五年（一五四〇）七月丙辰条〉

この史料は、日本から流入した銀が朝鮮人による対明交易に利用され、半島を経由して中国に流出していたことを明快に述べている。一五四〇年頃には年間で一〇万両（約四トン）を超える銀が朝鮮から中国に流出していったと推定されており[68]、当然これにともなって列島から半島への銀流入もかなりの規模に達していたはずである。一五四二年には「日本国王使」を名乗る安心東堂なる人物が八万両という「未だ曾て有らざる」数量の倭銀を半島に持ち込んで公貿易での買い取りを要求し、朝鮮政府はその対応に追われた[69]。この事例に示されるように、一五三〇年代より大量の倭銀が半島に押し寄せていった。

倭銀の朝鮮流入にともない、前述した燕行使による唐物取引が拡大しただけではない。「朝鮮花銀」（≒倭銀）の入手のため、遼東地方の華人富商たち（＝遼東等処富商大賈）が「南京物貨」を仕入れ、遼東に派遣された朝鮮の「解送訳官」（漂流・逃亡華人を中国へ送り届ける通訳）や団練使（燕行使の往返を護衛する責任官）と盛んに取引するようになる。[70]また、中国・朝鮮の国境地帯では、華商と朝鮮の「富商大賈」との倭銀―唐物密貿易もしばしば行われた。[71]これらの事象は、倭銀の登場が華商たちを巻き込み、朝鮮半島の北辺でも活発な唐物取引を発生させていったことをよく示している。

こうした経緯からみると、一六世紀初頭から始まる朝鮮銀の増産によって生起した対明唐物交易の盛行こそ、倭銀の登場を促してこれを朝鮮に呼び寄せた歴史的前提だったことがわかる。銀と唐物交易の結びつきが朝鮮半島で形成されていたところに、一五二〇年代における日本の東アジア交易環境の悪化が重なり、こうした事態への対応として、石見銀山をはじめとする倭銀の発見とその量産化が列島で進展していったのである。朝鮮史料にしか記録を留めていないことなどから判断すると、朝鮮銀の産出量はのちの倭銀や新大陸銀とは比較にならないほど小規模だったであろう。けれども、朝鮮銀はその規模だけでは語れない重要な歴史的意義をもっている。半島での唐物愛好を中心とする奢侈的消費の高揚や中央・地方での商品流通の拡大に寄与し、また倭銀登場の呼び水にもなったなどの点を踏まえれば、朝鮮銀の登場とそれにともなう対明唐物貿易の拡大が一六世紀前半〜中葉の朝鮮や東アジアの歴史に与えた影響はきわめて大きかったといわざるを得ない。

そして中国へ

やがて倭銀の流れは大きく変わり、朝鮮半島から中国大陸へと転換する。魚叔権『稗官雑記』一によれば、その経緯はつぎのようであった。

灰吹法（「用鉛造銀之法」）が日本に伝えられて以降、倭人がやって来ると、銀両を多数持ち込むようになったため、ソウルの銀価は急落して、銀一両の価格がたった悪布三、四匹だけになった。中国に使節として赴く者は（倭銀を）もち込んで憚らず、商人たちも銀を携えて（明との境界である）義州などの地にゆき、地元の人々に転売した。……その後、倭人は銀を船に積んで中国寧波府で売却するようになり、また福建・浙江の人も密かに日本に往って銀を買い込み、それで嵐に遭って（半島南部の）全羅道に漂着する者がしばしばいて、ともすれば（その人数が）二、三百名にもなった。

ここからうかがえるように、倭銀の行き先が転換した理由は、市場規模の限られた朝鮮での取引が一五三〇年代以降の大量流入による銀価の急落でほとんど利益を生まなくなったからである。[72] 倭銀は「我が国（朝鮮）に流布して、もはや『賤物』になっている」[73] と当時の史料が記し、また中宗三三年（一五三八）のころに銀一両＝五升綿布四匹だった銀価は、わずか四年後の同三七年（一五四二）には半匹程度にまで暴落したことも確認できる。[74] そもそも倭銀は朝鮮での唐物入手を大きな動機のひとつとして出現したものであり、より有利な唐物入手の機会（つまり明との直接交易）を求める志向性が日本側には潜在的に強くあった。かくて中国において「日本の商人はただ銀だけを使って（中国の）物産を買いつけ[75]」るようになっていく。

さらに前引史料が記しているとおり、倭人のみならず、「福建・浙江の人」も「密かに日本に往って銀を買い」つけていた[76]。時あたかも浙江・福建の華人やポルトガル人・東南アジア各地の人々からなる密貿易勢力が東シナ海域において急速な成長を遂げ、日本銀の中国への直接流入を可能とする環境が整う。「いま倭人たちは中国南方での銀売却が儲かるので、我が国（朝鮮）の銀を逆に買い取っている[77]」といった事象も引き起こしながら、一五四〇年代以降、日本銀は主要な矛先を朝鮮から中国にシフトして、日中間における民間レベルの直接交易が元末明初以来ひさびさに復活するのであった。

転換点としての一五二〇年代

本章で述べてきた一連の過程は、つぎのようにまとめられる。一五世紀後半、とりわけ一四八〇〜九〇年代以降、日本もその一員となり拡大していった東シナ海や南シナ海での交易活動は、一六世紀に入るとその高揚のために、ポルトガル人との広州での紛争や倭人による三浦の乱・寧波の乱などの衝突を各地で惹起し、朝鮮王朝の対日貿易制限や明朝による海禁再強化などの反応を招く。これらの規制強化の流れによってそれまで活況を呈していた環シナ海域における交易活動も、一五二〇年代には小休止の時を迎えた。そして、このような大状況からの影響も多分に受けつつ、日本を取り巻く東アジア交易環境は急速に悪化する。また、これは必ずしも当時の海域交易状況に起因するものとはいえないが、琉球経由の「銭の道」の縮小、ひいては日本への渡来銭流入の減少もおなじころ列島全土を襲うのであった。

こうした閉塞状況を打破するべく、列島の各方面でさまざまな打開策（対明・対朝鮮交渉や遣明船の派遣準備など）が模索されるなか、新たに見出され量産されていったのが、倭銀（日本銀）だったのである。

ちょうどおなじ頃、日本での動きとは別個に、東シナ海域では華商・南海の「番夷」・ポルトガル人等からなる多民族密貿易勢力が成長しつつあり、のちには倭人をも引き込んで「倭寇」として中国沿海部を席巻し、数々の騒乱を巻き起こすようになる。元来この海上勢力は、明朝の地方当局とポルトガル勢力との武力衝突にともない、広州から追い出された「番夷」が福建・浙江の華商たちと結び付くことで形成されたものであった。

これはまさに明朝による海禁の再強化が直接の契機となって生まれた出来事であり、その意味で倭銀の登場と共通する歴史状況の産物であったとみなすことができる。まったく異なるところからそれぞれ登場してきた倭銀と多民族密貿易勢力が、一五四〇年代に東シナ海域で合流することによって新たな歴史状況（いわゆる「倭寇的状況」）を生み出し、ヒト・モノ・カネの活発な往来が展開されていく。他方、琉球は日明間の直接通交が急速拡大する新展開に最終的なトドメを刺され、環シナ海域交易における地位を決定的に低下させ、一五二〇年代以来の衰勢からついに回復することはなかった。

倭銀はその商品価値の高さのゆえに日本の交易状況を劇的に改善しただけでなく、環シナ海域交易の様相をも一変させ、あまたの人々の交易熱を一気に高め、海禁などの既存の貿易統制を揺るがす大きな力になる（後述）。一五二〇年代に出現した環シナ海域交易の沈滞は、時間的には一〇年たらずのごく短期であり、また出来事としてもあまり目立たないささやかなものであった。しかし、そこから生じた結果（倭銀の登場と多民族密貿易勢力の形成）は、以後の東アジア史の展開を方向づける巨大なものだったのである。

総じて、倭銀の登場は、同時代の中国における銀不足＝銀需要の高まりという単一の要因だけでは到底説明し尽くせない、東アジア各地の諸事象・動向が複雑に絡まりあって実現された出来事であった。逆説的だが、当時の日本が中国との間に太い通商パイプをもっていたからではなく、むしろ寧波の乱や琉球の中継貿易の衰退などにより中国とのつながりがきわめて稀薄になったからこそ、劣勢を挽回して交易状況を改善する「切り札」として倭銀は登場した。よって、この出来事は当時の日本が抱えていた固有の事情（東アジア交易環境の悪化）に第一義的には由来していた、と理解すべきだろう。また、日本の東アジア交易環境の悪化という事態も、一五世紀後半以来の国際交易の高揚に対する明・朝鮮による反動（規制強化の動き）や、それにより生じた一五二〇年代における環シナ海域交易の沈滞に、その淵源を求めることができる。倭銀登場の歴史的文脈とは、このようなものであった。

最後の章では、倭銀の登場以降、日本やその周辺地域における貨幣・経済がどのように変容し、いかなる帰結を迎えるのかを見届けておこう。すなわち、倭銀登場のその後についてである。

第四章

活況と騒乱の東アジア——シルバー・ラッシュがもたらしたもの

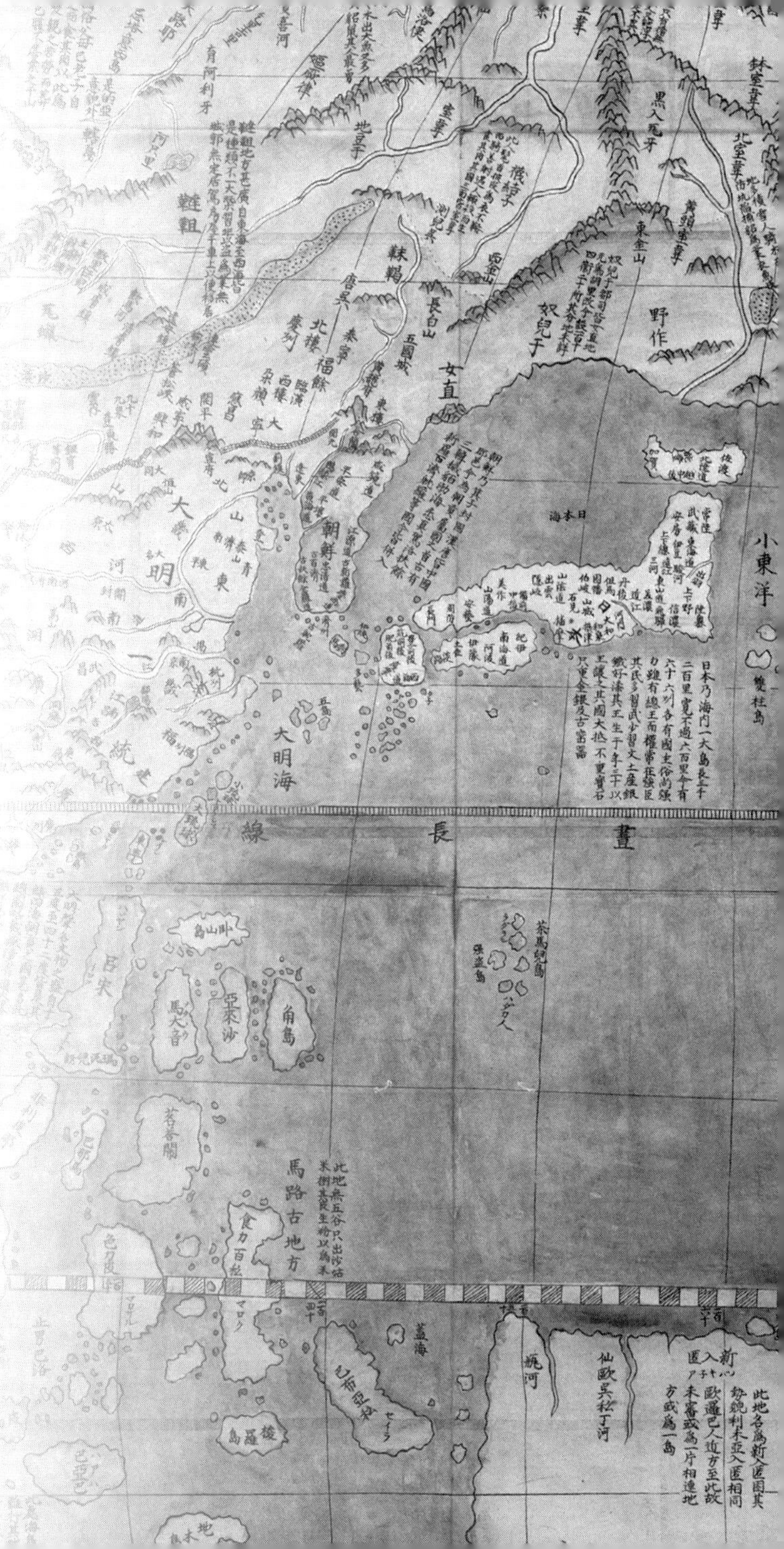

1．撰銭令ふたたび——一六世紀中葉・その一

小休止から飛躍へ

一五三〇年代に石見銀山で量産された日本銀が朝鮮半島へ流入し、一五四〇年代に入って中国にも運ばれるようになると、直前の沈滞状況とは打って変わり、日中ほかさまざまな人々が東シナ海を頻繁に往来し、倭銀と唐物の活発な密貿易が展開されていった。

日本からは、もっぱら銀が大量に大陸へ輸出されたのに対して、中国からは、生糸・絹織物・綿布（「唐木綿」）・磁器（青花など）・「古文銭」・薬材（川芎《せんきゅう》・甘草《かんぞう》など）・毛氈《もうせん》（毛織物）・書籍・漆器などの倭人が好む多様な物産（「倭好」）が列島にもたらされた。[1]「倭好」として当時の史料に記された各種の唐物は、列島において高い需要を誇る商品であり、日本に持ち込んで販売することにより巨額の利益を生んだ。

また、ポルトガル勢力も一五五七年にマカオへの移住に成功して以降、日明間の直接取引が明朝により禁じられていた当時の状況を利用し、仲介貿易者として日明間の銀貿易に食い込んでいく。華人・倭人・ポルトガル人などの海商たちは、海禁下の違法行為であることも顧みず、各種唐物を中国で調達して日本へ盛んに運び、その見返りに獲得した大量の倭銀を大陸へ流入させていったのである。

この日明密貿易の勃興に牽引されるかのように、一六世紀中葉の列島経済は、同世紀前半の「小休止」状態から抜け出して飛躍的な成長を遂げる。図表1「市場法・社寺保護法の発布数」（六九頁）を参照すれば、この時期はそれまでの動向と異なる様相を呈していたことが明瞭に看取できる。一六世紀前半まではひとケタ台の発布数で推移していたのが、一六世紀後半になると、三〇台、五〇台という発布数へと一挙に跳ね上がる。だいたい一五五〇年代前後を画期として、以前とは比較にならない規模で市場法・社寺保護法の発布が激増していった。このことは、まさに当該期の列島における商品流通の急速な拡大を示唆している。また、図表2（七〇頁）の京都への搬入陶磁器の変遷をみても、やはり一五五〇年代あたりが画期となって搬入量が急増しており、こうした変化の背景には当然ながら大量の陶磁器を呑み込んだ京都での旺盛な交易活動の展開が想定できる。このように列島経済は、一六世紀中葉から未曾有の活況をみせる。

ところで、さきほど触れたように、中国からの渡来品（唐物）である「倭好」の中には「古文銭」も記されているが、これについて『籌海図編』巻二「倭好」の箇所には、つぎのようにある。

古文銭。日本では銅銭を鋳造せず、もっぱら中国の旧銭（「古銭」）を使っている。旧銭一〇〇〇文が銀四両に相当する（銀一両＝旧銭二五〇文）。福建製の悪銭（「福建私新銭」）については、一〇〇〇文が銀一両二銭に相当する（銀一両≒悪銭八三三文）。

すなわち、一五四〇年代以降、日明間の直接交易が急速に増大することで、ふたたび渡来銭（「古

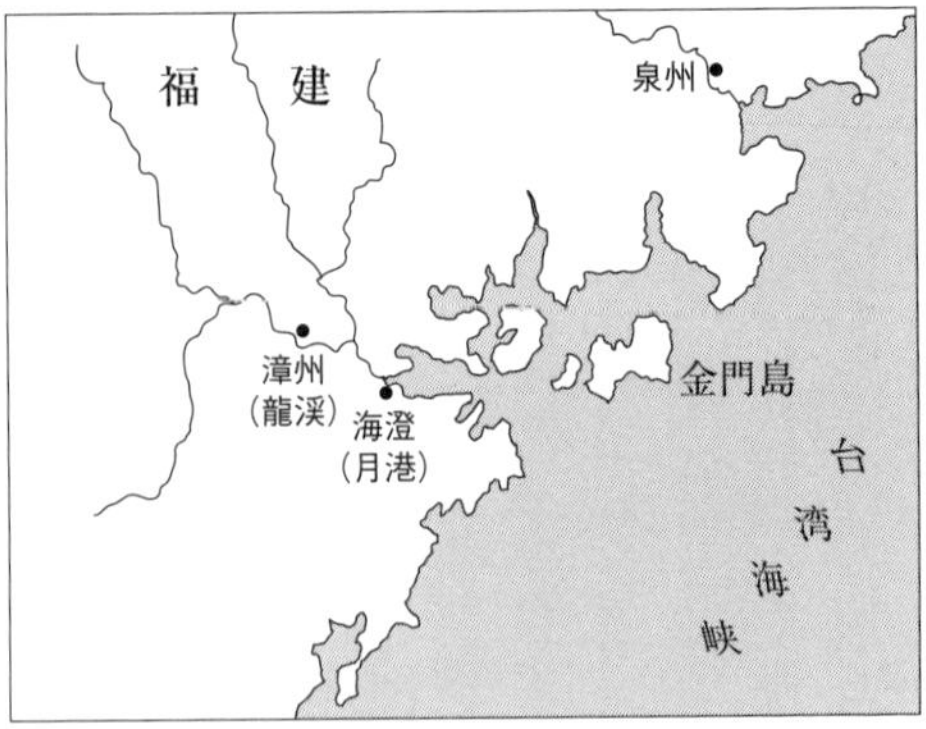

漳州月港周辺図

文銭」）も日本に大量流入するようになるが、そのなかには旧銭（好銭、精銭）のみならず、私鋳の悪銭（「私新銭」）も含まれていた。しかも、「彼ら（倭人）は中国の銭を貴び、龍渓（福建漳州府龍渓県。漳州における私鋳銭生産・輸出の拠点）のニセ銭さえも意に介さない（で輸入している）」と別の史料（『日本一鑑』巻二「珍宝」）も述べているように、積極的に私鋳悪銭を入手して日本へと持ち帰った。倭人による悪銭輸入が行われたのは、前述した当時の日本における急速な経済成長にともなう銭需要（＝渡来銭に対する需要）の高まりのためでもあった。商品流通の活発化とともに急速に増大した銭需要が、旧銭を中心とした既存流通銭のみでは賄いきれない規模にまで達することで、悪銭に対する需要も同時に高まり、倭人たちが私鋳銭であることにも頓着せず、盛んに日本へ輸入したのである。

このように中国で「私新銭」と呼ばれる漳州製の悪銭を日本市場は大量に飲み込み、それらのひとつがおそらく一六世紀中葉頃から列島を席巻してその流通を拡大していった「なんきん（南京）」と呼ばれる粗悪銭の正体であっただろう。関東の甲斐国では「此ノ年（天文二四年〈一五五五〉）銭ニ南《ナン》金《キン》（＝南京）ト云《いう》銭出《いで》キ候て、代ヲエル事無限《かぎりなし》」（『勝山記』）と記されているように、南京銭のような粗悪銭の大量流通は、当然のごとく列島での撰銭の激化を招いた。

このことは、図表9（一二八頁）に示された撰銭令の発布動向からも明瞭によみとれる。さきに言及した永正一五年（一五一八）を最後として、その発布が四半世紀ちかく確認できなかった「撰銭令の空白期」のあと、天文年間（一五三二～五五）に入るとその沈黙は突如破られる。天文一一年（一五四二）以降、撰銭行為を禁じる撰銭令が各地でふたたび発布され、列島の銭貨流通は一五四〇年代から激しく動揺していった。

一六世紀中葉の列島における悪銭流通の拡大と撰銭の再盛行は、まさに日明間の倭銀－唐物密貿易の興隆と軌を一にする現象といえ、日明直接交易の復活によって渡来粗悪銭（「福建私新銭」）が列島へ大量に流入することで、撰銭現象が再燃していったのである。福建漳州の「私新銭」は史料で「月港新銭」などと呼ばれ、かなり目立った存在であったが［陳自強 一九九九］、前引の史料（『籌海図編』巻二「倭好」）や図表5（九七頁）の堺環濠都市遺跡における個別出土銭の様相（一六世紀前半の五五枚→一六世紀中葉の二五六枚）などを踏まえるなら、さきの粗悪銭とともに、好銭（精銭）も当該期には流入が増加したとみられる。前章で触れたとおり、一六世紀中葉の中国でも銭貨需要は依然として高い状況にはあったものの、それでも一五五〇年代における日本（おそらく九州）の銭価が中国の四～五倍ほどであったと記す同時代史料もあるため（『日本一鑑』巻三「飲食」）、日中の価格差により生じる交易利潤のゆえ、善悪雑多な渡来銭が中国から日本へともたらされた。

東と西の永楽銭

かくて一六世紀中葉を画期として、列島の銭貨流通のあり方は大きく変容した。すなわち、銭貨流通の「棲《す》み分《わ》け」現象の明瞭化である。その典型的な事例として、永楽通宝の動向がある。一五世紀後半の列島の銭貨流通において、永楽銭は西日本ではそれほど好まれていなかったが、一六世紀以降の東日本ではとくに高い評価を受けるにいたり、東西で異なった流通状況が生じる。一括出土銭や六道銭（墓の副葬品として埋葬された六枚前後の銭貨のこと）の出土事例を整理した鈴木公雄の研究[2]によれば、つぎのようになる。永楽銭が日本に輸入された当初、一括出土銭におけるその出現比率は、北海道・西で顕著な相違はみられなかった。ところが、一六世紀に入った頃から永楽銭の出現率は、東北を除くと、畿内がもっとも低い数値（七・五九％）を示し[3]、そこから東西へ遠ざかるにつれて高くなる（関東は一二・五七％、九州は一五・九四％）、というドーナツ状の分布をみせる。

ついで一六世紀後半になると、永楽銭の東西分布にはさらに顕著な差異があらわれ、とりわけ関東での比率（二六・七％）が上昇する（畿内は八・二八％）。また、出土六道銭における永楽銭の分布状況をみても、関東における永楽銭の出現率（とくに埼玉・群馬・栃木・千葉・東京・神奈川は三〇〜六〇％台）は、畿内（奈良・京都はともに七％台）と比べてかなり高く、また東西における永楽銭の分布密度にも大きな差異が認められ（北海道〜神奈川の東日本が四九・五三％、山梨〜沖縄の西方地域が一九・四六％）、これらの事実は永楽銭が全体として東日本に偏在していたことを示している。

他方、文献史学側からも類似した知見がもたらされている。列島の東西を結ぶ流通結節点に位置した伊勢神宮周辺地域では、天文年間（一五三二〜五五）以降、精銭よりも永楽銭を高く評価する意識が確認できるようになり、やがて永禄年間（一五五八〜七〇）以降、永楽銭は精銭に取って代わり当地の基準銭ないし基準通貨（年貢収取や各種支払いなどの際、さまざまな財物や交換手段の価値を評価する基準となった銭貨や通貨のこと）としての地位を確立する。[4]

また、関東地方では、一五五〇年代後半～六〇年代前半の内陸部（上野《こうずけ》・下野《しもつけ》など）で永楽銭にとくに高い通用価値を認める傾向が現れ、永禄一一年（一五六八）以降になると、関東最大の戦国大名である後北条氏領国において永楽銭の基準銭化が進展した。[5] 永楽銭を既存の精銭よりも高く評価する「超精銭化」は、史料上、伊勢地域でもっとも早期に確認でき、また伊勢・尾張あたりを西の境とする東国が「永楽銭基準通貨圏」だったとも想定されていることなどから、この「超精銭化」の波は伊勢を中心として東国に広がり、その要の役割を果たしたのが東国方面に活発な商活動を展開した伊勢商人であったとする永原慶二の想定［永原　一九九三］には妥当性が感じられる。

東国における永楽銭の「超精銭化」の動きとほぼ時を同じくして、列島の他地域でも独自の通貨体系が形成されていく。九州地方では、中世後半から近世初頭にかけての出土六道銭で洪武銭の多用される事例が数多くみられる［櫻木晋一ほか　一九九五］。この事実などから、九州（とりわけ南九州）では洪武銭が東日本の永楽銭に相当する存在であったと推測されており、[6] また南九州は無文銭も数多く出土している。[7]

青森県を中心とする北日本一帯では、粗悪な私鋳明銭（とくに洪武銭）とともに、一六世紀後半から一七世紀初頭にかけて低品位の無文銭や輪銭（無文銭よりさらに粗悪な銭孔の丸い銭貨）といった超粗悪銭がかなりの比重をもって流通していた。[8] 南の琉球と同様、北日本でも無文銭の卓越する状況がみられ、いみじくも列島の南北において超粗悪な無文銭が広範に流通した。また、著名な港湾都市である十三湊遺跡（現青森県五所川原市十三）の第七七次調査地点個別出土銭（総数一〇八枚）のように、一五世紀第1四半期前後というかなり早い時点で模鋳銭（五二枚）と無文銭（三枚）の混入比率が実に五〇％を超えるという高い数値を示す地域も北日本には存在している。[9]

なお、当時の列島で流通した悪銭は、同時代の中国と同様、その通用価格からみると複数種類のものが存在した。伊勢神宮周辺地域では、一四三〇年代頃から低価格の悪銭と高価な「撰銭（＝精銭）」という二種類の銭貨が流通するようになり、一五世紀中葉の悪銭流通が顕著になって以降、一陌（一〇〇文単位の銭差）の内に約三割程度の悪銭を混入して行使するようになる。さらに一四七〇年代以降、より多数の悪銭が流入することで、その銭種（「ころ（洪武）」銭、「さかい」銭など）を特定して選別を行う撰銭行為が盛行していくとともに、銭行使が伊勢神宮側の支払いは七二文＝一陌、収納は九六文＝一陌となり、銭差の構成も変動していった。

やがて一五六〇〜八〇年代に入ると、伊勢地域の流通銭は永楽銭や精銭などの高価値銭、薄銭・中銭・古銭などの中価値銭、ビタ銭・並銭などの低価値銭、ころ（洪武銭）・うちひらめ（打平）などの最低価値銭というおよそ四つの階層に分化し、時とともに流通銭の階層化が進んだ。[10]

このほか、一五五〇年代における周防《すおう》国得地保《とくじのほ》（現山口市徳地堀）では、精銭である「古銭」以外には、精銭の三分の一ほどに評価される「新銭」と、精銭の一〇分の一に換算される「南京」銭などの異なる通用価値をもつ悪銭が流通していた。[11] そして、列島内で流通したこれら精粗さまざまな銭貨は、精銭のような高品位銭がおもに貢租の支払手段や地域間取引の決済手段として用いられ、他方それ以外の悪銭がおもに地域内における各種の支払いや零細取引などで行使されるなど、銭種間で貨幣機能の分業関係を形成するようになっていた。[12]

模造された中国銭

　ちなみに、中世日本で流通した多様な悪銭は、そのすべてが中国から渡来したものではない。現在、中世日本の各地（京都・鎌倉・博多・堺など）において中国銭の模鋳（無文銭も含む）が行われていたことが明らかになっており、時代が下るにつれて模鋳銭の生産（＝流通）も拡大したと推測されている。[13]模鋳銭の鋳型が出土した一五世紀以前に属する平安京八条院町遺跡（一三世紀後半〜一四世紀中葉）や鎌倉の今小路西遺跡（一五世紀初頭）などは、都市外縁に位置した鋳物師あるいは銅細工師の居住地域であり、銭貨鋳型の出土量も少ないことから、小規模な鋳銭に止まっていたようである。これに対して、一六世紀中葉〜後半と推定される堺環濠都市遺跡出土の模造銭鋳型は、都市中心部の六地点から出土して、無文銭も含めた開元通宝から洪武通宝までの二一銭種、合計二〇二点という大量の銭鋳型が確認されており、このため堺では大規模な模鋳銭生産が行われていたとみられている。[14]

　また、一五世紀半ば以降、一括出土銭の総枚数に占める模鋳銭の混在率は、兵庫県西宮市石在町（一五世紀半ば）の三・二五％→埼玉県本庄市大久保山（一五世紀後半〜一六世紀初）の九・九七％→青森市新城の九一・六五％（一六世紀〜一七世紀初）→堺環濠都市遺跡（SKT448-3地点）の八一・〇六％（一七世紀初）、とおおむね増加傾向を示しており、とりわけ一六世紀後半以降には流通銭に占める模鋳銭の割合が急激に上昇していった。[15]これらの事実をふまえ、さらに当時の渡来銭の流入・流通状況に照らしあわせて考えると、悪銭・模鋳銭の生産・流通の拡大は、流入量の限られていた渡来銭の不足を補完するために在地において取られた対応の一端を反映するものとして解釈できる。

大陸からの渡来銭がかなりの規模で流入し、また列島内でも粗悪模鋳銭が広範囲に移出・受容されていたとすれば、悪銭を移出・受容する範囲が列島内で完結する必然性は見出し難い。国内模鋳銭であれ、渡来粗悪銭であれ、個々の地域で入手可能なものを頓着せずに受容・行使したであろう。列島各地の悪銭流通は、域内の流動性を確保するために発生したが、各々の地域が置かれた交易状況や経済環境の違いによって、日本製が主流を占めたり、逆に渡来系が優勢であったり、あるいは両者が混ざりあう、というように地域ごと時期ごとにその流通状況は多様であったと推測される。[16] 一六世紀中葉以降に撰銭をふたたび盛行させる契機になった悪銭として、渡来悪銭とともに国内模鋳銭も使用され、列島の経済活動を支えていたのである。

ところで、当時の日本の史料に記される「京銭《きんせん》」・「さかい銭」などの粗悪銭が日本製・中国製いずれなのかについては、依然として簡単に決着のつかない難問である。「京銭」とは「今銭《きんせん》」と同義であり、いわゆる「新銭」を意味する名称と考えられる。室町幕府の撰銭令に「日本新鋳料足」と記されているため、これらを国内模鋳銭とみる見解が現在優勢である。ただし、京銭が新銭であるならば、日本製の模鋳銭とともに、渡来系粗悪銭がこの名前で呼ばれたとしても何ら不思議ではない。

既述のように、同時代の中国でも悪銭は「新銭」と呼ばれていた。また、「さかい銭」は、出土資料などを踏まえて堺で製造された模鋳銭ともいわれているが、別の史料では「大とう（唐）」なる名称で呼ばれており（「大内氏掟書」一六七条）、その文字面から判断するなら、中国製の悪銭とみる余地も十分にあって、「さかい銭」の出自を断定するにはいまだ決め手に欠ける。史料の記載からその出自を確定することには、もう少し慎重であるべきである。
もっとも、京銭・さかい銭などの悪銭が日本製か中国製かという点に拘泥する必要はそれほどないようにも思われる。なぜなら、すでに述べたとおり、列島各地の悪銭流通の状況は地域や時期で多様だったからである。場合によっては、その出自の如何によらず、中国系・日本系の粗悪銭を同一の範疇（「新銭」＝「京銭」・「さかい銭」）でひとまとめに認識していた可能性もあるだろう。

棲み分けはなぜ起こったか？

一六世紀中葉前後を画期として、旧来の精銭中心の通貨体系を維持した畿内・西国を中央におき、永楽銭が「超精銭化」した東国や洪武銭の尊重意識を強める九州がその両隣にあり、さらに周縁部には無文銭などの極悪銭により銭貨流通を維持していた北日本・琉球が分布する、という銭貨流通の棲み分け現象が日本列島で明瞭になっていく。唐宋銭などの精銭だけを基準銭としていた在来の通貨体系はここに大きく変容する。

こうした棲み分け現象の萌芽は、東国では西国のような明銭に対する明確な忌避現象が一貫して確認できないことからも示唆されるとおり、撰銭が問題化した一五世紀後半からすでに潜在的には存在していた可能性もある。この意味で、一六世紀中葉以降の動向は、そうした趨勢をたんに顕著化させただけだと評価することもできる。とはいえ、さきに述べた地域差が鮮明に浮かび上がるのは一六世紀中葉以降を待たなくてはならないので、やはり棲み分け現象がこの時に明瞭となった理由は、この時期に固有な時代状況から理解しなくてはならないだろう。

これまでの議論を踏まえれば、列島における銭貨流通の棲み分け現象も、一六世紀中葉以降に生起した列島経済の諸変動の所産だったとみられる。すなわち、一五四〇年頃からの倭銀－唐物密貿易の興隆、これにともなって生起した列島経済の急成長や流動性需要（＝銭需要）の高まり、善悪雑多な渡来銭の流入・国内模鋳銭生産の拡大などである。列島での未曾有の商品流通の拡大により銭需要が急速に拡大する状況下、精銭のストックや入手機会にもっとも恵まれた畿内は明銭忌避の慣行を基本的に存続させ、それよりも条件の劣った東西の遠隔地（関東・九州）では、不足しがちな精銭にかわり畿内で忌避された明銭を流通銭の中心に据えることで（東国の永楽銭、九州の洪武銭）、銭貨流通秩序の維持をはかっていったのである。

精銭や明銭などの良貨入手において東国・九州よりもさらに劣悪な環境にあった北日本や琉球では、良貨を軸とした通貨体系を樹立できず、域内の流動性確保のため、他地域で鋳造された悪銭や極悪銭である無文銭などを大量に受容し、粗悪銭の主流化する状況が形成されていった。もっとも、その交易環境を考慮するなら、琉球は北日本などに比べて渡来銭入手の機会に恵まれていたはずである。だが、一六世紀前半の「銭の道」衰退以後は、琉球の国際中継交易地としての性格からみて、たとえ大陸からある程度の流入があったとしても、渡来銭はより多くの利益が見込める本州方面へと素通りして流出し、琉球内にはほとんど留まらなかった（その見返りが日本鋳造の無文銭輸入）、と推測される。

他方、精銭や明銭などの良貨を中心に通貨秩序を樹立していた地域でも、急増する域内の銭需要を良貨だけで充足することは不可能だった。このため、品質や通用価値の異なる各種の粗悪銭（劣化した精銭や精粗雑多な渡来悪銭・国内模鋳銭など）を併用して銭貨流通を維持せねばならず、時代が下るに従って悪銭への依存の度合いを深め、銭の階層化も進行していったのである。

2. 米遣いの展開——一六世紀中葉・その二

商品としての米、お金としての米

実は日明密貿易の勃興にともなう渡来銭の大量流入の復活は、必ずしも列島における銭遣いの拡大には直結しなかった。旧来の精銭中心の通貨体系を維持した畿内を中心とする西日本における通貨行使の状況は、地域ごとにかなり様相を異にしている。[17]

一五四〇～六〇年代頃の近江・摂津などでは、土地売買の際に取り交わされた売券（不動産売買契約書）に記された支払手段は、銭建取引（≒銭遣い）よりも米建取引（≒米遣い）の方が優越しており（その銭建件数／米建件数を記すと、近江：四七／五一、摂津：八／一四。以下、同様の表記を用いる）、このほか丹波でも米建取引は銭建取引に匹敵する件数（三一／二八）を数える。その理由としては、この頃から加速する悪銭の流通拡大により、流通銭の質低下が著しくなって銭に対する人々の信頼を揺るがせ、商品流通が発達して米を商品として活発に取引していた（≒米の商品化水準の高い）地域では、信用の低下した銭の使用が嫌われ、かわってつねに高い需要をもち流通量も豊富で、値崩れも品薄にもなりにくい米の貨幣的使用が増加したため、との説明がなされたりもしている。[18]

ただ当時の貨幣行使に関するデータを参照すると、米の商品化水準の高低と米建取引の多寡は、つねに強い相関性をもっていたわけではないようである。米が商品としてもっとも活発に取引されたと思われる京都や大和では、むしろ銭遣いが一貫して優勢であり、米遣いはほとんど展開しなかった（京都：五六／〇、大和：二四／一）。この事実を考慮するなら、米の商品化水準（商品流通の発達度）という要因だけで当時の米遣いの展開を説明するのは難しい。各地の通貨行使が分岐した要因を考えるには、通貨行使の在り方がどのような地域的分布を示しているのかを、まず把握することが重要である。

土地売券に記された支払手段から判明する、畿内とその周辺部における通貨行使の様相を眺めると、およそ三つの類型に整理できる。ここで提示するのはごく大雑把な区分であり、同一地域内でも場所によって通貨行使の状況には差異もみられたりするが、ひとまずおおまかな類型をつぎに記そう。

① 畿内中央型：銭建取引が優越――――京都・山城、大和、北近江の菅浦等
② 中央隣接型：銭建・米建取引が並存――近江、摂津、丹波、播磨（姫路）等
③ 畿内周辺型：銭建取引が優越――――河内、和泉、紀伊、但馬、若狭、伊勢等

最初の①「畿内中央型」（以下、「中央型」と記す）は、畿内の中心部をなす京都市中とその直接的な影響圏内にある山城国一帯、および古都・奈良を含む大和国一帯である。さらに、中心部には位置

郵便はがき

料金受取人払郵便

小石川局承認

1072

差出有効期間
2023年4月9
日まで
(切手不要)

112-8731

東京都文京区音羽二丁目
十二番二十一号

講談社
学芸部
学術図書編集 行

ご購読ありがとうございました。今後の出版企画の参考にさせていただきますので、ご意見、ご感想をお聞かせください。

ご住所《フリガナ》 〒□□□-□□□□

お名前《フリガナ》

生年(年齢)
(歳)

電話番号

性別 1男性 2女性

ご職業

小社発行の以下のものをご希望の方は、お名前・ご住所をご記入ください。

・学術文庫出版目録 希望する・しない

・選書メチエ出版目録 希望する・しない

TY 000045-2103

この本の タイトル	

本書をどこでお知りになりましたか。

1 新聞広告で　2 雑誌広告で　3 書評で　4 実物を見て　5 人にすすめられて
6 目録で　7 車内広告で　8 ネット検索で　9 その他（　　　　　　　　）
＊お買い上げ書店名（　　　　　　　　）

1．本書についてのご意見、ご感想をお聞かせください。

2．今後、出版を希望されるテーマ、著者、ジャンルなどがありましたらお教えください。

3．最近お読みになった本で、面白かったものをお教えください。

ご記入いただいた個人情報は上記目的以外には使用せず、適切に取り扱いいたします。

していないが、商業活動のきわめて活発な都市的集落として、京や奈良に類似した環境をもち、近隣地域とは異なる通貨行使の様相を示す北近江の菅浦なども、これに含まれる。この類型の地域では、一五世紀後半から一六世紀中葉にいたるまで銭建取引が（そしておそらく銭遣いも）一貫して優越していた。

これに対して、近江・摂津・丹波・播磨（おもに姫路一帯）などの「中央型」に隣接した各地は、一五世紀後半の段階で銭建取引とともに米建取引が展開する②「中央隣接型」（以下、「隣接型」と記す）として区分可能で、しかも播磨を除き、ともに一六世紀中葉には米建取引が増加している[19]。最後の③「畿内周辺型」（以下、「周辺型」と記す）は、「隣接型」の周囲に存在する河内・和泉・但馬、さらにそれよりも遠方の紀伊・若狭・越前・伊勢などの地域がこの類型のなかに含まれる。これらの地域では、米建取引も多少はみられるものの、「隣接型」とは違って「中央型」のように銭建取引が卓越している。

このような通貨行使の状況をまとめると、畿内とその周辺地域は、京・奈良を中核として銭建取引が優越する「中央型」地域、これらに隣接して銭建・米建の取引が並存する「隣接型」地域、さらにその周囲に位置して銭建取引が優越する「周辺型」地域、という三層構成を形作っていた。ではなぜ、各地の通貨行使状況はこのような様相をみせるのであろうか？　とりわけ「隣接型」地域だけでどうして米建取引が増え、これと対照的に「中央型」や「周辺型」の地域では、銭建取引が一貫して優越していたのか？　まず、「隣接型」地域で米建取引が拡大した理由を検討してみよう。

銭にどれだけ依存しているか

前述のとおり、一六世紀中葉にはある程度の渡来好銭の流入増加がみられるとともに、列島で急速な経済成長も進展した。というよりも、この時期の市場拡大こそが巨大な銭需要を生み出すことで、善悪さまざまな渡来銭を日本に呼び込むことになったととらえるべきである。よって、それなりの好銭の渡来増加があったにもかかわらず、列島の銭遣いが必ずしも拡大しなかったのは、流入した好銭の数量では拡大する銭需要を満たせなかった、つまり流入量を上まわる市場拡大（＝流動性需要の高まり）があったからだろう。このため、精銭の不足（＋内外悪銭の急増）が生じた結果、撰銭トラブルの原因となる悪銭を大量に含んだ銭遣い（≒銭建取引）を嫌って、その代替手段として米遣い（≒米建取引）を選好するケースも増えていった。要するに、当時の市場拡大＝流動性需要の高まりに比べて、渡来好銭（精銭）の流入量が過少だったのである。

とはいえ、既述のように、米遣いの増加はどこでもおなじように展開したわけではない。「隣接型」地域などで米遣いが拡大した背景がいま述べたとおりであるとしても、「中央型」や「周辺型」の地域ではなぜ米遣いの展開がみられなかったのか？　そのおもな理由として考えられるのが、各地域における銭貨の効用（＝利便性）に対する需要度（銭への依存度）の相違である。

畿内中央から離れた「周辺型」地域では、年貢・公事といった貢租の代銭納への需要が高く、総じて貢租の支払手段や隔地間決済手段に使用する基準通貨としての銭に依存する度合いも高いため、銭貨の地位はより安定的・固定的（＝銭貨が地域の諸経済活動に深く組み込まれた状態）であった。これに対して、中央部と隣接して各種貢租の米納などがかなり一般的だった「隣接型」地域[20]は、銭にかわる決済手段として米を活用する（＝貨幣的利用に供する）頻度が高く、銭への依存性も相対的に低いため、時々の通貨事情に応じて取引を銭建から米建へと柔軟に転換することが比較的容易であった。とくに摂津や近江などは商品流通の活発な地域であったから、それだけ流動性需要が大きく、よって精銭不足も深刻であり、銭の代替物としての米に対する需要は大きかったと考えられる。

銭貨の利用が各種経済活動の円滑な遂行に不可欠であった「周辺型」地域は、渡来好銭の流入・流通が多少不足しても、銭建取引や交換手段としての銭貨の利用（＝銭遣い）をたやすく放棄しなかった。これとは対照的に、近江・摂津・丹波などの地域は、米の貨幣的使用を柔軟に導入できたため、米建取引を選択して銭建取引に執着しなかった。

ただし、公家・寺社などの荘園領主が多数居住して膨大な都市的消費人口をかかえ、よって米穀の消費財としての需要も大きい、京都・奈良のような中央部や都市的（商業的）要素が顕著な場所では、商取引や都市的消費生活を円滑に維持するため、銭貨の利便性への需要がきわめて高く、かつ豊富な銭ストック（銭貨の貯蔵量）にも支えられ、銭建取引が根強く選好されていった（京都と奈良の近郊〈山城・大和〉も両都市の影響下にあって、その通貨行使に倣っただろう）。ちなみに、銭建・米建の売券が拮抗した近江北東部に所在する菅浦は、水田に乏しく米穀などの必需品を他地域から購入するなど、自給性が低く商品流通への依存が大きいため、近隣とは異なり銭建取引が一五六〇年代まで優勢であった。この事実は、銭の効用への依存度の違いによる通貨行使の分岐という仮説の妥当性を裏づけるものだろう。

一六世紀中葉の経済変動により、銭貨への依存性が低くかつ商品流通も活発だった「隣接型」地域では米遣いが増加した。他方、銭貨への依存度の高い「中央型」や「周辺型」の諸地域では、銭建取引（＝銭遣い）を強く志向し、これを維持していった。こうした銭の効用への依存性の違いをもたらした要因として、およそつぎの五点が指摘できる。

①都市的消費人口の多寡（「中央型」は多く、「隣接型」は相対的に少ない）

②主穀生産・米の消費財需要の大小（「中央型」〈特に都市部〉は生産が少なく需要が大きいのに対して、「隣接型」は生産が多くて需要が「中央型」より小さい）

③域内における銭ストックの多寡＝渡来銭流入の多寡（京や奈良では多いが、その他の地域では相対的に少ない）

④貢納など遠隔地決済のための銭需要の大小（「隣接型」は需要が比較的低く、「周辺型」は相対的に大きい）

⑤流動性需要＝市場規模の大小（「隣接型」は大きく、対して「周辺型」は小さい）

以上の五つの条件の組みあわせにより生じる銭貨への依存度の相違にもとづき、畿内およびその周辺地域の様相を整理すると、その依存性のきわめて高い京都・奈良などが中央部に位置し、ついで中央部に隣接して銭・米を柔軟に活用した摂津・近江などの地域があり、最後にその周りにはふたたび依存度の高い河内・和泉・紀伊・但馬などの地域が分布している、という構図になる。

ここで注意しておきたいのは、米の商品化水準の高低と米建取引の多寡の間には、直接的な相関性が必ずしもないことである。もし両者の間に高い相関性があれば、米の商品化が最も進んでいる山城や大和・菅浦のような場所でこそ米建取引が増えるはずだが、事実は必ずしもそうではない。結局、個々の地域が諸々の経済活動を営む上で、どれほど銭貨の効用に依存していたのかの違いが、銭建・米建取引の消長に直接影響を与えていたのである。

3. 銭から米へ——一六世紀後半

倭寇ふたたび

さて、一六世紀中葉における倭銀－唐物密貿易の興隆は、未曾有の経済的活況を列島にもたらす一方で、東シナ海域にも大きな変動を引き起こした。それが「後期倭寇」の出現であり、その跳梁によって生じた動乱である。[21]

東シナ海域で日明密貿易を展開した多民族海上勢力は、海禁下において利を求めて非合法な活動に従事する人々だった。それゆえ、彼らは、たんに交易に従事しただけではなく、時には官憲との衝突や競合勢力との抗争をも厭わない武闘集団としても活動し、また取引がうまく進まなければ、容易に海賊（「海寇」）へと化す、という多様な相貌を合わせもつ商業勢力にして海寇的存在であった。前述のように、彼らは一五二〇年代後半から浙江沿海の双嶼をおもな根城として密貿易を展開していったが、その活動が盛んになると、沿海地域の秩序を乱す危険な不穏分子として、明朝当局から次第に問題視されていく。ついで、浙江巡撫兼福建海道提督軍務の朱紈《しゅがん》が登場するに及び、海外渡航が可能な二本帆柱以上の大型船の建造・航行を禁じて海禁の厳守をはかるなど、浙江・福建の海上勢力に対する明朝の取り締まりが本格化していった。

嘉靖二七年（一五四八）四月、朱紈は配下の官軍に双嶼の拠点を攻撃させ、その占領に成功した。密貿易勢力の頭目・許二（前出の許氏兄弟の一人）らは海上に逃亡し、官軍によって島内の建物や遺棄された船舶は焼き払われ、港も木石で埋め立てられ、双嶼は廃港となる。朱紈の指揮のもと浙江・福建近海に展開した官軍は、騒動の元凶とみなされる密貿易勢力を禁圧することにより、沿海部の沈静化に一定の成果をあげていった。だが、朱紈による徹底した海禁の励行は、密貿易の恩恵に浴していた現地の人々の不満を募らせ、やがてその行き過ぎた統制への批判が朝廷内でも湧き起こると、彼は巡撫から巡視へと降格される。さらに、擅殺《せんさつ》の罪（無実の逮捕者を独断で処刑した罪状）を問われて職を辞し、その逮捕命令が下るに及び、朱紈は毒を仰いで自尽した。結局、明朝は双嶼の制圧には成功を収めたものの、その頭目たちの多くが官憲の捕縛を免れたため、海上勢力の息の根を止めるまでにはいたらなかった。

嘉靖大倭寇とその掃討

朱紈が去った後、許二にかわって新たに台頭したのが、徽州出身の海商・王直である。もともと塩商だった王直は、取引に失敗したのち海上に活路を求め、一五四〇年頃には福建漳州人の葉宗満らと広東に下り、日本や東南アジアとの交易に乗り出して富を蓄え、やがて双嶼の密貿易勢力の頭目だった同郷の許二の配下に加わった。そして双嶼潰滅のあと、親分肌の王直のもとにはその残党が集まり、彼らを率いて浙江舟山諸島の金塘山島《きんとうざん》・烈港《れっこう》（瀝港《れきこう》）を新たな拠点に定める（のちに明軍の攻撃を受けて本拠を日本に移した）。さらに王直らは倭人や「番夷」をも引き込み、中国沿岸と日本の平戸・五島の間を往来して密貿易を展開することで勢力を拡大し、嘉靖三一年（一五五二）頃には海上での覇権を握るようになる。

ちょうどこの頃から、双嶼の鎮圧後、鳴りを潜めていた他の海上勢力もふたたび息を吹き返してくるが、官憲の取り締まり強化を受けて彼らの活動はより暴力性を強め、従来の密貿易・海賊行為のみにとどまらず、倭人らを引き連れて江南・浙江の各都市（蘇州・松江・嘉興・湖州・杭州など）を襲撃・略奪するようになっていく。とくに嘉靖三二〜三五年（一五五三〜五六）前後、倭寇の江南地方への襲来はピークに達し、中国沿海部を混乱の渦に陥れた（いわゆる「嘉靖大倭寇」）。もっとも、王直自身はもっぱら密貿易に従事し、一連の襲撃活動に彼が関与した可能性は低いといわれている。[22] また、倭寇勢力なるものも、それぞれの利害により独自行動をとる諸グループ（蕭顕や徐海などの集団）の寄せ集めであって、王直の統制もその隅々にまでは及んでいなかった。[23]

このような状況下、倭寇鎮圧の任に当たっていた浙江総督・胡宗憲は、五島の王直のもとに使者を派遣し、生命や交易の保全を餌に中国へ彼を呼び寄せ、嘉靖三六年（一五五七）一一月、まんまとその捕縛に成功する（二年後に処刑）。また、王直の拘禁と前後した時期から倭寇に対する明朝側の組織だった迎撃体制が整えられ、戚継光《せきけいこう》・譚綸《たんりん》・兪《ゆ》大猷《たいゆう》ら指揮官の活躍もあって、猛威をふるった倭寇の活動はようやく沈静化に向かう。

嘉靖三七年（一五五八）頃、江南方面の倭寇が鎮定され、倭寇勢力は浙江・福建沿海に活動の場を求めて南下していった。しかし、やがて嘉靖四〇年（一五六一）頃には浙江沿海の倭寇が掃討され、ついで嘉靖四三年（一五六四）までに福建における倭寇の鎮圧にも成功し、一〇年以上に及んだ「嘉靖大倭寇」は一五六〇年代半ばまでにほぼ平定される。

閉じられた蛇口

ところで、ここに記した後期倭寇をめぐる一連の騒動は、貨幣史とも密接に関連するふたつの事象を生起させた。ひとつは一六世紀中葉における好銭・私鋳悪銭の日本への大量流入だが、これはすでに触れているのでいまは繰り返さない。そしてもうひとつは一二世紀以来連綿とつづいた日本への渡来銭流入の終焉であり、これにともなって発生した西日本での銭から米への主要通貨の転換（＝銭遣いの大縮小）である。近年の研究成果によれば、これらの出来事は一五七〇年代前後に発生した。

話の順序として列島における銭貨流通の縮小から述べよう。この事象を最初に指摘したのが、浦長瀬隆の研究である［浦長瀬 二〇〇一］。その研究を参照すれば、銭貨流通の縮小過程は大略つぎのようである。一五六〇年代後半～七〇年代前半のきわめて短い期間に、西日本一帯においてほぼ一斉に銭遣いから米遣いへの貨幣流通の大きな転換がみられた。米はおもに高額取引へ、銭は零細取引や地域間決済へと、銭貨の使用局面が大幅に縮小していったのである。その後、一五七〇～一六一〇年代にかけて地域差をともないながら、銀遣いが徐々に各地に普及していった[24]。そして、さきの米遣いの普及を前提として、一五八〇年代に始まる太閤検地によって日本では石高制が成立する。

　このような日本史側の新事実の発見と呼応して、中国史研究でも、黒田明伸によって渡来銭流入の終焉をめぐる有力な見解が提示された［黒田 二〇一四：第五章］。さきに触れたとおり、一五六〇年代半ばまでに福建方面の倭寇は鎮圧されていくが、このために倭寇勢力がそれまで行っていた日本―福建間の倭銀―唐物密貿易も中断を余儀なくされた。また倭寇の一大根拠地であった福建漳州は、日本にとっては好悪さまざまな渡来銭を提供する供給地でもあった。したがって、福建からの倭寇勢力の掃討とは、当地からの渡来銭供給が途絶えることも意味していたのである。

　これに加え、一五七〇年代になると、一六世紀中葉からアメリカ大陸で爆発的な量産が始まる新大陸銀の中国への流入という新たな事態も発生した。海外物産への需要が高まる状況下、厳しすぎる貿易統制はかえって沿海民たちの反発を生んで反社会的活動を助長してしまうとの反省から、明朝は倭寇平定が一段落した隆慶元年（一五六七）に海禁を緩和し、福建漳州から東南アジア方面への華人の渡航を認めていく[25]（ただし、日本への渡航は禁止されたままであった）。これを契機にして、新大陸銀が倭銀とともに中国に大量流入することになる。

　新大陸銀はフィリピンのマニラを経由して漳州に運ばれたが、当地では前述のとおり私鋳悪銭の鋳造も盛んに行われていた。ところが、新大陸銀の流入は当地の通貨を銭から銀へと急速に転換させ、その結果として漳州一帯の銭貨流通が途絶してしまう。[26]かくて倭銀―唐物密貿易が中断すると同時に、日本に銅銭を供給する「蛇口」も閉じられ、その銭貨流通を支えていた中国銭が渡来しなくなることにより、列島における銭遣いも大幅に縮小し、かわって当時の日本で最も信頼するに足る財貨だった米穀の貨幣としての活用が格段に広まっていく。一五七〇年代前後の銭遣いから米遣いへの変化は、倭寇の鎮圧と新大陸銀の中国流入の結果として生じ、さらには日本の政治・経済体制にも一大変革をもたらす。それが石高制の成立であった。

戦国大名・浅井氏の撰銭令

さて、一五七〇年代前後に渡来銭流入は途絶し、列島の銭貨流通も大幅に縮小していったが、これ以降も列島における渡来銭流通はなお命脈を保ちつづけた。よって、その動向をもうすこしだけ追跡しておきたい。

精銭を中心とする銭遣いが浸透していた畿内とその周辺地域では、一五六〇～七〇年代における銭遣いの縮小と米遣いの拡大は、永禄一一年（一五六八）の近江国で最初に確認され、ついで同一二年（一五六九）の奈良、元亀元年（一五七〇）の播磨・但馬国、同二年（一五七一）の京都、同三年（一五七二）の山城国、天正元年（一五七三）の若狭・大和・丹波国、同二年（一五七四）の和泉国、といった時系列展開をみせる。[27] これを踏まえ、浦長瀬隆は米遣いが近江・奈良から広がって畿内各地に波及したととらえ、銭から米への転換の原因を、撰銭令の発布により引き起こされた銭貨流通の混乱に求めた。こうした脈絡のもと、米遣いへの転換に先立つ永禄九年（一五六六）九月に出された、北近江の戦国大名・浅井氏によるつぎの撰銭令に、浦長瀬は注目する（なお、奈良の場合も、大和の領主である興福寺が永禄一〇年〈一五六七〉正月に撰銭令を発布していた）。

一、ワれ

一、うちひらめ、文字のなき
一、弐銭の外《ほか》、如何様の公用為《た》りと雖《いえど》も、之《これ》を執《と》り渡すべし。撰《え》り出すに於いては、重科に処すべきの事。

〈「浅井長政料足掟書案」永禄九年九月一日、佐藤進一・百瀬今朝雄編 二〇〇一、所収〉

この浅井氏の撰銭令では、われ銭と文字のない無文銭という最劣悪銭である二銭種だけの撰銭を認め、それ以外の精粗さまざまな銭貨については、「善銭」（精銭）との等価通用を命じている。これらの雑多で多様な流通銭の等価通用を強制する撰銭令に違反することなく、さらに善銭と悪銭の等価通用を甘受することも回避するため、近江の人々は銭遣いの継続をあきらめ、もっとも普遍的で安定した価値物である米の貨幣的使用を選択した、と浦長瀬は論じる。[28]

もっとも、浦長瀬の主張については、撰銭令がもつ強制力・実効性を過大評価しており、むしろ当時の撰銭令は実効性がなかった、との批判が出されている。[29]また、米遣いの時系列的展開からみても、撰銭令を米遣いへの転換の原因とみなすことは難しい。米遣いへの転換が最初にみられたのは確かに近江や奈良であるが、これらにつづいたのは両地に隣接する地域ではなく、むしろ西にだいぶん離れた播磨や但馬であり、その後に京都がつづいた。たとえ近江・奈良が周辺地域に大きな影響力をもつ「広域流通の結節点」であった点を考慮したとしても、さきの時系列的展開のなかに地域的な波及・影響関係を読み取るのはいささか無理を感じる。どこか特定の場所から最初に始まった米遣いへの転換が、他の地域へつぎつぎに波及するような因果連鎖の関係はとくに見出せない。前述のように、やはり渡来銭の流入途絶による精銭の稀少化が精銭中心の銭遣いの維持を困難とさせ、各地の通貨環境（銭依存度の高低や銭需要の大小、銭ストックの多寡など）の違いによって銭遣いの縮小に遅速を生じさせた結果が、さきの時系列的展開に反映されているとみるべきである。

もっとも、銭貨流通のその後の展開を考えると、浦長瀬が注目した浅井氏の撰銭令はやはり重要である。なぜなら、最劣悪銭以外のすべての銭を等価通用させようとしたこの撰銭令の基調は、のちにみられる銭貨流通の展開、すなわち銭貨の「階層性の収束」（精銭を含めた多様な通用価値をもつ流通銭がともに「ビタ銭」という同一のカテゴリーに包接されていくこと）という動向と共通した方向性をもち、さらにこのような方向性は、寛永通宝発行（寛永一三年〈一六三六〉）以前の徳川幕府の通貨政策（ビタ銭を軸にした銭貨の統合）とも通底しているからである。[30] 浅井氏撰銭令の発布は、天正一〇年（一五八二）九月に出された奈良の筒井順慶の撰銭令[31]などと同様、精銭が枯渇して悪銭が主流化することで生じた混乱（撰銭の激化など）に対応して、銭貨流通秩序の維持をはかろうとしたものであったととらえられる。

流入途絶によって、精銭が稀少化して実体のない計算貨幣（計算単位）となっていく状況下（「精銭の空位化」[32]）、もし銅銭の大量鋳造を行わず、銭遣いをそれなりの規模で維持しようとすれば、最劣悪銭以外の多様な流通銭をみな等価通用する方向しか選択肢はなかっただろう。それゆえ、浅井氏撰銭令の基調は必ずしも現実を無視した乱暴な法令ではなく、むしろ当時の銭貨流通の状況（つまり流通銭の実態）を踏まえた現実的な解決策であった。だからこそ、のちに江戸幕府はこれを寛永通宝の発行（一六三六）以前における通貨政策の基調として継承し、ビタ銭（「京銭」とも呼ばれた）による銭貨統合をはかっていったのである。[33] 永禄一二年（一五六九）に京都・大坂などで出された織田信長の著名な撰銭令のような方向性、[34] すなわち銭貨流通の維持のため、悪銭を含む通用価値の異なる複数銭貨を併用させるような措置（銭の「階層性」の公定化）は、精銭が稀少となり悪銭が主流化する状況に対して有効性をもたなくなっていった。

米遣いを促したもの

以上のように、浅井氏撰銭令はある程度現実的な対応策だったとみられるが、しかし実際には最劣悪銭以外の銭の等価通用は即座に実現されなかった。その逆に、畿内を中心とする西日本は、主流化しつつも低い通用価値しかもたない悪銭を稀少化・名目化しつつある精銭の代替物として当初受け容れず、その使用を忌避して米遣いを選好した。銭貨流通の維持には最劣悪銭以外の銭貨の等価通用を選択するしかない状況にもかかわらず、人々はそうした対応をとらず（あるいはとれず）、悪銭が主流化する銭貨流通状況の受容を拒絶していったのである。そしてこのことは、銭遣いの縮小＝米遣いへの転換に向かうことをも意味していた。

とはいえ、銭遣い自体は、使用局面を大幅に縮小させつつも、路銭（旅行時の支払手段）・贈与・零細取引・地域外決済などの局面でなお存続し、完全には消滅しなかった。[35] 人々は悪銭の主流化を即座に受容しなかったものの、米遣いへの転換後も、銭遣い（銭の効用）に対する需要は根強く存在しつづけたのである。また、市場拡大＝流動性需要の増大は、図表1の市場法・社寺保護法の発布動向などを参照すれば、一六世紀後半にも依然として継続しており、銭に対する需要が拡大することはあっても低下することはなかったと考えられる。
このような事情もあって、人々は流通界で主流化した悪銭を次第に基準銭として受け容れ、ワレ銭・無文銭といった最劣悪銭を除く多様な銭貨を等価通用する方向（＝ビタ銭の基準銭化）へと進む（銭の「階層性の収束」）。ただし、このビタ銭の基準銭化は、精銭が基準銭であった以前の状態への回帰を意味しない。一五七〇年代前後の銭遣いの縮小をうけ、一六世紀末の時点では高額取引において金や銀の貨幣的使用が広まり、また小額取引の局面でも米遣いが引き続き行われた。ビタ銭の基準銭化という事態は、米や金・銀遣いの拡大・普及を前提として、これと並行しながら進展していったのである。[36]やがて一五九〇年前後になると、必ずしも供給が潤沢ではない悪銭（＝ビタ銭）も、その通用価値を急速に上昇させていった。[37]
こうしたことを踏まえるなら、一五七〇年代前後に頻発された撰銭令とは、渡来銭（とりわけ精銭）の流入途絶にともなう精銭の稀少化・悪銭の主流化（これが必然的に撰銭を激化させた）の結果であった。また、米遣いへの転換も、撰銭令発布の有無にかかわらず、精銭の不足（→悪銭の主流化）という事態を受け、人々が精銭の代替物として悪銭をそのまま受容することをいったんは忌避したために引き起こされた現象といえる。
では、なぜ近江北東部で最初に米遣いへの転換が生じたのか？　その理由は、前述した銭依存度の低さ、商品流通の発達度（＝流動性需要の高さ）、京都と比較した銭ストックの少なさなどの要因が重なったことで、当地において米遣い（＝銭遣いの縮小）がいちはやく展開したからと考えられる。また、銭依存度の高かった北近江の菅浦は、周辺地域にやや遅れて一五七〇年前後に米遣いへ転換したが、一五七一年の京都での米遣い転換よりはやや先行しているのも、菅浦が京都に比べて銭ストックに乏しかったためだろう。おなじく「中央型」に属する奈良が京都よりもはやく米遣いに転換したのも、菅浦と同じ理由による。「畿内周辺地域では銭の使用から米の使用への変化の時期が早く、中心地域になるほど遅くなり、京都が最も遅い」[38]と指摘される傾向は、個々の地域における銭ストックの多寡に起因している。

結局、一六世紀中葉と一五七〇年代前後では、米遣いを促した要因に多少違いがあった。一六世紀中葉には、倭銀—唐物密貿易の急速な興隆による流動性需要の急拡大が福建からの善悪さまざまな渡来銭の流入を呼び込み、そのため列島での銭貨流通の棲み分け現象が明瞭になると同時に、「中央隣接型」地域では米建取引を増加させていく。つまり、米遣いの増加は、流動性需要（とりわけ精銭に対する需要）の急増が渡来銭の供給量を上まわって精銭の不足を招く、という需要サイドの要因がおもに働いたことで起こったのである。

これに対して、一五七〇年代前後の場合、日明密貿易の途絶と新大陸銀の中国流入などによって、渡来銭（とりわけ好銭）の流入が突如途絶し、列島における精銭の稀少化が急速に進展するとともに、悪銭（ビタ銭）が流通界で主流化した。その枯渇のために精銭は基準通貨としての役割が果たせなくなり、米・金・銀による役割代替が進行し、さらに一五九〇年前後からは、かつて低い通用価値しかもたなかったビタ銭が価値を上昇させ、その代替的役割の一端を担って基準銭になっていく。

西日本における米遣いへの転換は、大陸からの渡来銭流入の途絶という供給面の要因がおもに働いて生じたと理解できる。もちろん、この時期にも市場の拡大＝流動性需要の増大は進んでいたので、需要サイドの要因も精銭の稀少化に拍車をかけただろうが、より大きかったのは供給サイドの要因の方であった。一六世紀中葉と一五七〇年代前後にはこうした需要サイドと供給サイドという要因の相違がみられる一方、共通点も存在している。それは、ともに精銭の不足（悪銭の増加）が米建取引（＝米遣い）の増加を引き起こしたことである。

ちなみに、伊勢・美濃あたりをその境とする東日本では、西日本のように銭遣いから米遣いへの劇的な転換はみられなかった。[39] 東日本の様相については不明瞭なところが多いものの、およそつぎのような理由によるものと考えられる。すなわち、東日本は渡来銭の流入途絶以前より中央から遠く離れているがゆえ、精銭入手に困難を抱えてその不足に悩まされており、かつ畠作地が多くて米のような普遍的価値物に乏しい土地柄であるため、銭の効用に対する依存性も強かった。[40] このため、一六世紀中葉以降、関東地方などでは精銭以上の価値を付与された永楽銭の「超精銭化」（＝精銭の非基準通貨化）が進行するとともに、東北地方などで典型的にみられるように無文銭や粗悪な模鋳銭が主流化するなど、精銭に依存しない銭遣いの慣行が徐々に形成されていった。こうした事情により東日本においては、渡来銭（とりわけ精銭）の流入途絶にともなって悪銭（ビタ銭）が主流化する事態を、精銭にふかく依存していた西日本のように拒絶することなく受容し、銭建取引（＝銭遣い）を維持していったのではないだろうか。

ただし、東日本にあっても渡来銭流入の途絶により銭遣い自体は縮小した。たとえば後北条氏は、永禄・元亀年間（一五六〇～七〇年代初頭）以降、精銭納が原則だった税負担（段銭・棟別銭など）を黄金・米・漆・綿等の現物納で行うようになり、やがて精銭納から米納へと転換していった。[41] この場合、税額は銭建て（基準通貨は銭貨のまま）だが、実際の支払いは他の財貨（穀物・布帛・貴金属など）で行われた。要するに、精銭を中心とする銭貨流通秩序を有していた西日本とは異なり、精銭に必ずしも固執しない銭遣いの慣行が広まっていた東日本では、渡来銭の流入途絶時にも稀少化した精銭にかわって他の銭種（永楽銭やビタ銭）を中心に据えた銭貨流通秩序を比較的スムーズに構築し、銭貨を基準通貨とする状態が継続されたため、西国のような銭遣いから米遣いへの劇的転換も明瞭な形では発生しなかったのである。

ここまで日本を中心とする貨幣・経済動向について多くの紙数を割いてきた。最後に駆け足とはなるが、倭銀登場以降の東アジアにおける貨幣・経済動向について近年の研究成果を参照しながら述べていこう。

4．銀でつながる東アジア

新大陸銀の参入

一六世紀中葉以降、東アジアでは日本の銀山開発が進展して、大量の倭銀が出まわるようになった。そのおもな輸出先は中国大陸であり、日本人は銀によって中国から絹製品や陶磁器などの唐物を大量に輸入し、これが当時の列島経済に活況をもたらす一因ともなった。しかし、成長する中国経済の巨大な銀需要は、倭銀だけで癒されることはなかったようである。

新大陸銀（スペインドル：左・打造〈17〜18世紀頃〉と右・機械製〈18世紀中葉〉）

馬蹄銀（中国銀両の一種〈清朝末期のもの〉）

というのも、倭銀流入以降も依然として中国の銀建物価は停滞したままであり（図表10・11など：一三四・一三五頁）、しかも社会における「銀不足」の声（前出の郭子章「銭穀議」など）は途絶えることがなかったからである。あたかもこうした不足を癒すかのごとく、一五七〇年代からアメリカ大陸で爆発的に産出された銀（いわゆる新大陸銀）が中国へ大量に流れ込むようになる。

アメリカ大陸においては、一五四五年にポトシ銀山（現在のボリビアのアンデス山中）が発見され、一五七〇年代より銀鉱石から水銀を用いて銀を抽出する「水銀アマルガム法」の採用などによって産

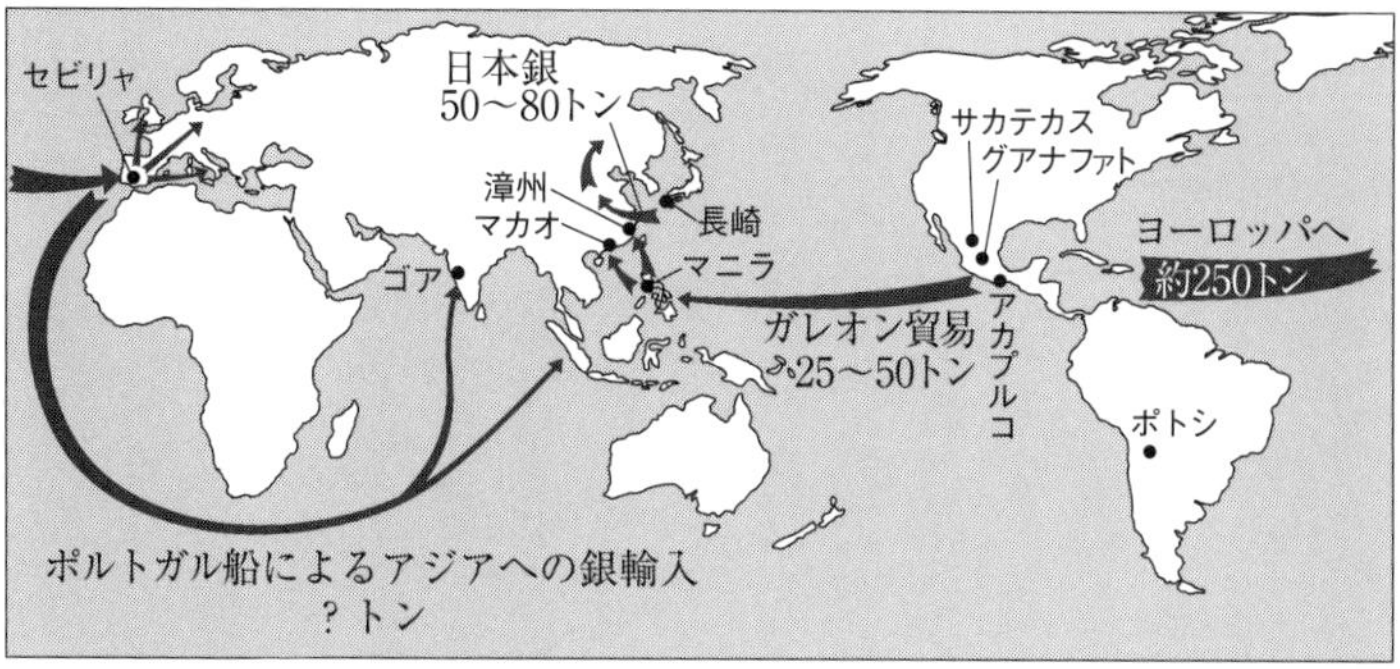

1600年前後における銀の移動

出量が急速に拡大した。また、おなじ頃にメキシコのサカテカス銀山やグアナファト銀山でも採掘が始まるなど、一六世紀後半以降、新大陸銀が爆発的に量産されるようになる。ポトシ銀山を中心とする新大陸銀は一六世紀における世界の銀産出総量の六〇～七〇％を占めたと推定されており[42]、これに対して日本銀のシェアは三〇％ほどであった[43]。

新大陸銀の中国への流入経路は、太平洋を横断してフィリピンのマニラ経由で流入する西まわりルートと、ヨーロッパに流れ込んだ銀がアジア経由で流入する東まわりルートの二つがあり、当時の新大陸を支配したスペイン人たちが銀（スペインドル銀貨または銀塊）と交換に求めた物産は、日本と同様、生糸・陶磁器を始めとする中国の物産（唐物）、とりわけ絹製品だった。スペインによる新大陸の征服事業が一段落すると、メキシコの上流階級（スペイン人や彼らとインディオの混血であるクリオーリョ）はより贅沢な消費生活を享受して、なかでも絹衣裳が支配階級のステイタス・シンボルとして欠かせないものとなる。絹衣裳ブームは一六世紀後半には特権社会の枠を越えて被支配階層の黒人女性やムラータ（白人と黒人の間に生まれた混血女性）にまで急速に普及した。このブームを支えていたのが中国産の絹製品であった。本国スペインでも絹は生産されていたが、それらは質や価格の面で中国製のものには及ばず（一六世紀末ごろスペイン産絹と比べ、中国産は三分の一以下の価格だった）、メキシコではあまり人気がなかった［木村正弘 一九八九］。

このように絹・陶磁器などの物産を有する中国は東西から貪欲に銀を吸収し、銀流入のピークである一七世紀初頭には日本銀や新大陸銀を合計した年間流入額が一〇〇トン（約二七〇万両）を超える規模に達し、その規模は世界の総輸出額の四分の一ほどに相当したともいわれる。[44] 既述のとおり、一五六〇年代後半～七〇年代に日本の銭貨流通を支えた中国からの渡来銭供給が停止して、西日本では短期間のうちに銭遣いから米遣いへと転換し、加えて一五七〇年代以降になると銀遣いが列島各地で徐々に広まり、米遣いの普及を前提として石高制も成立して徳川幕府に引き継がれていった。こうした流れを踏まえれば、列島における流通手段の転換や石高制の成立は、「一国史」を超えたグローバルな文脈から理解されねばならない。

辺境の「商業ブーム」

中国では新大陸銀の流入を契機として銀遣いが飛躍的に拡大し、銭遣いを圧倒するようになる。江南地方では、穀物などの日常取引でも嘉靖～万暦年間（一五二二～一六二〇）を画期として米価表示が銭建から銀建へと転換し［浜口福寿 一九六九］、銀が地域内の交換媒体としても盛んに活用されていく。かくて対外交易・遠隔地間交易、域内取引において銀を広範に行使する状況が出現した。

ちなみに、日本や新大陸から流入した銀は中国の北方にも駆け巡り、東南沿海部とおなじように、北の辺境地帯でも一種の「商業ブーム」を巻き起こす。[45] 一四五四年のオイラト首長・エセンの死後、モンゴル高原は群雄割拠の状態となり、明朝に対するモンゴルの圧迫も一時的に弱まった。この間、北辺には華人（おもに軍人や商人）が「華」と「夷」の世界を分かつ境界である万里の長城を越え、その外で遊牧民との密貿易を活発に行うようになり、一六世紀以降この動きはさらに加速する。

一五世紀末頃、タタール[46]のダヤン・ハーンがモンゴルを再統一し、ついで一六世紀中葉にはダヤンの孫のアルタン・ハーンが台頭すると、モンゴルは朝貢貿易の再開を求めて中国への侵入を繰り返した。嘉靖二九年（一五五〇）八月にはアルタン軍が長城を越えて南下し、八日間にわたり北京城を包囲する（「庚戌《こうじゅつ》の変」）。北方防衛のため、明朝の軍事支出は増加の一途をたどって、毎年巨額の銀が北辺で放出されるようになり、この銀を目あてに各種の中国物産が当地に流れ込んだ。さらに、華人たちが遊牧民との密貿易を活発に展開することで、モンゴル側の中国物産に対する需要もいっそう高まり、銀流動の拡大とともに北辺は好況にわく。やがて隆慶五年（一五七一）に明朝とアルタンとの間で和議が成立し（「隆慶和議」）、大同・宣府などの北部国境地帯では交易場（互市場）が定期的に開かれ、モンゴルの馬などの家畜や毛皮と、中国の織物・穀物などとの取引が銀を媒介として活発に行われ、北辺の交易規模は拡大しつづけた。

銀の大流動を契機に中国の南北辺境で出現した「商業ブーム」は、そこから大きな富を吸収して蓄えた経済力を背景に強大な軍事力を保有し、周辺勢力を統合して一大勢力を築き上げる商業・軍事的な新興勢力の成長を、東アジア各地で促していった。国際交易とつながり鉄砲などの新技術を導入して天下統一を成し遂げた織田信長や豊臣秀吉もこうした新興勢力の一例であり、また貂皮や朝鮮人参の国際交易の恩恵を受けて勢力を拡大したのが、満洲（現中国東北地方）より興起してのちに清朝を建国する女真（ジュシェン）勢力であった［岸本美緒・宮嶋博史 一九九八］。

中国における銀流動の拡大にやや遅れるが、朝鮮でも、天正二〇年（一五九二）四月に始まる豊臣秀吉の朝鮮侵攻（「文禄・慶長の役」）の際、半島に進駐した明軍による銀の大量放出を契機として、銀遣いがソウルを中心とする地域で普及していった。さらに、一六一〇年代に入ると倭銀の流入が再開し、唐物（とりわけ生糸）を対馬に供給する中継貿易の盛行などもあって、一七世紀後半に銀流通は最も盛んになっていく。[47]また前述のとおり、倭銀の産地である日本列島でも、ほぼおなじ時期に銀遣いが始まる。このように一七世紀前半には中国・朝鮮・日本の三地域において銀遣いが拡大し、それがさらなる動乱の火種を播くのであった。

価格革命とシルバー・ラッシュ

一七世紀前半は日本や新大陸の銀産出がピークを迎え、その中国への大量流入がみられた時期である。これにともなって東アジアでは急速な銀安傾向が進み、銀価格は均一化していく。たとえば日本の金銀比価は、一六世紀前半まで一：五〜六という水準であったが、倭銀の量産化が進展した一六世紀後半になると一：一〇となり、一六二〇年代には一：一三といった同時代のヨーロッパ並みの水準に達する。中国の場合、一五世紀〜一六世紀初には一：五〜六ほどで、以後も海外からの銀流入はあったものの長らくこの水準を維持し、やがて日本に二〇年ほど遅れた一六四〇年代に一：一三の比価となる。[48] こうした金銀比価の平準化とともに、倭銀や新大陸銀の世界的大周流（いわゆる「シルバー・ラッシュ」）は、各地で長期にわたる銀建物価の上昇＝「価格革命」を引き起こした。[49]

「価格革命」とは物価の騰貴現象（＝長期のインフレーション）のことを指し、新大陸銀が最初に大量流入したスペインから始まり、やがてヨーロッパ各地に伝播していったとされている。ところが、実際には新大陸銀はスペインを素通りしてそのままヨーロッパ各地へ流出したため、スペイン国内の銀保有量は終始それほど多いものではなかった。スペインでは、銀保有量が増加したために銀価格が低落して銀建物価を上昇させたとは必ずしもいえない。つまり、一国で保有される銀の数量と銀建物価の高騰に直接的な因果関係は存在せず、「一国の物価水準は貴金属の保有量に比例する」ととらえる貨幣数量説的な理解では「価格革命」は説明できない（「貨幣数量説〈価格×商品量＝貨幣量×流通速度〉」の否定）。とはいえ、「価格革命」という現象はシルバー・ラッシュとまったく無関係でもなかった。では、両者の間にはどのような関連性が存在したのか。

この問題に対する有力な説明は、つぎのようなものである。[50] すなわち、銀の価格が一国における銀の生産量や流通量といった、ローカル・レベルの需要・供給関係とは無関係な次元で決定される、ということである。つまり、産銀国にも非産銀国にも、自国内の銀保有量とは関係なく、取引時には一国を超えた国際市場における銀価格（国際統一価格）が適用される状況が生まれた。このような状況は、現在のダイアモンド取引のように、その生産地・非生産地に関りなく、単一の国際価格が適用されて世界各地においてほぼおなじ価格水準のもとで取引されている状況を想起するとわかりやすいだろう。

シルバー・ラッシュを契機として各地域間で銀価の均一化が進行するとともに、銀の国際的統一価格が形成されていく。日本や新大陸での銀の大量生産によって国際市場の銀ストックは次第に増加するため、銀価格も継続的に下がることになる。一国の銀価格は国際市場における単一価格によって決定されるため、新大陸銀がそのまま国外へと素通りしていったスペインでも銀価の下落が進み、銀で表示される商品価格の上昇＝インフレーションが発生したのである。

銀と明清交替

もうひとつ、シルバー・ラッシュによって東アジアにもたらされた現象があった。それは、生糸や穀物などの限られた商品が銀との相対価格をとくに上昇させていったことである。[51]商品としての広範な需要をもち、それゆえに価値保蔵手段としての役割も普遍的に認められていた生糸や穀物は、ともに交換可能性の非常に高い商品であった。これら広範・普遍的な需要をもつ財貨が、一六世紀後半〜一七世紀前半のシルバー・ラッシュにともなって、おなじく高い交換性をもった銀との結びつきをとくに強め、その銀純分で表示される価格水準を押し上げていったのである。こうした趨勢のもと、中国は一六世紀以来の長期にわたる銀建物価の停滞状態を脱し、一六一〇〜二〇年代頃から銀建米価を上昇させ、一六〇〇〜五〇年の間に米価が二倍になる。[52]そして、この穀物や生糸の価格騰貴が中国や日本の歴史動向に大きな影響を及ぼしていくのであった。

というのも、地域内の需要や供給とは無関係に、米穀が高値につられて地域外へと大量に持ち出され、このために米穀が不足する事態をしばしば発生させていったからである。[53]日々の暮らしになくてはならない生活必需品である主穀（米など）を、最低限必要な量すら確保できない事態の発生は、現地の人々にとって死活問題であった。こうした食糧不足のため、地元の人々が地域外への穀物流出を実力で阻止する行動に出たり（「遏糴《あつてき》」）、買い占めを行う穀物商を襲ったりする（「搶米《そうまい》」）などの食糧暴動が、江南地方や穀倉地帯の湖北一帯などで頻発した。銀との交換性を高めた穀物は、地域内の需要・供給と切り放され、各地の価格変動に敏感に反応して流出入を繰り返し、これが社会の不安定要因を形成していったのである。

新大陸銀の大量流入が始まる万暦年間（一五七三〜一六二〇）あたりから、中国では凶作時における異常な米価騰貴やそれにともなう食糧暴動が社会問題化したが、こうした社会不安は明朝最末期の一六四〇年代に頂点に達する。この頃、地域内の需給とは無関係に穀物が流出入する前述した事態に加え、崇禎七〜一三年（一六三四〜四〇）における連年の大旱魃により発生した極度の凶作が飢餓状況をいっそう悪化させていったからである。

とりわけ、土地の痩せた北中国（華北地方）では、農業生産性の高い穀倉地帯を後背地に抱える南の江南地方よりも、さらに深刻な飢餓に見舞われた。この時の山東や河南の穀価は江南の南京の二〇倍にも達し、これに比べれば南京の「災荒」はまだ「楽国」だったと記している史料もあり（呉応箕『留都見聞録』巻下）、華北における飢餓の惨状をうかがい知ることができる。このように次第にエスカレートする飢餓状況が困窮した華北の農民たちを反乱に駆り立て、農民反乱の活動を当地で激化させていったのである。

そしてついに崇禎一七年（一六四四）四月、李自成を頭にいただく農民反乱軍が明の国都・北京を陥落させ、時の皇帝である崇禎帝が自害することによって、明朝はあっけなく滅亡してしまう。その後、満洲から南下した清朝軍が李自成軍を破って北中国の覇権を握り、ついで江南地方の制圧にも成功すると、新たな支配者として中国全土に君臨した（明清交替）。

ここで興味深いのは、当時の清朝が本拠にした満洲地方も、華北に勝るとも劣らない飢餓や穀価の高騰に苦しめられていた事実である。「国人が飢えるようになって、穀一升の価が銀八両となっていた。民は人肉をも食べた。その際、国には銀が豊かであったが、商売する場がないので、銀の価は廉《やす》く、諸物の価は高くて……盗賊が起って牛馬を盗み、人が殺し合う混乱が起った」[54]という悲惨な飢餓状況に満洲は陥っていた。このような苦境から脱け出すため、清朝は富・食糧の獲得を目指して中国への南下政策を推進したのである[55]。清朝が置かれていた窮境こそ、彼らを他の商業・軍事勢力より抜きん出させ、中国征服という事業へ向かわせる大きな駆動力になったのである。

これらの事実を踏まえるなら、華北の農民反乱軍と満洲の清朝軍は、ともに当時の極度に悪化した飢餓状況に突き動かされ、明朝との戦いをエスカレートさせていたことがわかる。両者の反明行動は、同一の要因に突き動かされたものだった。銀流動の拡大にともなう市場の不安定化や大凶作の発生などにより醸成された華北と満洲の飢餓状況が、内外の反明勢力（農民反乱軍と清朝軍）による意図せざる挟撃・連係プレーを生み、ついには明清交替を引き起こす。これこそが中国版「一七世紀の危機」の内実であった[56]。シルバー・ラッシュは、たんに経済成長だけではなく、否定的な影響をも中国社会にもたらしたのである。

鎖国の経済的意味

おなじ頃、日本でも穀物や生糸の銀建価格の騰貴が発生していた。一六〇〇〜三〇年代にかけて米価は六・三倍も騰貴し、生糸の価格もまた一六〇〇〜三〇年代に三倍以上の高騰を記録した。[57]海外との交易に対して何の統制も加えず開放したままの状態では、穀物価格などの高騰を誘発する銀安（物価騰貴）の影響をモロに受けてしまう。このために江戸幕府がとった措置こそ、物価騰貴を誘発する国際市場の直接影響下からの離脱、すなわち鎖国だった。

幕府はすでに鎖国以前の段階で、輸入唐物の大部分を占めて高騰をつづける中国生糸の取引価格を抑える価格抑制策である糸割符《いとわっぷ》制（指定商人による輸入生糸の一括買い取りと所定の割合にもとづいたその配分・販売の制度）を導入し、国際的価格水準で中国生糸を大量輸入することで国際市場の影響下に日本が包摂されないための措置を取っていた。鎖国は、こうした取り組みの延長線上に位置づけられる貿易統制策という側面をもつ。寛永一〇年（一六三三）二月の最初の発令から同一六年（一六三九）七月までに出された五次にわたる「鎖国令」によって、日本人の海外渡航の制限（ついで禁止）や輸入生糸の価格抑制（糸割符制）、外国貿易船に対する統制（中国船との取引管理やポルトガル船の追放、オランダとの出島通商など）が実施される（これら一連の措置を通じて鎖国後も貿易規模は維持・拡大された）。鎖国による対外貿易の管理・統制を推進した江戸幕府は、物価騰貴を誘発する国際市場から日本市場を隔離して国内経済秩序の安定をはかり、ついには一連の物価騰貴現象を抑えることに成功していった。

国際市場の直接的影響を遮断した鎖国日本と放置したままの明朝中国。日中両国のシルバー・ラッシュへの対応は正反対なものといえ、その結果も明朝と徳川幕府でまったく対照的な帰結（王朝の崩壊と政権の安定・強化）をみた。銀の大周流にともなう銀価の下落現象は、明清交替や鎖国日本成立の遠因であった。ちなみに、一六世紀以来の世界的なシルバー・ラッシュは、一七世紀中葉までに東アジアを含めた世界各地の銀価格を均一化し、この平準化が地域間の価格差にもとづく貿易利潤を急速に縮小させ、さらに明末清初の諸動乱なども重なった結果、東アジアにおける交易活動はしばしの沈滞期に入る。そして、これらと歩調を合わせるように日本や新大陸の銀生産も減少し、[58] シルバー・ラッシュの時代はひとまず終焉した。

この間、日本では、慶長六年（一六〇一）に発行された計数貨幣（枚数・個数にもとづいて通用する貨幣）の金貨である慶長小判と既存の流通銀（灰吹銀）よりも純度の低い秤量《しょうりょう》貨幣（重量・品位にもとづいて通用する貨幣）である慶長丁銀（純度八〇％）、金銀貨に遅れて寛永一三年（一六三六）以降に大量鋳造をみる寛永通宝という三つの異種通貨が通行するようになる。東アジアとの経済的結びつきが強く、かつ銀山も数多く分布していた西日本では銀遣いがおもに浸透し、幕府の政治的中心である江戸が存在して、また金山にも恵まれていた関東を中心とする東日本では金遣いがおもに展開した。

銀遣いの西国とは異なって、わざわざ東国を金遣いに導くことは、銀安傾向が強い国際市場の直接的影響を幕府の政治的中心部が受けることを未然に防ぎ、その政治的経済的な安寧実現のための環境を提供する効果をもっていた。また、銀遣いが優勢だった西日本では、一七世紀後半に銀生産が減少して通貨不足になると、その不足を解消する手段として、この頃から各種の藩札が各藩により独自に発行され、地方通貨の中心としての地位を次第に確立して、藩内のさまざまな経済活動の遂行を支えた。[59]

　このように、価格抑制策としての鎖国や東西における金・銀遣いの分立など、変動の激しい国際価格動向に対する緩衝物を何重にも設けて通貨面での「鎖国」を推し進め、最終的に日本は国内物価の管理を可能とする金銀銭の三貨制（＋地方通貨としての藩札）を確立していった。また、いつまでも海外物産の輸入に依存したままでは、真に国際市場の影響下から脱け出すことはできないため、それまで輸入に頼っていた物産（綿・生糸・砂糖・陶磁器など）の国産化が目指され、日本は自給性の強い経済圏の構築を志向し、一九世紀初頭までにその目標をほぼ達成する［川勝平太　一九九一］。

清朝の「盛世」

　これに対して清朝中国は、国際通貨である銀のために動揺しやすい地域経済の流動性を安定的に維持するため、一八世紀半ばにおける乾隆通宝の大量鋳造を通じて、通貨を地域間決済通貨（銀）と現地通貨（銅銭）に分離する銀銭二貨制の形成へ向かう。[60] 国際的に流通する銀がそのまま国内にも流通していたが、清朝は国際的な銀の流れをそのまま国内に引き込む開放的な通貨制度を選択した。しかし、さきほど述べたとおり、このような開放的制度は各地域市場にとって攪乱要因にもなった。もし銀が不足した場合には、銀は地域市場から吸い上げられ、たちまち通貨の枯渇に陥ることになりかねない。また、銀が大量に流れ込んだ場合でも、地域市場において国際通貨でもある銀をそのまま使用すれば、国際市場での銀価変動の影響をモロに受けて地域経済を攪乱させる危険があった。

　この種の危険性に対する緩衝物の役割を果たしたのが銅銭であった。金や銀と比べると安価な金属貨幣である銅銭は、小さな額面価値のわりに重量がかさばり、長距離運搬が不便で外部に流出し難いため、地域内における流動性の確保に寄与する効果をもっている。さらに重要なのは、銅銭が地域市場の主要な通貨になり、米穀取引の交換手段としての役割を担うと、域内の米穀取引が銀とは切り離され、明末期のような国際的銀価格の低下による米価騰貴などの否定的影響を地域市場が被らなくなった点である。銀と銅銭という異種貨幣の併存と両者間での変動相場は、海外貿易の利益をスムーズに内部化するとともに、地域市場の安定性を確保できる通貨制度であった。

国内市場の安定化に成功した結果、茶・生糸・陶磁器などの高い需要をほこる国際商品を有した「地大物博」の国である中国は、やがて欧米船の来航を広州一港に限定し、特定の商人たち(「広東十三行」)にその取引・徴税を請負わせる「カントン・システム」などの実施を通じて対外交易を管理しつつ、開放的な体制を維持して海外から大量の銀をふたたび呼び込んで国内経済を潤すことに成功する[岸本美緒 二〇一三]。かくて一八世紀後半には未曾有の繁栄(「乾隆の盛世」)を謳歌するとともに、当時の世界における有数の「経済大国」として君臨した。その後も中国経済は膨張をつづけて以後の人口増加を支え、現代につながる「人口超大国」への道を歩むことになる。西欧のような海外進出をはかるのではなく、また日本のような閉鎖的経済ブロックを形成するのでもなく、中国は外に開かれた体制を存続させたまま近代を迎える。

国際的にも全国的にも地域的にも一律に銀が通貨として使用される状態から、一八世紀半ば以降、銀はおもに国際的全国的レベルの長距離交易や国家への納税支払いに用いられ、銅銭は地域内部の取引で使用される幣制の形成へ。清朝中国は、一七世紀中葉の明清交替以来の懸案になっていたシルバー・ラッシュの否定的影響を、通貨体系の整序によって回避するとともに、一八世紀に入って増加するようになる海外からの流入銀（新大陸銀）を経済成長に活用していったのである。

半島の帰趨

なお、倭銀の輸入により中国との唐物交易が拡大した朝鮮半島では、一六世紀中葉以降も倭銀が一定量流入しつづけ、また中国への銀持込に対する政府の禁制も次第に有名無実化していったため、中国（唐物）と日本（銀）を媒介する中継貿易が秀吉の朝鮮侵攻直前まで安定的に展開した[61]。さらに、一六世紀前半に盛行した二升布や「瑞葱台布」などの布貨の劣悪化は政府の取り締まりなどもあって一定度抑制されていくが、一六世紀後半の流通界では悪布（麤《そ》布）の一種である常布（三升〜四升布）が布貨の主流として定着し、日常的取引では米穀等の貨幣的使用が布貨にかわって比重を増加させるなど、多様な商品貨幣の流通が展開するようになる［李正守 二〇〇五］。

そのような中、一六世紀末より明軍の進駐にともない銀流通が半島内で展開すると、つづく一七世紀初頭には唐物（とくに生糸）・朝鮮人参への対価として対馬から倭銀が再流入し、同世紀中葉以降、ソウルを中心とした地域では銀遣いが広まり、日常的取引の分野でも悪布などを押し退けて優勢になる[62]。ただし、全羅道や慶尚道などの地方では、一貫して悪布や米穀が通貨の主流であり[63]、中国や日本とは異なり、銀遣いが朝鮮全土に普及することはなかった。銀流通の展開が一部地域に止まり、「価格革命」の洗礼を受けずに済んだことが、満洲軍（後金・清）による二度の侵攻（一六二七年の「丁卯胡乱」と一六三六年の「丙子胡乱」）という戦乱は経験したものの、一七世紀中葉の朝鮮では中国や日本のような大きな政治・社会変動が起こらなかった理由なのかもしれない。

その後、日本からの倭銅輸入が増加していったこともあり、粛宗四年（一六七八）からは銅銭（常平通宝）の大量鋳造が始まり、一六九〇年代前後には銭遣いが全国的に広がり、悪布を流通界より急速に駆逐し、銀遣いと並存しつつ各方面に浸透した。やがて一七三〇年代から倭銀の流入が減り、一七六〇年代には途絶したため、[64]半島内での銀遣いは縮小を余儀なくされる。他方、鋳銭事業が一時中断されて銭荒（＝銭不足）を引き起こしたりもしたが、一七三〇年代以降、銅銭鋳造が継続的に実施されていくと、供給源の乏しい銀や品質の安定しない悪布の国内市場での貨幣使用は終焉を迎え、一八世紀中葉までには銭遣いが普及する。結局、銀は対中国貿易での決済手段や官庁における保蔵手段としての役割を果たすだけの存在となり、朝鮮は事実上の銭単貨制を形成していった。[65]

江戸日本は国際市場の影響から離脱して自給的経済圏を構築していく過程で、金銀銭三貨制を確立する（のちに金貨による通貨統合の進展にともない、銀貨は実体のない計算単位となる）。これに対して、清朝中国は国際貿易の拡大と貨幣流通・国内経済の安定とを両立させる銀銭二貨制の導入を志向し、朝鮮は海外からの供給が不安定な銀の貨幣使用を極力必要としない銭単貨制を形成して国内経済・貨幣流通の安定をはかっていく。一六世紀末頃から銀を通じていったんはつながった東アジアは、一七世紀以降、各地が銀の奔流を受け止めて独自の通貨的対応をはかり、貨幣・経済秩序の一定の安定を達成することによってふたたび分岐していったのである。

おわりに――「唐物」と「夷貨」：東アジア史を動かす〝モノ〟

本書の読者のなかには、ここまで述べてきた一五世紀後半以降の東アジアにおける経済成長や通貨変動は明朝中国の経済発展やこれにともなう唐物の海外流出の拡大がすべての引き金になって起こされた、と感じた方もいるかもしれない。しかし、いくらか視点を変えれば、すべての事象の起点であるかのようにみえる明の経済成長に対しても、いくぶん違った評価が可能である。つぎの史料をみよう。

夷狄のさまざまな物産（「夷中百貨」）は、すべて中国には欠くことのできないものであり、（これらを）夷狄は売ろうと欲し、中国は手に入れようと欲している。……そもそも北の夷狄には馬市があり、西の夷狄には茶市があり、江南の海外夷狄には市舶司があるのは、中国と夷狄の友好を深め（「通華夷之情」）、一方にあって他方にない財貨を互いに交易し（「遷無有之貨」）、税収の利を得、軍事支出を軽減するためなのである。

〈厳従簡『殊域周咨録』巻八「暹羅」〉

周辺地域が唐物を熱烈に需要しただけでなく、中国もまた周辺地域の物産（「夷貨」）を強く希求していたことが、ここでは明快に述べられている。以前から唐物に対する強烈な需要を有していた周辺地域は、この本で論じたとおり、朝貢や略奪・密貿易などといった各種のアプローチや、中国が欲する多様な物産（東南アジアなら香木・香辛料、北・東北アジアだと馬や毛皮、朝鮮や日本では銀・銅・硫黄など）をもち込むことによって、海禁・辺禁で狭められた中国への通交・交易機会を増やそうと試みた。

このような周辺地域の対明交易に対する欲求は、一五世紀中葉における土木の変のような軋轢を生じさせた。既述のように、この事変は明朝の銀財政化や北京市場の拡大を促す重要な契機にもなっていた。その後も明との交易を求める周辺地域の圧力は、辺境での密貿易の活発化や軍事的紛争の激化を惹起する一因になると同時に、多種多様なヒト・モノ・カネが海外から中国へ盛んに流入することにより中国経済の成長をさらに促進し、公・私両セクターでの銀や銭に対する需要を拡大させ、揀銭などの通貨変動を引き起こした。やがてこの趨勢が紆余曲折をへながら進展するにつれ、倭銀の登場による国際交易の活況や倭寇の跳梁などに代表される大変動が一六世紀中葉の東アジア海域で勃発する。かくて一連の騒動の末、隆慶元年（一五六七）に明朝の海禁が緩和され、ついに二世紀ちかく固く閉ざされた中国の扉もふたたび開かれ、一七世紀中葉における日本の鎖国や明清交替などを誘発する「危機」的状況が醸成されていった。

朝貢使節の増加、遊牧勢力の侵攻、南海物産の流入拡大、朝鮮銀・倭銀の登場、後期倭寇の跳梁、新大陸銀の流入などの一五世紀以後の東アジアで次々と生起した諸事象は、外に閉ざされた明朝中国に対する周辺地域の一種の「門戸開放」運動だったとみることも可能である。もちろん、東アジア域内における国際貿易の活発化が中国の経済成長にともなう海外物産に対する需要の拡大を大きな牽引力としていたことは間違いない（「需要が供給を生み出す」）。だが、唐物需要を拡大させる周辺地域が、種々の機会をとらえて多様な物産を中国へ送り込んでいったことにより、これら物産への新たな需要を中国側に喚起させていった側面があることも、また否定できないだろう（「供給が需要を生み出す」）。一五世紀後半には東南アジア産の胡椒・沈香などの香料が華商を惹きつける主要な商品だったが、一六世紀以降にそれに相当したのが倭銀であり、またその後に登場する新大陸銀であった。

そもそも中国が世界各地から銀を吸い寄せるようになったのは、需要者（中国）のせいなのか、それとも唐物を熱望して大量の銀を喰らわせていった供給者たち（周辺地域）の仕業だったのか？ この問いはおそらく単純な二者択一で答えられるようなものではなく、むしろ相互の働きかけが相乗効果を生むことで実現されたとみるべきだろう。よって、周辺地域にとり外在的与件であるかのように映る明朝中国の経済成長や銀需要の拡大も、明側の内生的事情だけから生じたとばかりはいえない。これらは中国を含めた東・東南アジアレベルでの相互作用の所産だった。一五～一六世紀の東アジア経済を動かした主要な原動力は、中国の広範な「夷貨」需要と周辺地域の強烈な「唐物」需要なのであり、これらが相互に作用しあうことにより東アジア諸地域の経済交流が促され累積していった結果、本書でみた一五世紀後半以降の東アジアの諸変動が（そして倭銀の登場も）発生することになったのである。

結局、当時の中国と周辺地域の経済関係は、決して一方的な影響関係で語れるほど単純なものではなかった。この本が論じてきた東アジア経済は、「中心－半周辺－周辺」という差別化された階層構造をもつヨーロッパの「近代世界システム」とは異なり［ウォーラーステイン 一九八一］、有機的・一体的に構造化されたものではない。中国を含めた東アジアの各地域経済の歴史は、相互に影響を与えつつ、お互いがお互いにさまざまな知識・物産・機会を提供して刺激を受けあい、そのような過程が積み重なることでそれぞれ成長を遂げる、というゆるやかな「共進化（共同進化）」の関係のもとで展開した。この「共進化」とは、「進化するものどおし《ママ》が相互に関係をもって、他の一定の進化がなければ、自己の進化自体が成立しない（つまり、存続できない）とき、このような進化関係」を表現した言葉であるが、当時の東アジア各地の歴史がこれと似たような関係性をもちながら進んでいったことに着目し、一種の比喩的な表現としてここで使っている。

一五～一六世紀における東アジアの各地域経済は、ゆるやかな相互影響関係のもとに置かれ、中心と周辺への両極化や不等価交換の拡大などではなく、個々の地域の栄枯盛衰をはらみながらも、おおむね「共進化」的な経済成長の道を歩んだ。このようなところが「近代世界システム」と比較した場合の、当時の東アジア経済の特徴であった。この本において「東アジア経済」と呼ばれている地域経済の実体は、中国・モンゴリア・満洲・朝鮮・日本・琉球、そして東南アジアの一部地域の間で取り結ばれた多種多様な通交関係の「東」にすぎないが、これらが総体として「共進化」に類似した展開を繰り広げた。そして、このゆるやかな「共進化」的関係は、外部と中国といったマクロな枠組みだけではむろんなく、もっとミクロなレベル、すなわち中国の内部世界でも、また東アジア各地の内部でも同様に認められるだろう（たとえば、北中国と南中国、中央と地方といったように）。

　このような東アジア経済史像は、「中国こそが、ひとつの全体としての世界経済にとって、中心的とはいわずとも、支配的な地位を占めていた」[2]（A・G・フランク）との認識や、「世界経済の形成を推進させたもっとも基本的な原動力は、東アジア、とりわけ中国大陸の圧倒的な富であった。この富を求めて、世界経済は起動し始めた」[3]（宮嶋博史）といった言説とは若干の距離をもっている。もちろん、このような主張がもつ啓発的な意義（西洋中心主義・近代世界システム論への批判）を認めることには吝《やぶさ》かではない。だが、この種の議論はどこか中国（あるいは東アジア）中心主義的な色彩を帯びており（もっとも、フランク自身はみずからの議論がそのような「中華主義」とは無縁であると述べているのだが[4]）、ヨーロッパにかわって中国経済を世界経済の中心に挿《す》げ替えただけの、新たな中心主義的歴史像の再生産に陥ってしまう危うさも感じる。

　そうした認識ではなく、一五～一六世紀の東アジアを舞台にして本書で論じたのは、基点（起点）は複数あり得るし、むしろ基点地域と周辺地域との相互作用過程こそが重要だったという点である。本書で多少なりとも取り上げた範囲内でそのような基点を列挙するなら、香辛料の原産地たる東南アジア（当地はまた東西交通の媒介者でもある）、唐物を産出する中国、さらには銀の供給者である日本（や新大陸を含めた欧州勢力）などといった地域が思い浮かぶ。しかも、これら基点となる地域を結びつける媒介地域（東アジアの場合、琉球や朝鮮、ベトナムなど）も、さきの地域に勝るとも劣らない重要性をもっていた。そして、これら基点・周辺諸地域の相互作用の進展・累積が、最終的にヨーロッパなども含めたいわゆる「世界経済」なるものの形成にもつながっていくのであろう。

中国経済が「圧倒的な」経済力をもつ有力なアクターだったことは間違いないが、それだけで「世界経済」形成の「原動力」なるものが語り尽くせるとは到底思えない。また、各地域の相互作用・影響関係の具体的な様相を把握しなければ、特定の地域経済（東アジアや中国・日本・朝鮮など）の歴史的な歩みも十全には理解できない。結局、中国ないし東アジア中心主義的な歴史像でもなく、またその逆方向の議論として日本史などでしばしば目にする、農業生産力の発展→「家」の成長→惣村（＝村落共同体）の成熟→政治体制の変革などといった内在発展論的な歴史像でもない、東アジアや個々の地域の歴史をゆるやかな「共進化」の過程としてとらえ、双方向的な東アジア史の構築を追求するべきである。

もちろん、孤立した空間で営まれたのではない東アジアの歴史は、それ自身で完結していたわけではなく、周囲に広がる外部世界との連関性にも考慮を払う必要がある。その際には、この本で論じたさまざまな事象・出来事がまた異なる歴史的文脈のなかで新たな意味づけを与えられる可能性も十分にある。この意味で、本書で提示した一五〜一六世紀東アジアの貨幣・経済史像は、より広域なレベルにおいて展開された相互作用の過程のごく一部を切り取って論じた、ささやかな試みにすぎない。

謝辞

この本ができるまでには、つぎの方々に大変お世話になりました。記して謝意を表します。
森正夫先生　伊藤宏明先生　黒田明伸氏　高津孝先生　中島圭一先生　橋本雄先生　伊藤正彦氏　青山遊氏　大田美紀

註

○第一章

01　以下の寧波一帯における奢侈風潮についての記述は、嘉靖『寧波府志』巻四、疆域志・風俗によっている。

02　「紗羅」とは、綟《もじ》り織で織られた薄く透きとおった絹織物、いわゆる「うすぎぬ」のこと。「綾（綾絹《あやぎぬ》）」は、糸の交差する箇所が斜めの線にみえる斜紋組織で織られた絹織物のこと。「緞（緞子）」は、練糸《ねりいと》（生糸に含まれる膠《にかわ》質《しつ》を除いた絹糸のこと）を用いて、緯糸《よこいと》の浮きが少なく経糸《たていと》が表面に多く現れる（またはその逆に現れる）繻子《しゅす》地に同じ繻子の裏組織で文様を織り出した光沢の強い絹織物である。

03　范金民・金文 一九九三：第九章「明清時代江南絲織業的発展」および第一〇章「明清時代江南絲綢的国内市場和対外貿易」、李伯重 二〇〇〇：三七八～三八六頁など。

04　Clunas 1991, 巫仁恕 二〇〇七、張志雲 二〇〇八、林麗月 二〇一四：上篇「崇奢与保富――明清奢侈論的思想史考察」など。なお、奢侈的需要の高まりが各種生産物に対する大きな需要を創出し、ひいては商品生産の拡大や市場経済の発展をもたらしていくこと、すなわち贅沢＝奢侈的消費がもつ「市場形成の力」（ゾンバルト 二〇〇〇）については、近年の東アジア史研究でも注目されている（ポメランツ 二〇一五など）。それゆえ、一五～一六世紀の東アジア経済史を対象とする本書にとっても、奢侈的消費・需要の増大という現象は決して無視できない。本章でこの現象に着目する所以である。

05　明代の倭寇は、その活動実態・集団構成から、一四世紀後半～一五世紀初頭に倭人を主体として朝鮮半島や中国沿海部で活動した「前期倭寇」と、華人を中心とする多民族により構成され一六世紀中葉の東シナ海で密貿易を活発に展開した「後期倭寇」とに一般に区別されている（田中健夫 一九六一：第一章「前期倭寇の発生とその活動」）。なお、田中健夫は、のちに構成因子を異にした両者を明確に区別するため、この呼称を改めて「一四～一五世紀の倭寇」と「一六世紀の倭寇」という呼び方を採用している（田中 一九八二：概観「一四〜一五世紀の倭寇と一六世紀の倭寇」）。

06 檀上寛 二〇一三、岩井茂樹 二〇二〇。

07 佐久間重男 一九九二：二〇〜二二頁、邱炫煜 一九九五：第四章「宣徳六年至正徳六年的南海風雲（一四三一〜一五一一）」など。

08 Miksic 2010：pp.392-395.

09 Brown 2010：pp.368-369.

10 須川英徳 一九九七：三二頁、李憲昶 二〇〇四：一一三頁。

11 『朝鮮実録』成宗三年（一四七二）正月二二日己未条など。

12 ク・ドヨン 二〇一八：七三〜七四頁。

13 姜聖祚 一九八二、韓相権 一九八三、李泰鎮 一九八四など。

14 『朝鮮実録』中宗一三年（一五一八）六月乙亥条。

15 『朝鮮実録』燕山君三年（一四九七）一〇月己丑条。

16 『朝鮮実録』中宗一一年（一五一六）五月己酉条、同中宗一一年五月辛丑条。

17 『朝鮮実録』成宗六年（一四七五）七月辛酉条。

18 村井章介 一九九三、橋本雄 二〇〇五、荒木和憲 二〇〇七など。

19 中村栄孝 一九六五：六四〇〜六四三頁、村井章介 一九九三：八三〜八六頁。

20 関周一 二〇一二：一二二〜一二三頁。

21 綿紬とは、くず繭などを精練・引き伸ばした真綿《まわた》から紡いだ粗糸（紬《つむぎ》糸）で織られた絹織物のこと。

22 村井康彦 一九九一、河添房江 二〇一四など。

23 『大乗院寺社雑事記』文明一二年（一四八〇）一二月二一日条。

24 中島楽章 二〇二〇：二一九頁。

25 以下の沖縄における貿易陶磁の出土状況に関する記述は、瀬戸哲也ほか 二〇〇七、瀬戸哲也 二〇一一・二〇一七・二〇一九などにもとづいている。

26 岡本弘道 二〇一〇：第一章「明朝における朝貢国琉球の位置づけとその変化」。なお、明朝による二年一貢の貢期設定は、成化一〇年（一四七四）に琉球使節である通事蔡璋らが福建福州で犯した殺人・放火・強盗事件を直接的契機としてとられた措置である（『明実録』成化一一年四月戊子条など）。

27 瀬戸哲也 二〇一九：一三一頁。

28 瀬戸哲也 二〇一九：一三七～一三八頁、中島楽章 二〇二〇：二八一～二八二頁。また、このような対中国交易の活況と並行して、琉球王国では尚真王期（一四七七～一五二七）にのちの時代につながる王府体制の礎が築かれていった。まず、渡来華人勢力が主要ポストを占める王相制に依拠した政治体制から、現地人が任命された三司官が中央政治を主導する体制へと移行し、琉球独自の政治機構が姿を現す。また、自立性の強かった各地の按司を首里に集住させてその軍事権を取り上げ、彼らを職制・位階制により官僚機構の中に取り込むとともに、中央から派遣された役人に地方統治を担わせる、琉球王府による全土の中央集権的支配が進展し、数々の軍事遠征による領土の拡張もみられた（以上、矢野美沙子 二〇一四による）。一五世紀後半以降の対外交易の拡大が生んだ富は、王権の強化や政治体制の集権化・領域支配の拡大などといった尚真王期の政治的社会的統合の進展を、琉球王国にもたらしたのである（中島楽章 二〇二〇：終章「大航海時代の琉球王国」）。

29 遠藤元男 一九七一：四「絹織物の普及」など。ちなみに、中国製で占められた禅宗僧侶の袈裟に日本で織成した生地が採用されるのは、南北朝時代（一三三六～九二）頃からといわれている（山川曉 二〇一〇：一五頁）。

30 小野晃嗣 一九四〇、周藤吉之 一九四二、金永徽 一九九七など。

31 荒木和憲 二〇〇七：二七四～二七五頁、同二〇一七：一六一～一六五頁。

32 以下の日本における陶磁器の出土・需要・消費動向に関する記述は、長谷部楽爾・今井敦 一九九五、小野正敏一九九七：第四章「都市を支えた商品」、同二〇〇六、藤澤良祐 二〇〇五などによっている。
33 吉岡康暢 一九九四、小野正敏 一九九七など。
34 小野正敏 一九九七：一八一頁。
35 von Glahn 2003b，中島楽章 二〇〇五。
36 井上進 二〇〇二：第一一章「朱子学の時代」～第一二章「出版の冬」。
37 井上進 二〇〇二：第一一章～第一三章「冬の終わり」・第一四章「書籍業界の新紀元」。なお、本文中の出版件数は、『中国古籍善本書目』（上海古籍出版社）に著録された善本を集計した、井上進 二〇〇二：一八一頁掲載の「歴代出版件数表」によっている。
38 寧波地方における市場数の変遷は、斯波義信 二〇〇一：四八二～四八九頁にもとづく。
39 徐階『世経堂集』巻二「答重城諭一」。
40 呉寛『匏翁家蔵集』巻四五「太子少保左都御史閔公七十寿詩序」（一四九九）。
41 西嶋定生 一九六六：第三部「商品生産の発展とその構造――中国初期棉業史の研究」。
42 藤井宏 一九五三–五四、寺田隆信 一九七二、張海鵬・張海瀛編 一九九三、范金民 二〇〇六など。
43 檀上寛 二〇二〇：第一章「明初体制の成立」など。
44 洪武一四年（一三八一）に全国的に実施された里甲制は、一一〇戸を一里とする郷村統治組織である。一里のなかの富裕な一〇戸を里長戸とし、残りの一〇〇戸を甲首戸として、これらを一〇戸ずつ合計一〇甲に分け、各甲を一里長戸に管轄させ、毎年一里長戸と一〇の甲首戸が輪番で里内の税糧徴収・輸送を担当した（里甲正役）。なお、里甲正役の当番は一〇年で一巡し、一〇年ごとに「賦役黄冊」（戸籍台帳）を作成し直す決まりであった。そして、軍・民が居住地から一〇〇里（＝五六キロ）以上離れた土地に移動する場合、官府の支給する路引（通行証）の携行が必要とされ（『正徳大明会典』巻一一三、兵部八・関津一）、官の許可なく自由に遠隔地へ移動することは禁じられていた。

45 Kuroda 2020：Chap.3 The Ignition of Money Delocalization.
46 足立啓二 二〇一二：第三部第三章「明代中期における京師の銭法」。
47 小葉田淳 一九四一：三一三〜三二四頁、佐久間重男 一九九二：一四九〜一五七頁など。
48 『明実録』景泰四年（一四五三）一〇月丙戌条。
49 小葉田淳 一九四一：三八八〜四四九頁。
50 『蔭凉軒日録』長享三年（一四八九）八月一三日条。
51 『明実録』景泰五年（一四五四）正月乙丑条。
52 萩原淳平 一九八〇：第二章「エセン・カーンの遊牧王国」、原田理恵 一九八五。
53 萩原淳平 一九五八、奥山憲夫 二〇〇三：第二章「銀支給の拡大」。
54 萩原淳平 一九五八：七五〜七六頁。
55 李憲昶 二〇〇四：第三章「商品市場と商人資本の成長」。
56 『朝鮮実録』世宗一五年（一四三三）正月壬申条。
57 申奭鎬 一九三八、韓相権 一九八三など。
58 朴平植 一九九九：第二章「市廛の整備と都城商業」。
59 田川孝三 一九六四、李泰鎮 一九六八。
60 『朝鮮実録』成宗即位年（一四六九）一二月癸丑条。
61 権泰煥・慎鏞夏 一九七七：三〇二頁。
62 田川孝三 一九六四：六八四〜六八六頁。
63 宮原兎一 一九五六、李景植 一九八七など。
64 李景植 一九八七：五三頁。
65 韓相権 一九八三、白承哲 一九九四。

66　宋在璇 一九八五。ただし、通説とは異なり、成宗期でも綿布は依然として「国幣」と認知されていなかったとする見解も近年提示されている（山本進 二〇一八：一一〇頁）。

67　宮嶋博史 一九八〇、古谷暢子 一九九三。

68　権泰煥・慎鏞夏 一九七七：三〇七～三〇八頁。

69　市場法・社寺保護法とそのデータは、佐々木銀弥 一九九二によっている。なお、佐々木は、社寺保護法を（イ）（ロ）の二つに類別し、（イ）型は「輩下の軍勢の乱暴を禁じ、寺社を懐柔する政策として発布したもの」、（ロ）型は「市場法と類似した」条文、すなわち市場の成立・繁栄を維持・保証することを目的とした押買狼藉行為・喧嘩口論や諸課役・商売役徴収を禁止する条文などを含むもの、とそれぞれ定義している（佐々木 一九九二：七三～七六頁）。なお、本書で言及する「社寺保護法」とは、すべて（ロ）型のものを指している。

70　小島道裕 二〇〇二：二三七～二三八頁。

71　鈴木康之 二〇〇七：二九頁。

72　佐々木銀弥 一九九二：五七頁。

73　小野正敏 一九九七、中島圭一 二〇〇三、榎原雅治 二〇〇〇：第二部第四章「地域社会における街道と宿の役割」など。

74　鈴木康之 二〇〇七：三〇～四二頁。ただし、その後の「草戸千軒」は応仁の乱にともなう変動などもあり、一五世紀末には衰退し、一六世紀前半に廃絶していった。

75　桜井英治 二〇〇二、中島圭一 二〇一八など。

76　以下の日本の遣明船に関するデータは、小葉田淳 一九四一：三〇三～三一三頁、田中健夫 一九七五：一五三～一五四頁の「遣明船の一覧表」、村井章介・橋本雄 二〇一五：三二一～三三三頁の表2「遣明勘合船派遣一覧」などにもとづく。

77　以下の琉球の対明進貢貿易に関するデータは、岡本弘道 二〇一〇：第一章による。

○第二章

01 ポランニー 一九八〇：一九一〜一九七頁。

02 なお、当時の明朝中国においては、銭貨は両京（北京・南京）や大運河沿岸・江南・福建・広東などの沿海部でおもに流通していた。これらの地域以外の内陸部の各地は、雲南が貝貨（タカラガイ）、四川・貴州が低品位銀（「茴香花銀」）や塩・布、江西・湖広（湖南・湖北）が米穀・銀布、山西・陝西が毛皮などというように、さまざまな現物貨幣を使用しており（『明実録』弘治一六年〈一五〇三〉三月戊子条）、銭貨は当時の中国の一部地域においてだけ行使されていた。

03 前引『皇明条法事類纂』巻一三「銭鈔相兼行使例」内で引かれる、天順四年（一四六〇）六月の直隷真定府阜平県知県・趙忠の上奏において、銅銭の「挑揀使用」と明銭行使の忌避が言及されている。

04 この引用史料にもとづき、明銭が「過高評価」されたとする黒田明伸の史料解釈（黒田 二〇一四：一〇二頁）には問題がある。「加数折算」の「〈文〉数を加えて折算す」るとは、一枚の明銭の価値（＝「〈文〉数」）を二文分に評価（過高評価）する意味ではない。むしろその逆に、「以二折一（二〈文〉を以て一〈文〉に折す）」という当時よくみられた表現とおなじく、銭の枚数（＝「〈文〉数」）を増やす、つまり明銭の枚数を二枚に増やして一文と評価（過低評価）する、と解釈すべきである。すなわち、揀銭による明銭への過低評価が「米粮因《よ》りて湧貴」する事象を生じさせたことを、引用史料（「将洪武・永楽等銭……抑或加数折算、米粮因而湧貴」）は記している。

もし明銭が過高評価されていたのであれば、なにゆえに米価が上昇するのかの理由説明があってしかるべきだが、そのような記述は一切なく、ただ「因りて湧貴」すると当然のごとく記されるのみである。銭価が上昇したにもかかわらず物価も上昇した、という「貨幣数量説」的な「常識」に反する現象は、明人にとっても非「常識」的なものであったと思われる。われわれにお馴染みの「常識」とは異なった「常識」が当時の中国で一般に定着していたとする証拠は残念ながら確認できない。よって、明銭の過高評価により米価騰貴が発生したと戸部官僚が本当に認識していたのであれば、「因りて湧貴」という表現は決して用いられなかったはずである。やはり問題の史料は、われわれにもお馴染みの「常識」に則って記されているとシンプルに解釈するのが妥当だろう。

加えて、管見の限り、民間の揀銭において明銭が一枚二文と過高評価されたことを述べる史料は見出せないものの、逆にその過低評価について明瞭に語る史料（前引『皇明条法事類纂』巻一三「銭鈔相兼行使例」など）は存在している点も、さきの解釈の妥当性を裏づける。ちなみに、明朝当局が明銭一文を旧銭二文のレートで通用させようとした事例は確認できるが（『明実録』弘治一六年〈一五〇三〉二月丙辰条）、結局この施策は実効性をもたなかった。

05 明代の流通銭実態を示す好適なデータがないため、かわりに中世日本における撰銭発生以前の一括出土銭（一〇〇〇枚以上一括出土した銭貨のこと。いわゆる「備蓄銭」）に関するものを参考までにあげる。一五世紀中葉頃と比定される南関東（東京都・神奈川県・埼玉県）の一括出土銭（合計八一例）の統計では、北宋銭の占有率はおよそ八割である（竹尾進 一九九六）。また、永楽銭を最新銭とする一五世紀第2四半期頃に比定される一括出土銭の「能ヶ谷出土銭」（東京都町田市出土。判読可能枚数八万一八三一）の場合、宋銭の占有率は八三・五%（北宋銭八一・四%、南宋銭二・一%）であった（能ヶ谷出土銭調査団編 一九九六：一二頁）。

06 なお、時代の降った一六世紀後半の日本に関する史料ではあるが、イエズス会宣教師ルイス・フロイスは「ヨーロッパでは銅の貨幣は滞りなく受取られる。日本では必ず選びとられる。古いものであること、特定の色、特定の刻印のついているものでなければならない」と述べており（フロイス 一九九一：一八三頁）、中国でもおおむねこのような基準で銭貨の選別（揀銭）が行われていたと考えられる。

07 『明実録』正徳七年（一五一二）正月庚午条。

08 『明実録』景泰七年（一四五六）七月甲申条。

09 足立啓二 二〇一二：四一二頁、黒田明伸 二〇一四：二三〇〜二三一頁。

10 「鋳銅為銭、其利甚薄、両母一子（銅を鋳造して銭を造るのは、その利益がとても少ない。銭二文の費用で銭一文を製造している）」（北宋・王令『広陵先生文集』巻二〇「叔祖左領軍衛将軍致仕王公行状」）ともいわれ、必ずしも豊富とはいえない銅・錫などを調達して行われる青銅銭の鋳造は、歴代王朝に過重な財政負担を強いた。よって、銅銭の大量鋳造は余程の理由がなければ実施されなかった。各官庁間の残高調整や広域的な物流組織のため、膨大な銅銭を需要する成熟した公財政の存在（北宋期における宋銭の大量鋳造）や、発達した市場がもつ切実な小額通貨需要の存在（江戸期の寛永通宝や清代の乾隆通宝の大量鋳造など）などがそうしたケースである。たとえ中国以外の地域で銅銭鋳造が行われても、流通銭の主流が依然として中国銭のままか（ベトナム）、布帛・米穀などの商品貨幣が主流である（朝鮮）、といったように自鋳銅銭の数量は微々たる場合がほとんどだった。中国でさえ、南宋以降もはや大量鋳造は滅多に行われず、流通銭の主流は北宋銭により占められた。中国を含めて一六世紀以前に銭貨流通がみられた東アジア各地では、宋銭が圧倒的比重で流通していたのである。

11 『皇明条法事類纂』巻一三「申明禁約仮銭疏通鈔法例」（一四七九）。

12 足立啓二 二〇一二：四一三頁。

13 前引の大内撰銭令に記される「こうふ（洪武）銭」は、かつては私鋳洪武銭と考えられたこともあるが、日中双方における明銭忌避の現象が共通理解となっている現在、明朝公鋳の洪武銭を指しているとみてよいであろう。

14 個別出土銭とは、「遺跡などから、一枚から数枚単位で出土する銭貨」のことである（櫻木晋一 二〇一六：一五九頁）。

15 大庭康時ほか編 二〇〇八：三三〜三七頁および一一二〜一二八頁。

16 ただし、この時期に流入した渡来銭には私鋳銭も含まれていたと推測されるが、出土銭に関する考古学研究では、その様相はまだほとんど明らかになっていない。

17 脇田晴子 一九九二、中島楽章 二〇一一など。

18 明応九年（一五〇〇）一〇月に出された、室町幕府法追加三二〇条（佐藤進一ほか編 一九五七：一〇五〜一〇六頁）。

19 図表6は、百瀬今朝雄 一九五七：六四〜六八頁に掲載の東寺年貢代銭納和市の変遷を記した「米価表」（京都の教王護国寺で各地の荘園が納める年貢米を銭納した際の換算額を集成したもの）にもとづく。

20 摂津国勝尾寺《かつおじ》周辺地域（現大阪府箕面市一帯）に残された土地売券に記載される支払手段の変遷を整理すると、一三世紀後半以降増加していた銭遣いが一四世紀後半には減少し、これに反比例して米遣いが優勢になることが判明する。一四世紀後半も銭遣いが一貫して卓越していた畿内の中心地・京都に比べて、銭貨流通がやや不活発だった畿内周辺部の様相は、渡来銭流入の減少にともなう銭不足により引き起こされた、日本列島における銭遣いの「後退」現象の発生を示唆している（大田由紀夫 一九九五：三五～三六頁）。

とはいえ、これ以前に大量の流入があり、列島内での渡来銭のストックはかなり存在していたはずなのに、なぜ一時その流入が激減しただけで、たちまち銭遣いの「後退」を引き起こしてしまうのか？ このおもな理由はこうである。そもそも銅銭は、通用価値が微小な割にかさばって輸送費が過大となるため、いったん各地に投下されるとそのまま地域内に滞留し、しかも市場に再登場し難いという「非還流的性格」を強くもち、いわば死蔵されやすい通貨であった。このため、銭貨流通を維持するためには、絶えずその市場規模に見合った量の追加供給が必須だった（銅銭などの小額通貨が有している非還流性については、Kuroda 2020：Chap.2 Stagnant Currencies and Stratified Markets. を参照）。中世を通じて銅銭の大量鋳造が行われなかった列島で、明の海禁によって渡来銭流入が激減すると、銭遣いも「後退」したのはこのためである。

21 室町幕府法追加三二〇条（佐藤進一ほか編 一九五七：一〇五～一〇六頁）。

22 京都の賀茂社領荘園である能登国土田荘（現石川県志賀町）が納入する年貢銭に対して、長享二年（一四八八）以降、悪銭混入のために撰銭を行っている事例がしばしばみられるようになる（川戸貴史 二〇〇八：九二～九六頁）。一五世紀末の時点で京とその周辺地域では、すでに撰銭現象が発生していたことを確認できる。

23 鈴木公雄 一九九九：七七頁。

24 宋在璇 一九八五、須川英徳 一九九九。

25 以下の朝鮮における布貨流通に関する記述は、とくに注記のない限り、おもに宋在璇 一九八五によっている。

26 『大典続録』巻二、戸典・雑令（一四九三）。升数（経糸の本数）が少なくなればなるほど、目の粗い織物になる（反対に経糸の本数が多くなるほど上質の布に仕上がる）ため、布の品質は升数の多寡により決まり（金英淑 二〇〇八：二四四頁）、五升布以上のものが貢納品として受容できる標準的品質の布とされた。よって、升数や尺数が少ないものは、服を仕立てる布としての使用価値が劣るので、その市場価値も当然低かった。

27 『朝鮮実録』成宗二年（一四七一）一一月庚戌条など。

28 『朝鮮実録』成宗一二年（一四八一）四月己巳条など。

29 『朝鮮実録』燕山君八年（一五〇二）八月己酉条。

30 『大典後続録』巻二、戸典・税貢（一五四四）。

31 宋在璇 一九八五：四二九頁、李正守 一九九八：一五〇頁、同二〇〇三。

32 田川孝三 一九六四：七〇七頁。

33 宋在璇 一九八五：三九九頁。

34 山本進 二〇一八：一一～一二頁。

35 須川英徳 二〇〇三。以下の燕山君治世に関する記述は、おもに須川論文によっている。

36 『朝鮮実録』中宗二年（一五〇七）一一月庚寅条など。

37 『朝鮮実録』中宗一〇年（一五一五）六月庚辰条。

38 『朝鮮実録』中宗一七年（一五二二）正月癸酉条。

39 同時代の中国・江南地方では毎日市が広くみられ（樊樹志 一九九〇）、また北中国（華北）でも月に六回以上開催される定期市が数多く存在した（山根幸夫 一九六〇）、明代中国の状況と比較するなら、朝鮮の場市の開催頻度は相対的に少なかった。

40 山本進 二〇一八：一五頁。

41 李泰鎮 一九八八、須川英徳 一九九九。

42 『朝鮮実録』成宗一七年（一四八六）一一月辛亥条。

43 対馬における綿布流通の様相については、荒木和憲 二〇一四による。

44 岸本美緒・宮嶋博史 一九九八：一二八〜一三〇頁。

45 『大越史記全書』本紀・巻一三、洪徳一七年（一四八六）五月一日条など。なお、北部ベトナムの一括出土銭に関する調査成果によると、開元通宝を最古銭とし、黎朝鋳造の洪順通宝（一五〇九年初鋳）を最新銭とする一括出土銭の事例（「五号資料」。「一六世紀初頭より降る」時期に埋納されたと推定されている）では、銭種の判明する三七一九枚のうち（総数は約六〇〇〇枚と推定）、中国本銭が一八一九枚であるのに対して、銭径の小さな粗悪私鋳銭が一七六五枚も存在しており、私鋳銭が半数近くを占めている（菊地誠一・鈴木弘三編 二〇一三：四六〜四九頁）。このような一括出土銭の存在からは、一六世紀前半頃（？）の北部ベトナムでも私鋳銭が相当な比重をもって流通していたことをうかがわせる。

46 桃木至朗 二〇一一：第三章「一〇—一五世紀の南海交易と大越＝安南国家」および終章「結論と展望」。

47 Li 1998 : pp.166-172.

48 Barker 2004 : pp.119-135, ティエリー 二〇〇九：五五〜五六頁。

49 van Aelst 1995 : p.379.

50 Miksic 2010 : pp.385-386.

○第三章

01 なお、神木が依拠した米価データは、百瀬今朝雄 一九五七および京都大学近世物価史研究会編 一九六二で提示されたものである。

02 『明実録』嘉靖一五年（一五三六）九月甲子条。

03 『万暦会計録』巻四一、銭法・正徳七年（一五一二）。

04 梁材『梁端粛公奏議』巻一四「都税改収銀両疏」。

05 『明実録』弘治一八年（一五〇五）五月己丑条。

06 『万暦大明会典』巻三一、銭法。

07 『明実録』嘉靖六年一二月甲辰朔条。

08 中島楽章 二〇一二：四八頁。

09 岸本美緒 一九九七：二一七～二一九頁。

10 丘濬『大学衍義補』巻三五「屯営之田」（一四八七年完成）。

11 彭信威 一九八八：七〇五頁、呉承明 一九九五：二一二～二一五頁。

12 岸本美緒 一九九七：二三〇～二三一頁。

13 岸本美緒 一九九七：二二六～二三〇頁。

14 大田由紀夫 一九九三：二二三～二二九頁。

15 夏湘蓉ほか 一九八〇：第三章第六節一「明代的鉱業」、井澤英二 二〇〇八。なお、全漢昇によれば、正徳年間（一五〇六～二一）に銀鉱より上納された明朝の税収（銀課）額は年平均三万二九二〇両であり（全漢昇 一九六七）、この数字にもとづくなら（銀課の税率は生産額に対する約三割）、当時の銀生産額は年平均一〇万両前後あったと考えられる。また、雲南では一六世紀以降も銀生産が継続され、毎年一〇万両前後の産出量を維持していた（全漢昇 一九七四）。明代後半期（一五二一～一六四四）には中国の銀生産額は毎年三〇万両ほどだった、と推計する論者もいる（李隆生 二〇〇五：一六二～一六五頁）。

16 明代では、モンゴルなどの遊牧勢力への防衛のため大規模な軍隊を北辺に駐留させた関係上、兵士の食糧確保を目的とした開中法が当初実施された。すなわち、商人は辺倉（辺境に設けられた倉庫）に米穀等を納入して辺倉発行の倉鈔（納入証明書）を入手し、これを都転運塩使司に持参して塩引と交換すると、塩引にもとづいて産塩地において支給された塩を所定の地区（行塩地）で販売した。その後、銀の流通が北辺で広まり、また当地の開拓が進占的に経営する一種の「官営交易」として行われたため、その貿易が活発だったのなら、東南アジアからの物産流入も豊富だったはずであり、南海物産も附搭貨物として容易に調達できただろう。それに中島も言及しているように、一五三〇年代には福建海商の南シナ海域交易が拡大して琉球のシェアを次第に低下させたことは、琉球の中継貿易にも多大な打撃を与えたと考えられるため、この結果が一五二〇年代の附搭貨物における南蛮物の激減に結果したとみるのが自然だろう。附搭貨物としての南海物産の激減は、やはり琉球による南海貿易が縮小したことによるととらえるべきである。

琉球による国際交易の基軸のひとつは中国と南海を結ぶ中継貿易であり、このうちの南海貿易の不振は対中国交易にも負の影響を及ぼしたはずで、むしろ南海貿易が不振となったのは、対明交易の不振に起因したと考えられる。月港–那覇密貿易が拡大し、南海貿易のみが縮小する事態は想定し難い（もちろん中島も双方の活況を想定しているが）。中島が重視する沖縄列島における中国陶磁の出土状況に関しても、大量出土があったとされる「一六世紀前半」の下限が正確にはいつ頃なのかについては、すでに述べたとおり必ずしも明瞭ではなく、その大量出土例を一五三〇年代における「ピーク」の証拠とみなせるか否かはそれほど自明ではない。

なお、中島が一五三〇年代の月港–那覇密貿易が活況を呈していたことの論拠の一つとして引用する、二名のポルトガル人捕虜（クリストヴァン・ヴィエイラとヴァスコ・カルヴォ）の書簡（ヴィエイラは一五三四年、カルヴォは一五三六年に各々作成）についていえば、密貿易に関して述べる彼らの記載は、それらが書かれた一五三〇年代当時の状況を述べたものか、それとも彼らが捕虜になった時点（カルヴォは一五二一年、ヴィエイラは一五二二年）よりも以前の状況をもとにおもに書かれているのか、といった点に関する理解の違いによって、当該史料の評価も分かれてくる。

総じて、中島の主張は必ずしも固い論拠に支えられたものとはいえず、一五三〇年代の月港–那覇密貿易ピーク説は再考の余地がある。この時期の琉球の交易状況については、いまだ十分に明瞭でないところもあるものの、やはり本文で述べたように、一五二〇年代前後に琉球の対外交易活動における重大な転機が訪れていたと考えられる。また、後述の内容とも関りがあるため一言申し添えておくと、中島は一五三〇年代には那覇－月港間を通じて日本銀が大量に輸出されたと論じているが（中島 二〇二〇：二八二～二八三頁など）、これもあくまで推測の域にとどまり、具体的な証拠に乏しく、その主張にはにわかに同意できない。

39 赤松佳奈 二〇一七：七三頁。

40 永井正浩・續伸一郎 二〇一七：一一一～一一二頁。

41 『明実録』弘治六年（一四九三）三月丁丑条。

42 『明実録』正徳五年（一五一〇）九月癸未条、嘉靖『広東通志』巻六六「番夷」など。なお、広州の抽分制については、李龍潛 一九八五、岩井茂樹 二〇二〇：第四章「十六世紀中国における交易秩序の模索と互市」、李慶新 二〇〇七：第三章「明中期海外貿易転型与〝広中事例〟的誕生」を参照。

43 『明実録』正徳九年（一五一四）六月丁酉条、同正徳一五年（一五二〇）一二月己丑条など。

44 張天沢 一九八八、張増信 一九八八など。

45 岩井茂樹 二〇二〇：第四章。

46 『明実録』正徳一六年（一五二一）七月己卯条、同嘉靖三年（一五二四）四月壬寅条、同嘉靖四年（一五二五）八月甲辰条。

47 晁中辰 二〇〇五：一六七～一六九頁など。

48 岩井茂樹 二〇二〇：第四章。

49 林仁川 一九八七、張増信 一九八八など。

50 中島楽章 二〇一六：一一七頁。

51 Brown 2010 : p.374.

52 Brown 2009 : p.48, Whitmore 2011 : p.113.

53 なお、菊池百里子によれば、ヴァンドン地域からは一六世紀後半～一七世紀の景徳鎮系青花などの貿易陶磁が出らためて計算した場合、六期の畿内の出現率は七・五九％になる。
04 千枝大志 二〇一一：五八～五九頁および一五八～一七三頁。
05 中島圭一 一九九二：一五三～一六五頁。
06 中島圭一 一九九七、櫻木晋一 二〇〇九。
07 櫻木晋一 二〇一九：三二～三三頁。
08 永井久美男 一九九五、東北中世考古学会編 二〇〇一など。
09 嶋谷和彦 一九九八：一三九～一四〇頁。
10 千枝大志 二〇一一：第一章「十五世紀末から十七世紀初頭における貨幣の地域性」および第五章「伊勢大湊をめぐる貨幣流通構造に関する一試論」。
11 本多博之 二〇〇六：一〇一～一〇五頁。
12 黒田明伸 二〇一四：第五章「海を越えた銅銭」、本多博之 二〇〇六：第一章「銭貨をめぐる諸権力と地域社会」。
13 嶋谷和彦 二〇〇三、桜井英治 二〇〇七：一四八～一四九頁。
14 また、堺出土の模鋳銭鋳型の破片総数のうち、文字のある模鋳銭鋳型の破片の比率は一四・五％であるのに対して、無文銭の破片は八五・四％を占め、当時の堺における鋳銭は無文銭が圧倒的多数を占めていた（東北中世考古学会編 二〇〇一：一四七頁）。
15 嶋谷和彦 二〇〇三：五三七頁。
16 大田由紀夫 二〇一五：七頁。
17 浦長瀬隆 二〇〇一。以下の議論の前提となるデータは、すべて浦長瀬 二〇〇一において提示されたものに依拠している。
18 中島楽章 二〇一二：四一頁。

19 播磨の場合、一六世紀前半までは米建取引がかなりの比重を占める「中央隣接型」の様相（九／九）をみせていたが、同世紀中葉以降はむしろ銭建取引が優越する「畿内周辺型」の様相（一五／三）に転換していった。ひとまず、本文では当該地域を「中央隣接型」に分類しておいたが、今後の事例数の増加などにより、あるいはこの位置づけを再考する必要が出てくる可能性もある。
20 浦長隆瀬 二〇〇一：一四四頁および一五七頁。
21 以下の嘉靖年間の倭寇をめぐる一連の経過については、李献璋 一九六一、佐久間重男 一九九二、田中健夫 一九八二、鄭樑生 一九八五、山崎岳 二〇一〇・二〇一五、村井章介ほか編 二〇一五などによっている。
22 李献璋 一九六一：(下) 六一～六三頁。
23 山崎岳 二〇一六：三一二～三一七頁。
24 浦長瀬隆 二〇〇一、中島圭一 二〇〇四など。
25 張燮『東西洋考』巻七「餉税考」、許孚遠『敬和堂集』巻五「疏通海禁疏」。
26 顧炎武『天下郡国利病書』第二六冊、福建・漳浦県志。
27 浦長瀬隆 二〇〇一：一四五頁。
28 浦長瀬隆 二〇〇一：一四一～一五三頁。
29 高木久史 二〇一〇：一八九～一九二頁。
30 安国良一 二〇一六：一八九～一九〇頁、桜井英治 二〇〇七：一五三～一六四頁、高木久史 二〇一〇・二〇一七。
31 「一、去る十三日や、奈良中、法量なく料足ヨル間、筒井より銭定ノ札之を打ち、三貫の直《あたい》ニ之を取るべし。ワレ・カケ・ナマリ銭ノ外ハ之を取るべき云々」（『筒井順慶撰銭定』天正一〇年九月一三日。佐藤進一・百瀬今朝雄編 二〇〇一：三二二頁）。
32 桜井英治 二〇〇七：一五三頁。

よっている。

58 小葉田淳 一九六八ａ：六頁、TePaske 2010：pp.75-76.

59 宮本又郎・鹿野嘉昭 一九九九、安国良一 二〇一六など。

60 黒田明伸 一九九四：前編「中華帝国の昇華と世界経済の始動」。以下の銀銭二貨制についての記述は、黒田の議論にもとづく。

61 ク・ドヨン 二〇一八：二〇六～二一三頁および二九六～二九九頁。

62 李憲昶 一九九九・二〇〇四など。

63 李正守 二〇〇五：一二〇～一二七頁。

64 田代和生 一九八一：三二七～三二九頁。

65 元裕漢 一九七五、李憲昶 一九九九・二〇〇四、山本進 二〇一四など。

◯おわりに

01 塩沢由典 二〇〇四：一〇四頁。

02 フランク 二〇〇〇：三頁。

03 宮嶋博史 二〇〇四：一八〇頁。

04 フランク 二〇〇〇：一〇～一一頁。

参考文献

【日本語】（五十音順）

赤松佳奈　二〇一七「京都出土輸入陶磁器の基礎整理」日本中世土器研究会編『貿易陶磁器研究の現状と土器研究』日本中世土器研究会、所収

秋田洋一郎　二〇〇七「一六世紀石見銀山と灰吹法伝達者慶寿禅門——日朝通交の人的ネットワークに関する一試論」『ヒストリア』二〇七

足立啓二　二〇一二『明清中国の経済構造』汲古書院

アトウェル　一九九九「ユーラシアの「大金銀荒」——十五世紀中期の世界不況下の中国と東アジア」濱下武志編『東アジア世界の地域ネットワーク』山川出版社、所収

荒木和憲　二〇〇七『中世対馬宗氏領国と朝鮮』山川出版社

——　二〇一四「中世対馬における朝鮮綿布の流通と利用」『アジア遊学』一七七

——　二〇一七『対馬宗氏の中世史』吉川弘文館

新宮学　二〇〇四『北京遷都の研究——近世中国の首都移転』汲古書院

井澤英二　二〇〇八「中世末から近世初頭における世界の銀生産」『日本鉱業史研究』五五

井澤英二・吉川竜太・本村慶信・中西哲也　二〇〇七「石見銀山の高品位銀鉱石の特徴と製錬」『日本鉱業史研究』五三

井上進　二〇〇二『中国出版文化史』名古屋大学出版会

岩井茂樹　二〇二〇『朝貢・海禁・互市——近世東アジアの貿易と秩序』名古屋大学出版会

石見銀山展実行委員会編　二〇〇七『輝きふたたび　石見銀山展』石見銀山展実行委員会・山陰中央新報社

川戸貴史　二〇〇八『戦国期の貨幣と経済』吉川弘文館
――――二〇一七『中近世日本の貨幣流通秩序』勉誠出版
菊地誠一・鈴木弘三編　二〇一三「ベトナム北部の一括出土銭の調査研究2」『昭和女子大学国際文化研究所紀要』一六
菊池百里子　二〇一七『ベトナム北部における貿易港の考古学的研究――ヴァンドンとフォーヒエンを中心に』雄山閣
岸野久　一九八四「エスカランテ報告の日本情報――フレイタスとディエスの琉球・日本情報」同『西欧人の日本発見――ザビエル来日前日本情報の研究』吉川弘文館、一九八九、所収
岸本美緒　一九九七『清代中国の物価と経済変動』研文出版
――――一九九八a「東アジア・東南アジア伝統社会の形成」同『明末清初中国と東アジア近世』岩波書店、二〇二一、所収
――――一九九八b『東アジアの「近世」』山川出版社
――――二〇一三「明末清初の市場構造――モデルと実態」同『明末清初中国と東アジア近世』岩波書店、二〇二一、所収
岸本美緒・宮嶋博史　一九九八『明清と李朝の時代（世界の歴史12）』中央公論社（のち「中公文庫」二〇〇八）
貴田潔　二〇一七「中世における不動産価格の決定構造」『岩波講座　日本経済の歴史　1　中世　一一世紀から一六世紀後半』岩波書店、所収
木村正弘　一九八九『鎖国とシルバーロード――世界のなかのジパング』サイマル出版会
京都大学近世物価史研究会編　一九六二『一五～一七世紀における物価変動の研究』読史会
京都文化博物館・江戸東京博物館・読売新聞社編　二〇〇九『いけばな――歴史を彩る日本の美』京都文化博物館・江戸東京博物館・読売新聞社
金永徽　一九九七『朝日綿布貿易と綿業の展開』溪水社
金英淑　二〇〇八『韓国服飾文化事典』（原著初版一九九八、中村克哉訳）東方出版

黒嶋敏　二〇〇〇「琉球王国と中世日本——その関係の変遷」同『中世の権力と列島』高志書院、二〇一二、所収
黒田明伸　一九九四『中華帝国の構造と世界経済』名古屋大学出版会
——二〇一四『貨幣システムの世界史 増補新版』（初版二〇〇三）岩波書店（のち「岩波現代文庫」二〇二〇）
黒田巖編　一九九六『日本銀行金融研究所 貨幣博物館（改訂版）』日本銀行金融研究所
小島道裕　二〇〇二「都市の場・地域と流通・消費」『国立歴史民俗博物館研究報告』九二
——二〇〇五『戦国・織豊期の都市と地域』青史出版
小葉田淳　一九四一『中世日支通交貿易史の研究』刀江書院
——一九四三『改訂増補 日本貨幣流通史』刀江書院
——一九六八a『日本鉱山史の研究』岩波書店
——一九六八b『中世南島通交貿易史の研究』（初版一九三九）刀江書院
——一九七六『金銀貿易史の研究』法政大学出版局
小林准士　二〇〇三『石見銀山史料解題 銀山旧記』島根県教育委員会
佐伯弘次　一九八四「中世後期の博多と大内氏」『史淵』一二一
——二〇〇八「博多商人神屋寿禎の実像」九州史学研究会編『境界からみた内と外——「九州史学」創刊五〇周年記念論文集 下』岩田書院、所収
佐久間重男　一九九二『日明関係史の研究』吉川弘文館
桜井英治　二〇〇二「中世の貨幣・信用」桜井英治・中西聡編『流通経済史』山川出版社、所収
——二〇〇七「銭貨のダイナミズム」同『交換・権力・文化』みすず書房、二〇一七、所収
——二〇一七「精銭終末期の経済生活」同前書、所収
櫻木晋一　二〇〇九『貨幣考古学序説』慶應義塾大学出版会
——二〇一六『貨幣考古学の世界』ニューサイエンス社

――二〇一九「「貨幣考古学」から見た中近世移行期」『歴史学研究』九八八
櫻木晋一・赤沼英男・市原恵子 一九九五「洪武通宝の金属組成と九州における流通問題」『九州帝京短期大学紀要』七
佐々木銀弥 一九七七「中世末期における唐糸輸入の一考察」同『日本中世の流通と対外関係』吉川弘文館、一九九四、所収
――一九八五「農業生産の発展と惣村」『日本歴史大系 二・中世』山川出版社、所収
――一九九二「中世市場法の変遷と特質」同『日本中世の都市と法』吉川弘文館、一九九四、所収
佐藤進一・池内義資・百瀬今朝雄編 一九五七『中世法制史料集 第二巻・室町幕府法』岩波書店
――一九六五『中世法制史料集 第三巻・武家家法Ⅰ』岩波書店
佐藤進一・百瀬今朝雄編 二〇〇一『中世法制史料集 第五巻・武家家法Ⅲ』岩波書店
佐藤文俊 一九九九『明代王府の研究』研文出版
塩沢由典 二〇〇四「複雑系経済学の現在」同編『経済学の現在1（経済思想1）』日本経済評論社、所収
斯波義信 二〇〇一『宋代江南経済史の研究 訂正版』汲古書院
嶋谷和彦 一九九八「十三湊遺跡の出土銭貨」前川要・榊原滋高『十三湊遺跡――第七七次発掘調査報告書』青森県市浦村教育委員会・富山大学人文学部考古学研究室、所収
――二〇〇三「模鋳銭の生産と普及」小野正敏・萩原三雄編『戦国時代の考古学』高志書院、所収
――二〇〇六「中世都市・堺における銭貨の出土状況」『歴史空間における銭貨の出土状況』第一三回出土銭貨研究会大会報告要旨、所収
島根県教育庁文化財課世界遺産室・島根県立古代出雲歴史博物館編 二〇〇八『石州銀展』ハーベスト出版
島根県立古代出雲歴史博物館・石見銀山資料館編 二〇一七『世界遺産登録一〇周年記念 石見銀山展――銀が世界を変えた』島根県立古代出雲歴史博物館・石見銀山資料館
城地孝 二〇一二『長城と北京の朝政――明代内閣政治の展開と変容』京都大学学術出版会

――二〇一九「北虜問題と明帝国」岸本美緒編『歴史の転換期六 1571 銀の大流通と国家統合』山川出版社、所収
申奭鎬 一九三八「朝鮮中宗時代の禁銀問題」『稲葉博士還暦記念 満鮮史論叢』稲葉博士還暦記念会、所収
末柄豊 二〇〇三「室町文化とその担い手たち」榎原雅治編『日本の時代史11 一揆の時代』吉川弘文館、所収
須川英徳 一九九七「高麗後期における商業政策の展開――対外関係を中心に」『朝鮮文化研究』四
――一九九九「朝鮮時代の貨幣――「利権在上」をめぐる葛藤」歴史学研究会編『越境する貨幣』青木書店、所収
――二〇〇〇「朝鮮初期における経済構想」『東洋史研究』五八―四
――二〇〇三「背徳の王燕山君――儒教への反逆者」『アジア遊学』五〇
鋤柄俊夫 一九九六「土器と陶磁器にみる中世京都文化」同『中世村落と地域性の考古学的研究』大巧社、一九九九、所収
鈴木公雄 一九九九『出土銭貨の研究』東京大学出版会
鈴木恒之 二〇〇六「スマトラ島の港市――パレンバンとバンダ・アチェ」深沢克己編『港町のトポグラフィ（港町の世界史2）』青木書店、所収
鈴木康之 二〇〇七『中世瀬戸内の港町・草戸千軒町遺跡』新泉社
須田牧子 二〇一一「大内氏の外交と室町政権」川岡勉・古賀信幸編『日本中世の西国社会③ 西国の文化と外交』清文堂出版、所収
周藤吉之 一九四二「高麗末期より朝鮮初期に至る織物業の発達――特に其財政的関係より見て」『社会経済史学』一二―三
妹尾達彦 二〇一八『グローバル・ヒストリー』中央大学出版部
関周一 二〇一二『対馬と倭寇――境界に生きる中世びと』高志書院
――二〇一五『中世の唐物と伝来技術』吉川弘文館
瀬戸哲也 二〇一一「琉球から見る中世後期の流通」橋本久和監修『考古学と室町・戦国期の流通――瀬戸内海とアジ

中島圭一　一九九二「西と東の永楽銭」石井進編『中世の村と流通』吉川弘文館、所収
――　一九九七「中世貨幣の普遍性と地域性」網野善彦・石井進・鈴木稔編『中世日本列島の地域性――考古学と中世史研究六』名著出版、所収
――　一九九八「日本の中世貨幣と国家」歴史学研究会編『越境する貨幣』青木書店、一九九九、所収
――　二〇〇三「室町時代の経済」榎原雅治編『日本の時代史11　一揆の時代』吉川弘文館、所収
――　二〇〇四「京都における「銀貨」の成立」『国立歴史民俗博物館研究報告』一一三
――　二〇一八「十五世紀生産革命論再論」『国立歴史民俗博物館研究報告』二一〇
永原慶二　一九九〇『新・木綿以前のこと――苧麻から木綿へ』中央公論社（のち同『苧麻・絹・木綿の社会史』吉川弘文館、二〇〇四、所収）
――　一九九三「伊勢商人と永楽銭基準通貨圏」同『戦国期の政治経済構造』岩波書店、一九九七、所収
中村栄孝　一九六五「三浦における倭人の争乱」同『日鮮関係史の研究 上』吉川弘文館、所収
新島奈津子　二〇〇五「古琉球における那覇港湾機能――国の港としての那覇港」『専修史学』三九
仁木宏　二〇〇三「寺内町と城下町――戦国時代の都市の発展」有光友學編『戦国の地域国家』吉川弘文館、所収
西嶋定生　一九六六『中国経済史研究』東京大学出版会
能ヶ谷出土銭調査団編　一九九六『能ヶ谷出土銭調査報告書』能ヶ谷出土銭調査会・町田市教育委員会
葉賀七三男　一九九三「世界史からみた石見銀山――福石鉱床の再検討（上）（下）」『金属』六三―六・七
萩原淳平　一九五八「明代中期における北方防衛と銀について」『東方学』一六
――　一九八〇『明代蒙古史研究』同朋舎出版
萩原三雄編　二〇一三『日本の金銀山遺跡』高志書院
橋本雄　一九九八a「撰銭令と列島内外の銭貨流通――〝銭の道〟古琉球を位置づける試み」『出土銭貨』九
――　一九九八b「遣明船と遣朝鮮船の経営構造」『遥かなる中世』一七

――二〇〇二「遣明船の派遣契機」『日本史研究』四七九
――二〇〇五『中世日本の国際関係――東アジア通交圏と偽使問題』吉川弘文館
――二〇〇九「再論、十年一貢制――日明関係における」『日本史研究』五六八
――二〇一三「日明勘合貿易の利」井原今朝男編『生活と文化の歴史学3 富裕と貧困』竹林舎、所収
――二〇一四a「中世日本と東アジアの金銀銅――十五・十六世紀を中心に」小野正敏ほか編『金属の中世――資源と流通』高志書院、所収
――二〇一四b「東アジア世界の変動と日本」『岩波講座 日本歴史 第八巻・中世三』岩波書店、所収
長谷部楽爾・今井敦 一九九五『日本出土の中国陶磁』平凡社
浜口福寿 一九六九「明代の米価表示法と銀の流通」『新潟中央高等学校研究年報』一五
原田理恵 一九八五「オイラトの朝貢貿易と商人たち」『史潮』新一七
弘末雅士 二〇〇四『東南アジアの港市世界』岩波書店
ピント 一九七九『東洋遍歴記一』(岡村多希子訳)平凡社(東洋文庫三六六)
――一九八〇『東洋遍歴記三』(岡村多希子訳)平凡社(東洋文庫三七三)
藤井宏 一九五三–五四「新安商人の研究(一)~(四)」『東洋学報』三六–一・二・三・四
藤澤良祐 二〇〇五『瀬戸窯跡群――歴史を刻む日本の代表的窯跡群』同成社
伏見岳志 二〇一八「最初のグローバル通貨――メキシコ製八レアル銀貨の盛衰(一)」『慶應義塾大学日吉紀要 人文科学』三三
フランク 二〇〇〇『リオリエント――アジア時代のグローバル・エコノミー』(原著一九九八、山下範久訳)藤原書店
フリン 二〇一〇『グローバル化と銀』(秋田茂・西村雄志訳)山川出版社
古谷暢子 一九九三「一六世紀朝鮮の大規模耕地開発と対中国・日本貿易――李泰鎮氏の一連の研究に寄せて」『歴史評論』五一六

フロイス　一九九一『ヨーロッパ文化と日本文化』（原著一五八五年序、岡田章雄訳注）岩波書店（岩波文庫）
ポメランツ　二〇一五『大分岐――中国、ヨーロッパ、そして近代世界経済の形成』（原著二〇〇〇、川北稔監訳）名古屋大学出版会
ポランニー　一九八〇『人間の経済I』（玉野井芳郎・栗本慎一郎訳）岩波書店（岩波現代選書）
本多博之　二〇〇六『戦国織豊期の貨幣と石高制』吉川弘文館
――　二〇一五『天下統一とシルバーラッシュ――銀と戦国の流通革命』吉川弘文館
丸山伸彦　一九九四『武家の服飾（『日本の美術』三四〇）』至文堂
万明　二〇二二「中国明代における銀の貨幣化――その全体的視野」（岩本真利絵訳）鹿毛敏夫編『硫黄と銀の室町・戦国』思文閣出版、所収
宮城弘樹　二〇〇八「琉球出土銭貨の研究」『出土銭貨』二八
三宅俊彦　二〇〇五『中国の埋められた銭貨』同成社
宮澤知之　二〇〇七『中国銅銭の世界』思文閣出版
宮嶋博史　一九八〇「朝鮮農業史上における十五世紀」『朝鮮史叢』三
――　二〇〇四「東アジアにおける近代化、植民地化をどう捉えるか」宮嶋博史ほか編『植民地近代の視座――朝鮮と日本』岩波書店、所収
宮原兎一　一九五六「一五・一六世紀朝鮮における地方市」『朝鮮学報』九
宮本又郎・鹿野嘉昭　一九九九「徳川幣制の成立と東アジア国際関係」『国民経済雑誌』一七九―三
村井章介　一九九三『中世倭人伝』岩波書店（岩波新書）
――　一九九六「中世倭人と日本銀」同『日本中世境界史論』岩波書店、二〇一三、所収
――　一九九七『海から見た戦国日本――列島史から世界史へ』筑摩書房（ちくま新書、のち改題して「ちくま学芸文庫」二〇一二）

――二〇一一「古琉球をめぐる冊封関係と海域交流」同『日本中世境界史論』岩波書店、二〇一三、所収
――二〇一九『古琉球 海洋アジアの輝ける王国』KADOKAWA（角川選書）
村井章介ほか編 二〇一五『日明関係史研究入門――アジアのなかの遣明船』勉誠出版
村井章介・橋本雄 二〇一五「遣明船の歴史――日明関係史概説」同前書所収
村井康彦 一九九一『武家文化と同朋衆――生活文化史論』三一書房（のち「ちくま学芸文庫」二〇二〇）
毛利一憲 一九七四「ビタ銭の価値変動に関する研究（上・下）」『日本歴史』三一〇・三一一
桃木至朗 二〇〇五「ベトナム北部・北中部における港市の位置」村井章介編『港町と海域世界（港町の世界史1）』青木書店、所収
――二〇一一『中世大越国家の成立と変容』大阪大学出版会
桃木至朗編 二〇〇八『海域アジア史研究入門』岩波書店
百瀬今朝雄 一九五七「室町時代における米価表――東寺関係の場合」『史学雑誌』六六―一
百瀬弘 一九三五「明代の銀産と外国銀に就いて」同『明清社会経済史研究』研文出版、一九八〇、所収
安国良一 二〇一六『日本近世貨幣史の研究』思文閣出版
矢野美沙子 二〇一四『古琉球期首里王府の研究』校倉書房
山川曉 二〇一〇「ころもが秘めるふたつの歴史」京都国立博物館編『高僧と袈裟――ころもを伝えこころを繋ぐ』京都国立博物館、所収
山崎岳 二〇〇七「朝貢と海禁の論理と現実――明代中期の「奸細」宋素卿を題材として」夫馬進編『中国東アジア外交交流史の研究』京都大学学術出版会、所収
――二〇一〇・二〇一五「舶主王直功罪考（前編・後編）」『東方学報 京都』八五・九〇
――二〇一五「寧波の乱」村井章介ほか編『日明関係史研究入門――アジアのなかの遣明船』勉誠出版、所収
――二〇一六「乍浦・沈荘の役再考――中国国家博物館所蔵「抗倭図巻」を歩く」須田牧子編『「倭寇図巻」「抗倭

図巻」をよむ』勉誠出版、所収
山田慶児　一九九九「中国の灰吹法」島根県教育委員会ほか編『石見銀山遺跡総合調査報告書　第四冊【歴史文献研究編】』島根県教育委員会、所収
山田憲太郎　一九七六『東亜香料史研究』中央公論美術出版
山梨県編　二〇〇一『山梨県史　資料編六・中世三上』山梨日日新聞社
山根幸夫　一九六〇「明清時代華北における定期市」同『明清華北定期市の研究』汲古書院、一九九五、所収
山室恭子　一九九一『中世のなかに生まれた近世』吉川弘文館（のち「講談社学術文庫」二〇一三）
山本進　二〇一四『大清帝国と朝鮮経済――開発・貨幣・信用』九州大学出版会
――二〇一八「朝鮮前期の楮貨通用政策」『北九州市立大学国際論集』一六
弓場紀知　二〇〇八『青花の道――中国陶磁器が語る東西交流』日本放送出版協会（NHKブックス）
吉岡康暢　一九九四『中世須恵器の研究』吉川弘文館
――二〇一一「琉球の貨幣をめぐる問題」吉岡康暢・門上秀叡『琉球出土陶磁社会史研究』真陽社、所収
李憲昶　二〇〇四『韓国経済通史』（原著一九九九、須川英徳・六反田豊訳）法政大学出版局
李献璋　一九六一「嘉靖年間における浙海の私商及び舶主王直行蹟考（上・下）」『史学』三四―一・二
李泰鎮　一九八四「一六世紀の韓国史にたいする理解の方向」（平木実訳）『朝鮮学報』一一〇
――一九八八「一六世紀東アジアの経済変動と政治的・社会的動向」同『朝鮮王朝社会と儒教』（原著一九八九、六反田豊訳）法政大学出版局、二〇〇〇、所収
リ・タナ　二〇〇四「海からの眺望――地域社会からみたベトナム北部海岸」（中砂明徳訳）『東洋史研究』六三―三
リード　二〇〇二『大航海時代の東南アジアⅡ　拡張と危機』（原著一九九三、平野秀秋ほか訳）法政大学出版局
脇田晴子　一九九二「物価より見た日明貿易の性格」宮川秀一編『日本史における国家と社会』思文閣出版、所収
和田清編　一九九六『明史食貨志訳注　補訂版　上巻』（初版一九五七）汲古書院

【中国語】
王文成　二〇〇一『宋代白銀貨幣化研究』雲南大学出版社
夏湘蓉・李仲均・王根元　一九八〇『中国古代鉱業開発史』地質出版社
邱永志　二〇一八『〝白銀時代〟的落地――明代貨幣白銀化与銀銭並行格局的形成』社会科学文献出版社
邱炫煜　一九九五『明帝国与南海諸蕃国関係的演変』蘭台出版社
邱仲麟　一九九二「従禁例屢申看明代北京社会風気的変遷過程」『淡江史学』四
呉晗　一九三五「明代靖難之役与国都北遷」『呉晗史学論著選集』第一巻、人民出版社、一九八四、所収
呉承明　一九九五「一六与一七世紀的中国市場」同『中国的現代化』三聯書店、二〇〇一、所収
浙江省博物館編　二〇一五『銀的歴程――従銀両到銀元』文物出版社
全漢昇　一九六七「明代的銀課与銀産額」同『中国経済史研究 下』稲郷出版社、一九九一、所収
――一九七四「明清時代雲南的銀課与銀産額」同前書、所収
全漢昇・李龍華　一九七三「明代中葉後太倉歳出銀両的研究」全漢昇『中国近代経済史論叢』稲禾出版社、一九九六、所収
戴柔星　二〇一二「空白期和明代間隔期」鄭培凱・范夢園編『逐波泛海――十六至十七世紀中国陶瓷外銷与物質文明拡散国際学術研討会論文集』香港城市大学中国文化中心、所収
晁中辰　二〇〇五『明代海禁与海外貿易』人民出版社
張維屏　二〇〇三「満室生香――東南亜輸入之香品与明代士人的生活文化」『政大史粋』五
張海鵬・張海瀛編　一九九三『中国十大商幇』黄山書社
張志雲　二〇〇八『礼制規範・時尚消費与社会変遷――明代服飾文化探微』華中師範大学博士学位論文
張増信　一九八八『明季東南中国的海上活動 上編』私立東呉大学中国学術著作奨助委員会

張天沢　一九八八『中葡早期通商史』（姚楠・銭江訳）中華書局
趙岡・陳鍾毅　一九八〇「明清的地価」『大陸雑誌』六〇-五
沈定平　一九九二「関于中国商人在馬来群島発行貨幣鉛銭的考察」『中国経済史研究』一九九二-三
陳自強　一九九九「福建私新銭」『海交史研究』一九九九-一
范金民　二〇〇六「明代地域商幇的興起」『中国経済史研究』二〇〇六-三
范金民・金文　一九九三『江南絲綢史研究』農業出版社
樊樹志　一九九〇『明清江南市鎮探微』復旦大学出版社
巫仁恕　二〇〇七『品味奢華——晩明的消費社会与士大夫』聯経出版公司
普塔克（Ptak, R.）二〇〇二「明正徳嘉靖年間的福建人・琉球人与葡萄牙人—生意伙伴還是競争対手？」（趙殿紅訳）同『普塔克澳門史与海洋史論集』広東人民出版社、二〇一八、所収
彭信威　一九八八『中国貨幣史　第三版』上海人民出版社
李慶新　二〇〇七『明代海外貿易制度』社会科学文献出版社
李伯重　二〇〇〇『江南的早期工業化（一五五〇-一八五〇）』社会科学文献出版社
李隆生　二〇〇五『晩明海外貿易数量研究——兼論江南絲綢産業与白銀流入的影響』秀威資訊科技股份有限公司
李龍潜　一九八五「明代広東対外貿易及其対社会経済的影響」同『明清経済探微初編』稲郷出版社、二〇〇二、所収
劉淼・胡舒楊　二〇一六『沈船・磁器与海上絲綢之路』社会科学文献出版社
劉和恵・張愛琴　一九八三「明代徽州田契研究」『歴史研究』一九八三-五
梁方仲　一九三九「明代銀鉱考」同『梁方仲経済史論文集』中華書局、一九八九、所収
林仁川　一九八七『明末清初私人海上貿易』華東師範大学出版
林麗月　二〇一四『奢倹・本末・出処——明清社会的秩序心態』新文豊出版公司

【韓国語】

姜聖祚　一九八二「朝鮮前半期対明唐物需要に対する一研究――紗羅綾緞を中心に」『関大論文集』一〇
韓相権　一九八三「一六世紀対中国私貿易の展開」『金哲埈博士華甲紀念史学論叢』知識産業社、所収
韓明基　一九九二「一七世紀初銀の流通とその影響」『奎章閣』一五
ク・ドヨン　二〇一八『一六世紀韓中貿易研究』太学社
元裕漢　一九七五『朝鮮後期貨幣史研究』韓国研究院
権泰煥・慎鏞夏　一九七七「朝鮮王朝時代人口推定に関する一試論」『東亜文化』一四
宋在璇　一九八五「一六世紀綿布の貨幣機能」『邊太燮博士華甲紀念史学論叢』三英社、所収
白承哲　一九九四「一六世紀富商大賈の成長と商業活動」『歴史と現実』一三
朴平植　一九九九『朝鮮前期商業史研究』知識産業社
――二〇〇四「朝鮮初期の対外貿易政策」同『朝鮮前期対外貿易と貨幣研究』知識産業社、二〇一八、所収
――二〇一七「朝鮮前期の麤布流通と貨幣経済」同前書、所収
柳承宙　一九九三『朝鮮時代鉱業史研究』高麗大学校出版部
李景植　一九八七「一六世紀場市の成立とその基盤」『韓国史研究』五七
李泰鎮　一九六八「軍役の変質と納布制の実施」陸軍士官学校韓国軍事研究室『韓国軍制史　近世朝鮮前期篇』陸軍本部、所収
李憲昶　一九九九「一六七八―一八六五年間貨幣量と貨幣価値の推移」『経済史学』二七
李正守　一九九八「一五・一六世紀の対日貿易と経済変動」『釜大史学』二二
――二〇〇三「一六世紀綿布流通の二重化と貨幣流通論議」李正守・金熙鎬『朝鮮の貨幣と貨幣量』慶北大学校出版部、二〇〇六、所収
――二〇〇五「一六世紀中盤～一八世紀初の貨幣流通実態――生活日記類と田畓売買明文を中心にして」同前書、

【英語】

Atwell, W. 1982 “International Bullion Flows and the Chinese Economy circa 1530-1650,” *Past and Present*, 95.

——— 2002 “Time, Money, and the Weather: Ming China and the ‘Great Depression’ of the Mid-Fifteenth Century,” *The Journal of Asian Studies*, 61-1.

Barker, A. 2004 *The Historical Cash Coins of Viêt Nam: Vietnam’s Imperial History as Seen Through its Currency. Part I, Official and Semi-Official Coins*, Self-published, Singapore.

Bradley, F. 2008 “Piracy, Smuggling, and Trade in the Rise of Patani, 1490-1600,”*Journal of the Siam Society*, 96.

Brown, R. 2009 *The Ming Gap and Shipwreck Ceramics in Southeast Asia*, The Siam Society.

——— 2010 “A Ming Gap? Data from Southeast Asian Shipwreck Cargoes,” in G. Wade & L. Sun eds., *Southeast Asia in the Fifteenth Century: The China Factor*, Hong Kong University Press.

Bulbeck, D., Reid, A., Tan, L., & Wu, Y. 1998 *Southeast Asian Exports since the 14th Century: Cloves, Pepper, Coffee, and Sugar*, KITLV Press.

Carswell, J. 2000 *Blue & White: Chinese Porcelain Around the World*, The British Museum press.

Clunas, C. 1991 *Superfluous Things: Material Culture and Social Status in Early Modern China*, Polity Press.

Cross, H. 1983 “South American Bullion Production and Export 1550-1750,” in JF. Richards ed., *Precious Metals in the Later Medieval and Early Modern Worlds*, Carolina Academic Press.

Flynn, DO. 1978 “A New Perspective on the Spanish Price Revolution: The Monetary Approach to the Balance of Payment,” in DO. Flynn, *World Silver and Monetary History in the 16th and 17th Centuries*, Variorum, 1996.

Flynn, DO. & Giráldez, A. 1995 "Arbitrage, China, and World Trade in the Early Modern Period," in DO. Flynn & A. Giráldez, *China and the Birth of Globalization in the 16th Century,* Variorum, 2010.

Goddio, F., Pierson, S. & Crick, M. 2000 *Sunken Treasure: Fifteenth Century Chinese Ceramics from the Lena Cargo,* Periplus Publishing London Ltd.

Kuroda, A. 2020 *A Global History of Money,* Routledge.

Li Tana 1998 *Nguyễn Cochinchina: Southern Vietnam in the Seventeenth and Eighteenth Centuries,* Cornell University Press.

Miksic, JN. 2010 "Before and After Zheng He: Comparing Some Southeast Asian Archaeological Sites of the 14th and 15th Centuries," in G. Wade & L. Sun eds., *Southeast Asia in the Fifteenth Century: The China Factor,* Hong Kong University Press.

Ptak, R. 2004 "Reconsidering Melaka and Central Guangdong: Portugal's and Fujian's Impact on Southeast Asian Trade (Early Sixteenth Century)," in P. Borschberg ed., *Iberians in the Singapore-Melaka Area and Adjacent regions (16th to 18th Century),* Otto Harrassowitz Verlag.

Tai Yew-Seng *et al.* 2020 "The Impact of Ming and Qing Dynasty Maritime Bans on Trade Ceramics Recovered from Coastal Settlements in Northen Sumatra, Indonesia," *Archaeological Research in Asia,* 21. https://doi.org/10.1016/j.ara.2019.100174

TePaske, JJ. 2010 *A New World of Gold and Silver,* Brill.

van Aelst, A. 1995 "Majapahit Picis: The Currency of a 'Moneyless' Society 1300-1700,"*Bijdragen tot de Taal-,Land-en Volkenkunde,* 151-3

von Glahn, R. 1996 *Fountain of Fortune: Money and Monetary Policy in China, 1000-1700,* University of California Press.

——— 2003a “Money Use in China and Changing Patterns of Global Trade in Monetary Metals, 1500-1800,” in DO. Flynn, A. Giráldez & R. von Glahn eds., *Global Connections and Monetary History, 1470-1800*, Ashgate.

——— 2003b “Towns and Temples: Urban Growth and Decline in the Yangzi Delta, 1100-1400,” in PJ. Smith & R. von Glahn eds., *The Song-Yuan-Ming Transition in Chinese History*, Harvard University Press.

Wade, G. 2008 “Engaging the South: Ming China and Southeast Asia in the Fifteenth Century,” *Journal of the Economic and Social History of the Orient*, 51-4.

Whitmore, J. 1983 “Việtnam and the Monetary Flow of Eastern Asia, Thirteenth to Eighteenth Centuries,” in JF. Richards ed., *Precious Metals in the Later Medieval and Early Modern Worlds*, Carolina Academic Press.

——— 2011 “Vân Đôn, the ‘Mạc Gap,’ and the End of the Jiaozhi Ocean System: Trade and State in Đại Việt, Circa 1450-1550,” in N. Cooke, T. Li & JA. Anderson eds., *The Tongking Gulf Through History*, University of Pennsylvania Press.

図版・図表出典一覧

○巻頭

一二頁　一五〜一七世紀の東アジア・東南アジア図（岸本美緒 一九九八ａ：二〇頁の掲載図を一部改変）

○第一章

一五頁　金襴（富田金襴〈東京国立博物館蔵〉。東京国立博物館画像検索：https://webarchives.tnm.jp/imgsearch/show/C0009066〈二〇二二年六月二六日閲覧〉）

二一頁　沈船引揚の明朝青花盤（Goddio et al. 2000 : pp.106-107）

二六頁　耳覆の上に冠を被った朝鮮官僚（金英淑 二〇〇八：一〇四頁）

二八頁　朝鮮・対馬・九州関係地図（荒木和憲 二〇一七：一一頁の掲載図を一部改変）

三〇頁　唐物の床飾り（『文阿弥花伝書』巻一〈鹿王院蔵〉。京都文化博物館ほか編 二〇〇九：四二頁）

五二頁　大明通行宝鈔（黒田巖編 一九九五：一〇五頁）

五四頁　明代の大運河（京杭運河）略図（村井章介ほか編 二〇一五：二七五頁の掲載図を一部改変）

五八頁　明代の銀両（浙江省博物館編 二〇一五：八七頁）

六九頁　図表１ 市場法・社寺保護法の発布数（佐々木銀弥 一九九二：四九〜五二頁の「中世市場法一覧」、七〇〜七二頁の「社寺保護法（ロ型）一覧」にもとづき作成）

七〇頁　図表２ 中世京都の陶磁器出土比率の変遷（鋤柄俊夫 一九九六：一六一頁）

○第二章

八一頁　唐の開元通宝・北宋の元豊通宝と百文銭差（銭差は著者作成）

九五頁　図表3　中世博多の時期別出土銭枚数（小畑弘己・西山絵里子　二〇〇七）

九六頁　図表4　博多遺跡群の時期別個別出土銭数（櫻木晋一　二〇〇九：六一頁）

九七頁　図表5　堺環濠都市遺跡の時期別個別出土銭枚数（嶋谷和彦　二〇〇六）

九八頁　図表6　東寺の年貢代銭納和市の変遷（百瀬今朝雄　一九五七：六四～六八頁の「米価表」にもとづき作成）

○第三章

一二三頁　図表7　中世後期における米価表（神木哲男　一九六八：二五頁）

一二四頁　図表8　山城国反別価格の平均・中央値及び個別データ分布（貴田潔　二〇一七：一九〇頁）

一二八頁　図表9　戦国期撰銭令の発布年次（高木久史　二〇一〇：二三三～二三七頁の「戦国期撰銭令関係史料一覧」にもとづき補足の上作成）

一三四頁　図表10　徽州における田土価格の推移（岸本美緒　一九九七：二一八頁）

一三五頁　図表11　明代米価の変遷（彭信威　一九八八：七〇五頁の「明代米価表（二）」にもとづき作成）

一三七頁　図表12　明代前中期の銀銭比価（著者作成）

一四九頁　図表13『歴代宝案』にみる東南アジア派遣琉球船の推移（亀井明徳　一九九七：五二～五三頁の掲載表にもとづき作成）

一五〇頁　図表14　一〇年期単位の琉球朝貢船乗組員数の推移（岡本弘道　二〇一〇：二〇頁）

一五一頁　図表15　一〇年期単位の琉球附搭貨物数目（岡本弘道　二〇一〇：二二頁）

一五五頁　広州周辺図（上田信　二〇〇五：二〇一頁の掲載図）

一五七頁　図表16　アチェ採取陶磁片の産地別時期変遷からみた交易活動（Tai Yew-Seng et al. 2020:p.5）

一六一頁　寧波・双嶼周辺図（村井章介ほか編 二〇一五：一〇六頁の掲載図を一部改変）
一六七頁　福石（九州大学総合研究博物館蔵。島根県立古代出雲歴史博物館ほか編 二〇一七：一一六頁）
一六八頁　倭銀三種（石見銀山展実行委員会編 二〇〇七：二九頁）

〇第四章

一八〇頁　漳州月港周辺図（上田信 二〇〇五：二〇一頁の掲載図を一部改変）
二〇八頁　新大陸銀（スペインドル二種）と馬蹄銀（いずれも個人蔵）
二〇九頁　一六〇〇年前後における銀の移動（岸本美緒 一九九八b：一五頁の掲載図を一部改変）

〇各章扉背景

坤輿萬國全圖（東北大学附属図書館所蔵）

大田由紀夫（おおた・ゆきお）

一九六五年、長野県生まれ。立命館大学文学部卒業、名古屋大学大学院文学研究科博士後期課程満期退学。現在、鹿児島大学法文学部教授。専攻は中国近世史。論文に「「撰銭の世紀」をめぐる応答」、「『東俗叢』について」などがある。

銭《ぜに》躍《おど》る東《ひがし》シナ海《かい》
貨幣《かへい》と贅沢《ぜいたく》の一五《じゅうご》〜一六世紀《じゅうろくせいき》

二〇二一年　九月　七日　第一刷発行

著者　大《おお》田《た》由《ゆ》紀《き》夫《お》

発行者　鈴木章一
発行所　株式会社　講談社
東京都文京区音羽二丁目一二—二一　〒一一二—八〇〇一
電話（編集）〇三—三九四五—四九六三
（販売）〇三—五三九五—四四一五
（業務）〇三—五三九五—三六一五

KODANSHA

装幀者　奥定泰之
本文データ制作　講談社デジタル製作
本文印刷　信毎書籍印刷　株式会社
カバー・表紙印刷　半七写真印刷工業　株式会社
製本所　大口製本印刷　株式会社

ISBN978-4-06-525245-1　Printed in Japan　N.D.C.220　275p　19cm

講談社選書メチエの再出発に際して

講談社選書メチエの創刊は冷戦終結後まもない一九九四年のことである。長く続いた東西対立の終わりはついに世界に平和をもたらすかに思われたが、その期待はすぐに裏切られた。超大国による新たな戦争、吹き荒れる民族主義の嵐……世界は向かうべき道を見失った。そのような時代の中で、書物のもたらす知識が一人一人の指針となることを願って、本選書は刊行された。

それから二五年、世界はさらに大きく変わった。特に知識をめぐる環境は世界史的な変化をこうむったとすら言える。インターネットによる情報化革命は、知識の徹底的な民主化を推し進めた。誰もがどこでも自由に知識を入手でき、自由に知識を発信できる。それは、冷戦終結後に抱いた期待を裏切られた私たちのもとに差した一条の光明でもあった。

その光明は今も消え去ってはいない。しかし、私たちは同時に、知識の民主化が知識の失墜をも生み出すという逆説を生きている。堅く揺るぎない知識も消費されるだけの不確かな情報に埋もれることを余儀なくされ、不確かな情報が人々の憎悪をかき立てる時代が今、訪れている。

この不確かな時代、不確かさが憎悪を生み出す時代にあって必要なのは、一人一人が堅く揺るぎない知識を得、生きていくための道標を得ることである。

フランス語の「メチエ」という言葉は、人が生きていくために必要とする職、経験によって身につけられる技術を意味する。選書メチエは、読者が磨き上げられた経験のもとに紡ぎ出される思索に触れ、生きるための技術と知識を手に入れる機会を提供することを目指している。万人にそのような機会が提供されたとき初めて、知識は真に民主化され、憎悪を乗り越える平和への道が拓けると私たちは固く信ずる。

この宣言をもって、講談社選書メチエ再出発の辞とするものである。

二〇一九年二月　　野間省伸